全国“八五”普法
普法知识题集系列 1

领导干部

LINGDAO GANBU

普法知识题集

PUFA ZHISHI TIJI

中国法制出版社
CHINA LEGAL PUBLISHING HOUSE

图书在版编目（CIP）数据

领导干部普法知识题集／中国法制出版社编．—北京：中国法制出版社，2021.6
（普法知识题集系列）
ISBN 978－7－5216－1747－4

Ⅰ.①领… Ⅱ.①中… Ⅲ.①法律－中国－习题集
Ⅳ.①D92－44

中国版本图书馆 CIP 数据核字（2021）第 049391 号

策划统筹 胡 斌 唐 鹍
责任编辑 唐 鹍 刘海龙 封面设计 李 宁

领导干部普法知识题集
LINGDAO GANBU PUFA ZHISHI TIJI

编者/中国法制出版社
经销/新华书店
印刷/三河市紫恒印装有限公司
开本/880 毫米×1230 毫米 32 开 印张/7.75 字数/194 千
版次/2021 年 6 月第 1 版 2021 年 6 月第 1 次印刷

中国法制出版社出版
书号 ISBN 978－7－5216－1747－4 定价：32.00 元

北京西单横二条 2 号
邮政编码 100031 传真：010－66031119
网址：http：//www.zgfzs.com **编辑部电话：010－66066820**
市场营销部电话：010－66033393 **邮购部电话：010－66033288**

（如有印装质量问题，请与本社印务部联系调换。电话：010－66032926）

编辑说明

当前，我国已开启全面建设社会主义现代化国家新征程，进入新发展阶段。通过开展“八五”普法，使公民法治素养和社会治理法治化水平显著提升，形成全社会尊法学法守法用法的良好氛围。多层次多领域依法治理深入推进，全社会办事依法、遇事找法、解决问题用法、化解矛盾靠法的法治环境显著改善。

提升公民法治素养是全民普法的主要目标，也是全面依法治国的迫切要求，要突出重点对象，分层分类指导。实行公民终身法治教育制度，把法治教育纳入干部教育体系、国民教育体系、社会教育体系，不断提升全体公民法治意识和法治素养。坚持学用结合、普治并举。注重在立法、执法、司法和法律服务过程中开展实时普法，把普法深度融入立法、执法、司法和法律服务全过程，把普法融入法治实践、基层治理和日常生活。

为配合“八五”普法工作需要，我们组织编写了“普法知识题集系列丛书”。定位普法，覆盖公民、国家工作人员、领导干部、青少年、企业人员等，题型丰富、解析精准、难度适中，从试题角度为普法工作学习提供检验测试工具。丛书具有以下特点：

一、题型丰富。题型涵盖判断题、单选题、多选题、填空题、简答题，完备系统。

二、解析精准。习题均附有参考答案，解析有法律条文做依据，精准可靠。部分判断题、填空题的解析出于节省篇幅考虑，只列出答案和条文序号。

三、难度适中。习题设置避免难题、偏题、怪题，以突出应知应会和重点条文为出发点设置。

本丛书既适合机关、团体、学校、企业、事业单位等组织相关培训配套使用，也适合有学习需求的广大读者阅读。希望本丛书的出版能够有助于引导广大读者养成自觉守法的意识，形成遇事找法的习惯，培养解决问题靠法的意识和能力。为建设信仰法治、公平正义、保障权利、守法诚信、充满活力、和谐有序的社会主义法治社会贡献一份力量。

由于时间和水平有限，不足之处在所难免，敬请广大读者批评指正。

中国法制出版社

2021年6月

目录

一、中国共产党章程

（一）判断题

1. 中国共产党是中国工人阶级的先锋队，同时是中国人民和中华民族的先锋队，是中国特色社会主义事业的领导核心。（　　）
2. 我国正处于并将长期处于社会主义高级阶段。（　　）
3. 由于国内的因素和国际的影响，阶级斗争还在一定范围内长期存在，在某种条件下还有可能激化，成为主要矛盾。（　　）
4. 发展是我们党执政兴国的第一要务。（　　）
5. 要坚持对外开放的基本国策，吸收和借鉴人类社会创造的一切文明成果。（　　）
6. 完善中国特色社会主义法律体系，加强法律实施工作，实现国家绝大部分工作法治化。（　　）
7. 加强社会治安综合治理，依法坚决打击各种危害国家安全和利益、危害社会稳定和经济发展的犯罪活动和犯罪分子，保持社会长期稳定。（　　）
8. 中国共产党的领导是中国特色社会主义最本质的特征，是中国特色社会主义制度的最大优势。（　　）
9. 中国共产党党员必须全心全意为人民服务，不惜牺牲个人的一切，为实现社会主义奋斗终身。（　　）
10. 党中央有权剥夺党员的权利。（　　）
11. 预备党员的权利同正式党员一样。（　　）
12. 党员连续6个月不参加党的组织生活，就被认为是自行脱党。（　　）
13. 中央委员会委员和候补委员必须有10年以上的党龄。（　　）
14. 党的地方各级委员会全体会议，每年至少召开1次。（　　）
15. 总支部委员会和支部委员会由党员大会或代表大会选举产生，提出委员候选人要广泛征求党员和群众的意见。（　　）

16. 党的基层委员会、总支部委员会、支部委员会每届任期3年至5年。( )
17. 党支部是党的基础组织，担负直接教育党员、管理党员、监督党员和组织群众、宣传群众、凝聚群众、服务群众的职责。( )
18. 党的干部是党的事业的骨干，是人民的公仆，要做到忠诚干净担当。( )
19. 党的各级组织要善于发现和推荐有真才实学的党外干部担任领导工作，保证他们有职有权，充分发挥他们的作用。( )
20. 由民主选举产生的党的各级领导干部，他们的职务可以是终身的。( )
21. 留党察看最长不超过1年。( )
22. 中国共产党的党徽党旗是中国共产党的象征和标志。( )

（二）单项选择题

1. 新中国成立以后，顺利地进行了社会主义改造，完成了从( )的过渡，确立了社会主义基本制度，发展了社会主义的经济、政治和文化。

A. 旧民主主义到社会主义

B. 新民主主义到社会主义

C. 封建主义到社会主义

D. 官僚资本主义到社会主义

2. 中国共产党在领导社会主义事业中，必须坚持以( )为中心，其他各项工作都服从和服务于这个中心。

A. 政治建设　　B. 社会建设

C. 经济建设　　D. 文化建设

3. 坚持( )，是我们的强国之路。

A. 社会主义道路　　B. 人民民主专政

C. 中国共产党的领导　　D. 改革开放

4. 中国共产党领导人民发展社会主义市场经济。毫不动摇地巩固和发展公有制经济，毫不动摇地( )非公有制经济发展。

A. 鼓励、监管、引导　　B. 鼓励、支持、监管

C. 监管、支持、引导　　D. 鼓励、支持、引导

5. 弘扬以( )为核心的民族精神和以改革创新为核心的时代精神。

A. 社会主义　　B. 民族主义
C. 爱国主义　　D. 奉献主义

6. 中国共产党维护和发展(　　)的社会主义民族关系。
A. 平等团结互助和谐　　B. 公平团结互助融洽
C. 公平团结合作和谐　　D. 平等团结合作融洽

7. 年满(　　)岁的中国工人、农民、军人、知识分子和其他社会阶层的先进分子，承认党的纲领和章程，愿意参加党的一个组织并在其中积极工作、执行党的决议和按期交纳党费的，可以申请加入中国共产党。
A. 16　　B. 18
C. 20　　D. 22

8. 申请入党的人，要填写入党志愿书，要有(　　)正式党员作介绍人，要经过支部大会通过和上级党组织批准，并且经过预备期的考察，才能成为正式党员。
A. 1 名　　B. 2 名
C. 3 名　　D. 5 名

9. 党组织讨论决定问题，必须执行(　　)的原则。
A. 少数服从多数　　B. 民主集中制
C. 首长负责制　　D. 集体负责制

10. 企业、农村、机关、学校、科研院所、街道社区、社会组织、人民解放军连队和其他基层单位，凡是有正式党员(　　)以上的，都应当成立党的基层组织。
A. 2 人　　B. 3 人
C. 4 人　　D. 5 人

(三) 多项选择题

1. 在毛泽东思想指引下，中国共产党领导全国各族人民，经过长期的反对(　　)的革命斗争，取得了新民主主义革命的胜利，建立了人民民主专政的中华人民共和国。
A. 殖民地主义　　B. 帝国主义
C. 封建主义　　D. 官僚资本主义

2. 我们的立国之本是坚持(　　)。

A. 社会主义道路

B. 人民民主专政

C. 中国共产党的领导

D. 马克思列宁主义毛泽东思想

3. 坚持(　　)有机统一，走中国特色社会主义政治发展道路，扩大社会主义民主，建设中国特色社会主义法治体系，建设社会主义法治国家，巩固人民民主专政，建设社会主义政治文明。

A. 党的领导　　B. 人民民主专政

C. 人民当家作主　　D. 依法治国

4. 下列关于中国共产党领导人民建设社会主义生态文明的说法正确的有：(　　)

A. 树立尊重自然、顺应自然、保护自然的生态文明理念

B. 增强绿水青山就是金山银山的意识

C. 坚持节约资源和保护环境的基本国策

D. 坚持节约优先、保护优先、自然恢复为主的方针

5. 中国共产党同全国各民族(　　)团结在一起。

A. 工人　　B. 农民

C. 手工业者　　D. 知识分子

6. 下列关于发展党员的说法正确的是：(　　)

A. 发展党员，必须把政治标准放在首位

B. 申请入党的人，要填写入党志愿书

C. 党的支部委员会对申请入党的人，要注意征求党内外有关群众的意见

D. 在特殊情况下，党的中央可以直接接收党员

7. 在党的地方各级代表大会和基层代表大会闭会期间，上级党的组织认为有必要时，可以(　　)下级党组织的负责人。

A. 调动　　B. 指派

C. 选举　　D. 决定

8. 党的中央、地方和基层组织，都必须重视党的建设，经常讨论和检查党的(　　)、群众工作、统一战线工作等，注意研究党内外的思想政治状况。

A. 宣传工作　　B. 教育工作

C. 组织工作　　D. 纪律检查工作

9. 党的基层组织，根据工作需要和党员人数，经上级党组织批准，分别设立(　　)。

A. 党的基层委员会　　B. 党的总支部委员会

C. 党的支部委员会　　D. 党小组

10. 对党的中央委员会和地方各级委员会的委员、候补委员，给以(　　)的处分，必须由本人所在的委员会全体会议 2/3 以上的多数决定。

A. 严重警告　　B. 撤销党内职务

C. 留党察看　　D. 开除党籍

(四) 填空题

1. 中国共产党人追求的共产主义最高理想，只有在社会主义社会____和____的基础上才能实现。

2. 全党同志要高举中国特色社会主义伟大旗帜，坚定____自信、____自信、____自信、____自信。

3. 在新世纪新时代，经济和社会发展的战略目标是，到____时，全面建成小康社会；到____时，全面建成社会主义现代化强国。

4. 要全面深化改革，完善和发展中国特色社会主义制度，推进国家____和____现代化。

5. 发挥市场在资源配置中的____作用，更好发挥政府作用，建立完善的____体系。

6. 中国共产党坚持对人民解放军和其他人民武装力量的____。

7. 贯彻习近平强军思想，加强人民解放军的建设，坚持政治建军、改革强军、科技兴军、依法治军，建设一支____、____、____的人民军队。

8. 中国共产党党员永远是____的普通一员。除了____规定范围内的个人利益和工作职权以外，所有共产党员都不得谋求任何____。

9. 党的各级代表大会代表实行____。

10. 党的基层组织是党在社会基层组织中的____，是党的全部工作和战斗力的基础。

11. 党按照____的原则选拔干部。
12. 对党员的纪律处分有五种：警告、____、撤销党内职务、____、____。
13. 在中央和地方____、人民团体、经济组织、文化组织和其他非党组织的领导机关中，可以成立党组。党组发挥____作用。
14. 中国共产党党徽为____和____组成的图案。
15. 中国共产党党旗为旗面缀有____图案的红旗。

（五）简答题

1. 简述改革开放以来我们取得一切成绩和进步的根本原因。
2. 简述现阶段我国社会的主要矛盾。
3. 简述我国社会主义建设的根本任务。
4. 简述中国共产党在社会主义初级阶段的基本路线。
5. 简述和平共处五项原则的内容。
6. 简述党的建设必须坚决实现五项基本要求。
7. 简述党员必须履行的义务。
8. 简述党员享有的权利。
9. 简述入党誓词。
10. 简述党的民主集中制的基本原则。
11. 简述党的全国代表大会的职权。
12. 简述党的各级领导干部必须信具备的基本条件。
13. 简述党的纪律主要包括的内容。
14. 简述党的各级纪律检查委员会的主要任务。
15. 简述党和共产主义青年团的关系。

参考答案

（一）判断题

1. √，解析：根据《中国共产党章程》序言第 1 自然段规定。
2. ×，解析：根据《中国共产党章程》序言第 10 自然段规定，我国正处于并将长期处于社会主义初级阶段。这是在原本经济文化落后的中国建设社会主义现代化不可逾越的历史阶段，需要上百年的时间。

3. ×，解析：根据《中国共产党章程》序言第 10 自然段规定，由于国内的因素和国际的影响，阶级斗争还在一定范围内长期存在，在某种条件下还有可能激化，但已经不是主要矛盾。

4. √，解析：根据《中国共产党章程》序言第 10 自然段规定。

5. √，解析：根据《中国共产党章程》序言第 14 自然段规定。

6. ×，解析：根据《中国共产党章程》序言第 16 自然段规定，完善中国特色社会主义法律体系，加强法律实施工作，实现国家各项工作法治化。

7. √，解析：根据《中国共产党章程》序言第 18 自然段规定。

8. √，解析：根据《中国共产党章程》序言第 25 自然段规定。

9. ×，解析：根据《中国共产党章程》第 2 条规定，中国共产党党员必须全心全意为人民服务，不惜牺牲个人的一切，为实现共产主义奋斗终身。

10. ×，解析：根据《中国共产党章程》第 4 条规定，党的任何一级组织直至中央都无权剥夺党员的上述权利。

11. ×，解析：根据《中国共产党章程》第 7 条规定，预备党员的义务同正式党员一样。预备党员的权利，除了没有表决权、选举权和被选举权以外，也同正式党员一样。

12. ×，解析：根据《中国共产党章程》第 9 条规定，党员如果没有正当理由，连续 6 个月不参加党的组织生活，或不交纳党费，或不做党所分配的工作，就被认为是自行脱党。支部大会应当决定把这样的党员除名，并报上级党组织批准。

13. ×，解析：根据《中国共产党章程》第 22 条规定，党的中央委员会每届任期 5 年。全国代表大会如提前或延期举行，它的任期相应地改变。中央委员会委员和候补委员必须有 5 年以上的党龄。中央委员会委员和候补委员的名额，由全国代表大会决定。中央委员会委员出缺，由中央委员会候补委员按照得票多少依次递补。

14. ×，解析：根据《中国共产党章程》第 27 条规定，党的地方各级委员会全体会议，每年至少召开 2 次。

15. ×，解析：根据《中国共产党章程》第 30 条规定，党的基层组织，根据工作需要和党员人数，经上级党组织批准，分别设立党的基层委员会、总支部委员会、支部委员会。基层委员会由党员大会或代表大会选举产生，总支部委员会和支部委员会由党员大会选举产生，提出委员候选人要广泛征求党员和群众的意见。

16. √，解析：根据《中国共产党章程》第 31 条规定。

17. √，解析：根据《中国共产党章程》第 34 条规定。

18. √，解析：根据《中国共产党章程》第 35 条规定。

19. √，解析：根据《中国共产党章程》第 37 条规定。

20. ×，解析：根据《中国共产党章程》第 38 条规定，党的各级领导干部，无论是由民主选举产生的，或是由领导机关任命的，他们的职务都不是终身的，都可以变动或解除。年龄和健康状况不适宜于继续担任工作的干部，应当按照国家的规定退、离休。

21. ×，解析：根据《中国共产党章程》第 41 条规定，留党察看最长不超过 2 年。党员在留党察看期间没有表决权、选举权和被选举权。党员经过留党察看，确已改正错误的，应当恢复其党员的权利；坚持错误不改的，应当开除党籍。

22. √，解析：根据《中国共产党章程》第 55 条规定。

（二）单项选择题

1. B，解析：根据《中国共产党章程》序言第 4 自然段规定，新中国成立以后，顺利地进行了社会主义改造，完成了从新民主主义到社会主义的过渡，确立了社会主义基本制度，发展了社会主义的经济、政治和文化。

2. C，解析：根据《中国共产党章程》序言第 12 自然段规定，中国共产党在领导社会主义事业中，必须坚持以经济建设为中心，其他各项工作都服从和服务于这个中心。

3. D，解析：根据《中国共产党章程》序言第 14 自然段规定，坚持改革开放，是我们的强国之路。只有改革开放，才能发展中国、发展社会主义、发展马克思主义。

4. D，解析：根据《中国共产党章程》序言第 15 自然段规定，中国共产党领导人民发展社会主义市场经济。毫不动摇地巩固和发展公有制经济，毫不动摇地鼓励、支持、引导非公有制经济发展。

5. C，解析：根据《中国共产党章程》序言第 17 自然段规定，弘扬以爱国主义为核心的民族精神和以改革创新为核心的时代精神.

6. A，解析：根据《中国共产党章程》序言第 21 自然段规定，中国共产党维护和发展平等团结互助和谐的社会主义民族关系，积极培养、选拔少数民族干部，帮助少数民族和民族地区发展经济、文化和社会事业，铸牢中华民族共同体意识，实现各民族共同团结奋斗、共同繁荣发展。

7. B，解析：根据《中国共产党章程》第 1 条规定，年满 18 岁的中国工人、农民、军人、知识分子和其他社会阶层的先进分子，承认党的纲领和章程，愿意参加党的一个组织并在其中积极工作、执行党的决议和按期交纳党费的，可以申请加入中国共产党。
8. B，解析：根据《中国共产党章程》第 5 条规定，申请入党的人，要填写入党志愿书，要有 2 名正式党员作介绍人，要经过支部大会通过和上级党组织批准，并且经过预备期的考察，才能成为正式党员。
9. A，解析：根据《中国共产党章程》第 17 条规定，党组织讨论决定问题，必须执行少数服从多数的原则。决定重要问题，要进行表决。对于少数人的不同意见，应当认真考虑。如对重要问题发生争论，双方人数接近，除了在紧急情况下必须按多数意见执行外，应当暂缓作出决定，进一步调查研究，交换意见，下次再表决；在特殊情况下，也可将争论情况向上级组织报告，请求裁决。
10. B，解析：根据《中国共产党章程》第 30 条规定，企业、农村、机关、学校、科研院所、街道社区、社会组织、人民解放军连队和其他基层单位，凡是有正式党员 3 人以上的，都应当成立党的基层组织。

（三）多项选择题

1. BCD，解析：根据《中国共产党章程》序言第 4 自然段规定，在毛泽东思想指引下，中国共产党领导全国各族人民，经过长期的反对帝国主义、封建主义、官僚资本主义的革命斗争，取得了新民主主义革命的胜利，建立了人民民主专政的中华人民共和国。
2. ABCD，解析：根据《中国共产党章程》序言第 13 自然段规定，坚持社会主义道路、坚持人民民主专政、坚持中国共产党的领导、坚持马克思列宁主义毛泽东思想这四项基本原则，是我们的立国之本。在社会主义现代化建设的整个过程中，必须坚持四项基本原则，反对资产阶级自由化。
3. ACD，解析：根据《中国共产党章程》序言第 16 自然段规定，坚持党的领导、人民当家作主、依法治国有机统一，走中国特色社会主义政治发展道路，扩大社会主义民主，建设中国特色社会主义法治体系，建设社会主义法治国家，巩固人民民主专政，建设社会主义政治文明。
4. ABCD，解析：根据《中国共产党章程》序言第 19 自然段规定，中国共产党领导人民建设社会主义生态文明。树立尊重自然、顺应自然、保护自然的生态文明理念，增强绿水青山就是金山银山的意识，坚持节约资源和保护环境的基本国策，坚持节约优先、保护优先、自然恢复为主的方针，坚持生产发展、生活富裕、生态良好的文明发展道路。

5. ABD，解析：根据《中国共产党章程》序言第22自然段规定，中国共产党同全国各民族工人、农民、知识分子团结在一起，同各民主党派、无党派人士、各民族的爱国力量团结在一起，进一步发展和壮大由全体社会主义劳动者、社会主义事业的建设者、拥护社会主义的爱国者、拥护祖国统一和致力于中华民族伟大复兴的爱国者组成的最广泛的爱国统一战线。

6. ABCD，解析：根据《中国共产党章程》第5条规定，发展党员，必须把政治标准放在首位，经过党的支部，坚持个别吸收的原则。申请入党的人，要填写入党志愿书，要有两名正式党员作介绍人，要经过支部大会通过和上级党组织批准，并且经过预备期的考察，才能成为正式党员。介绍人要认真了解申请人的思想、品质、经历和工作表现，向他解释党的纲领和党的章程，说明党员的条件、义务和权利，并向党组织作出负责的报告。党的支部委员会对申请入党的人，要注意征求党内外有关群众的意见，进行严格的审查，认为合格后再提交支部大会讨论。上级党组织在批准申请人入党以前，要派人同他谈话，作进一步的了解，并帮助他提高对党的认识。在特殊情况下，党的中央和省、自治区、直辖市委员会可以直接接收党员。

7. AB，解析：根据《中国共产党章程》第13条规定，在党的地方各级代表大会和基层代表大会闭会期间，上级党的组织认为有必要时，可以调动或者指派下级党组织的负责人。

8. ABCD，解析：根据《中国共产党章程》第18条规定，党的中央、地方和基层组织，都必须重视党的建设，经常讨论和检查党的宣传工作、教育工作、组织工作、纪律检查工作、群众工作、统一战线工作等，注意研究党内外的思想政治状况。

9. ABC，解析：根据《中国共产党章程》第30条规定，党的基层组织，根据工作需要和党员人数，经上级党组织批准，分别设立党的基层委员会、总支部委员会、支部委员会。基层委员会由党员大会或代表大会选举产生，总支部委员会和支部委员会由党员大会选举产生，提出委员候选人要广泛征求党员和群众的意见。

10. BCD，解析：根据《中国共产党章程》第42条规定，对党的中央委员会和地方各级委员会的委员、候补委员，给以撤销党内职务、留党察看或开除党籍的处分，必须由本人所在的委员会全体会议 2/3 以上的多数决定。

（四）填空题

1. 充分发展；高度发达。（《中国共产党章程》序言第 3 自然段）
2. 道路；理论；制度；文化。（《中国共产党章程》序言第 9 自然段）
3. 建党一百年；新中国成立一百年。（《中国共产党章程》序言第 10 自然段）
4. 治理体系；治理能力。（《中国共产党章程》序言第 14 自然段）
5. 决定性；宏观调控。（《中国共产党章程》序言第 15 自然段）
6. 绝对领导。（《中国共产党章程》序言第 20 自然段）
7. 听党指挥；能打胜仗；作风优良。（《中国共产党章程》序言第 20 自然段）
8. 劳动人民；法律和政策；私利和特权。（《中国共产党章程》第 2 条）
9. 任期制。（《中国共产党章程》第 11 条）
10. 战斗堡垒。（《中国共产党章程》第 32 条）
11. 德才兼备、以德为先。（《中国共产党章程》第 35 条）
12. 严重警告；留党察看；开除党籍。（《中国共产党章程》第 41 条）
13. 国家机关；领导核心。（《中国共产党章程》第 48 条）
14. 镰刀；锤头。（《中国共产党章程》第 53 条）
15. 金黄色党徽。（《中国共产党章程》第 54 条）

（五）简答题

1. 答：根据《中国共产党章程》序言第 9 自然段规定，改革开放以来我们取得一切成绩和进步的根本原因，归结起来就是：开辟了中国特色社会主义道路，形成了中国特色社会主义理论体系，确立了中国特色社会主义制度，发展了中国特色社会主义文化。
2. 答：根据《中国共产党章程》序言第 10 自然段规定，在现阶段，我国社会的主要矛盾是人民日益增长的美好生活需要和不平衡不充分的发展之间的矛盾。
3. 答：根据《中国共产党章程》序言第 10 自然段规定，我国社会主义建设的根本任务，是进一步解放生产力，发展生产力，逐步实现社会主义现代化，并且为此而改革生产关系和上层建筑中不适应生产力发展的方面和环节。
4. 答：根据《中国共产党章程》序言第 11 自然段规定，中国共产党在社会主义初级阶段的基本路线是：领导和团结全国各族人民，以经济建设为中心，坚持四项基本原则，坚持改革开放，自力更生，艰苦创业，为把我国建设成为富强民主文明和谐美丽的社会主义现代化强国而奋斗。
5. 答：根据《中国共产党章程》序言第 23 自然段规定，和平共处五项原则包括互相尊重主权和领土完整、互不侵犯、互不干涉内政、平等互利、和平共处五项原则。

6. 答：根据《中国共产党章程》序言第24自然段规定，党的建设必须坚决实现以下五项基本要求：第一，坚持党的基本路线。第二，坚持解放思想，实事求是，与时俱进，求真务实。第三，坚持全心全意为人民服务。第四，坚持民主集中制。第五，坚持从严管党治党。

7. 答：根据《中国共产党章程》第3条规定，党员必须履行下列义务：（1）认真学习马克思列宁主义、毛泽东思想、邓小平理论、“三个代表”重要思想、科学发展观、习近平新时代中国特色社会主义思想，学习党的路线、方针、政策和决议，学习党的基本知识，学习科学、文化、法律和业务知识，努力提高为人民服务的本领。（2）贯彻执行党的基本路线和各项方针、政策，带头参加改革开放和社会主义现代化建设，带动群众为经济发展和社会进步艰苦奋斗，在生产、工作、学习和社会生活中起先锋模范作用。（3）坚持党和人民的利益高于一切，个人利益服从党和人民的利益，吃苦在前，享受在后，克己奉公，多做贡献。（4）自觉遵守党的纪律，首先是党的政治纪律和政治规矩，模范遵守国家的法律法规，严格保守党和国家的秘密，执行党的决定，服从组织分配，积极完成党的任务。（5）维护党的团结和统一，对党忠诚老实，言行一致，坚决反对一切派别组织和小集团活动，反对阳奉阴违的两面派行为和一切阴谋诡计。（6）切实开展批评和自我批评，勇于揭露和纠正违反党的原则的言行和工作中的缺点、错误，坚决同消极腐败现象作斗争。（7）密切联系群众，向群众宣传党的主张，遇事同群众商量，及时向党反映群众的意见和要求，维护群众的正当利益。（8）发扬社会主义新风尚，带头实践社会主义核心价值观和社会主义荣辱观，提倡共产主义道德，弘扬中华民族传统美德，为了保护国家和人民的利益，在一切困难和危险的时刻挺身而出，英勇斗争，不怕牺牲。

8. 答：根据《中国共产党章程》第4条规定，党员享有下列权利：（1）参加党的有关会议，阅读党的有关文件，接受党的教育和培训。（2）在党的会议上和党报党刊上，参加关于党的政策问题的讨论。（3）对党的工作提出建议和倡议。（4）在党的会议上有根据地批评党的任何组织和任何党员，向党负责地揭发、检举党的任何组织和任何党员违法乱纪的事实，要求处分违法乱纪的党员，要求罢免或撤换不称职的干部。（5）行使表决权、选举权，有被选举权。（6）在党组织讨论决定对党员的党纪处分或作出鉴定时，本人有权参加和进行申辩，其他党员可以为他作证和辩护。（7）对党的决议和政策如有不同意见，在坚决执行的前提下，可以声明保留，并且可以把自己的意见向党的上级组织直至中央提出。（8）向党的上级组织直至中央提出请求、申诉和控告，并要求有关组织给以负责的答复。

9. 答：根据《中国共产党章程》第6条规定预备党员必须面向党旗进行入党宣誓。誓词如下：我志愿加入中国共产党，拥护党的纲领，遵守党的章程，履行党员义务，执行党的决定，严守党的纪律，保守党的秘密，对党忠诚，积极工作，为共产主义奋斗终身，随时准备为党和人民牺牲一切，永不叛党。

10. 答：根据《中国共产党章程》第10条规定，党的民主集中制的基本原则是：（1）党员个人服从党的组织，少数服从多数，下级组织服从上级组织，全党各个组织和全体党员服从党的全国代表大会和中央委员会。（2）党的各级领导机关，除它们派出的代表机关和在非党组织中的党组外，都由选举产生。（3）党的最高领导机关，是党的全国代表大会和它所产生的中央委员会。（4）党的上级组织要经常听取下级组织和党员群众的意见，及时解决他们提出的问题。（5）党的各级委员会实行集体领导和个人分工负责相结合的制度。（6）党禁止任何形式的个人崇拜。

11. 答：根据《中国共产党章程》第20条规定，党的全国代表大会的职权是：（1）听取和审查中央委员会的报告；（2）审查中央纪律检查委员会的报告；（3）讨论并决定党的重大问题；（4）修改党的章程；（5）选举中央委员会；（6）选举中央纪律检查委员会。

12. 答：根据《中国共产党章程》第36条规定，党的各级领导干部必须信念坚定、为民服务、勤政务实、敢于担当、清正廉洁，模范地履行本章程第三条所规定的党员的各项义务，并且必须具备以下的基本条件：

（1）具有履行职责所需要的马克思列宁主义、毛泽东思想、邓小平理论、“三个代表”重要思想、科学发展观的水平，带头贯彻落实习近平新时代中国特色社会主义思想，努力用马克思主义的立场、观点、方法分析和解决实际问题，坚持讲学习、讲政治、讲正气，经得起各种风浪的考验。

（2）具有共产主义远大理想和中国特色社会主义坚定信念，坚决执行党的基本路线和各项方针、政策，立志改革开放，献身现代化事业，在社会主义建设中艰苦创业，树立正确政绩观，做出经得起实践、人民、历史检验的实绩。

（3）坚持解放思想，实事求是，与时俱进，开拓创新，认真调查研究，能够把党的方针、政策同本地区、本部门的实际相结合，卓有成效地开展工作，讲实话，办实事，求实效。

（4）有强烈的革命事业心和政治责任感，有实践经验，有胜任领导工作的组织能力、文化水平和专业知识。

（5）正确行使人民赋予的权力，坚持原则，依法办事，清正廉洁，勤政为民，以身作则，艰苦朴素，密切联系群众，坚持党的群众路线，自觉地接受党和群众的批评和监督，加强道德修养，讲党性、重品行、作表率，做到自重、自省、自警、自励，反对形式主义、官僚主义、享乐主义和奢靡之风，反对任何滥用职权、谋求私利的行为。

（6）坚持和维护党的民主集中制，有民主作风，有全局观念，善于团结同志，包括团结同自己有不同意见的同志一道工作。

13. 答：根据《中国共产党章程》第 40 条规定，党的纪律主要包括政治纪律、组织纪律、廉洁纪律、群众纪律、工作纪律、生活纪律。

14. 答：根据《中国共产党章程》第 46 条规定，党的各级纪律检查委员会是党内监督专责机关，主要任务是：维护党的章程和其他党内法规，检查党的路线、方针、政策和决议的执行情况，协助党的委员会推进全面从严治党、加强党风建设和组织协调反腐败工作。

15. 答：根据《中国共产党章程》第 51 条规定，中国共产主义青年团是中国共产党领导的先进青年的群团组织，是广大青年在实践中学习中国特色社会主义和共产主义的学校，是党的助手和后备军。共青团中央委员会受党中央委员会领导。共青团的地方各级组织受同级党的委员会领导，同时受共青团上级组织领导。

二、中国共产党廉洁自律准则

简答题

1. 简述党员廉洁自律规范的内容。
2. 简述党员领导干部廉洁自律规范的内容。

参考答案

简答题

1. 答：党员廉洁自律规范包括：

（1）坚持公私分明，先公后私，克己奉公。

（2）坚持崇廉拒腐，清白做人，干净做事。

（3）坚持尚俭戒奢，艰苦朴素，勤俭节约。

（4）坚持吃苦在前，享受在后，甘于奉献。

2. 答：党员领导干部廉洁自律规范包括：

（1）廉洁从政，自觉保持人民公仆本色。

（2）廉洁用权，自觉维护人民根本利益。

（3）廉洁修身，自觉提升思想道德境界。

（4）廉洁齐家，自觉带头树立良好家风。

三、关于新形势下党内政治生活的若干准则

（一）判断题

1. 高级干部特别是中央领导层组成人员必须以身作则，模范遵守党章党规，严守党的政治纪律和政治规矩，坚持不忘初心、继续前进，坚持率先垂范、以上率下，为全党全社会作出示范。(　　)
2. 全体党员必须永远保持建党时中国共产党人的奋斗精神，把理想信念的坚定性体现在做好本职工作的过程中，自觉为推进中国特色社会主义事业而苦干实干。(　　)
3. 坚持开展党内集中学习教育。各级党组织要加强督促检查，把学习情况作为领导班子和领导干部考核的最重要内容。(　　)
4. 新形势下，党领导人民全面深化改革，是为了推动中国特色社会主义制度自我完善和发展，推进国家治理体系和治理能力现代化。(　　)
5. 考察识别干部特别是高级干部必须首先看是否坚定不移贯彻党的基本路线。(　　)
6. 遇有突发性重大问题和工作中重大问题要及时向党中央请示报告，情况紧急必须临机处置的，要尽职尽力做好工作，不必迅速报告。(　　)
7. 人民立场是党的根本政治立场，人民群众是党的力量源泉。(　　)
8. 在应对安全事件、突发事件、自然灾害事件等事件中，领导干部必须深入一线、靠前指挥，及时协调解决突出问题，及时回应社会关切。(　　)
9. 领导班子成员必须坚决执行党组织决定，如有不同意见，可以保留或向上一级党组织提出，但在上级或本级党组织改变决定以前，必须无条件执行已作出的决定。(　　)
10. 畅通党员参与讨论党内事务的途径，拓宽党员表达意见渠道，营造党内民主讨论的政治氛围。(　　)
11. 党员有权向党负责地揭发、检举党的任何组织和任何党员违纪违法的事

实，提倡不实名举报。(　　)

12. 把工作能力强作为干部工作核心理念贯穿选人用人全过程。(　　)

13. 全体党员、干部特别是高级干部必须增强党的意识，时刻牢记自己第一身份是党员。(　　)

14. 对党性不强的党员，应劝其退党或除名。(　　)

15. 批评和自我批评是我们党强身治病、保持肌体健康的锐利武器，也是加强和规范党内政治生活的重要手段。(　　)

(二) 单项选择题

1. 新形势下加强和规范党内政治生活，重点是(　　)。

A. 国家工作人员

B. 国家机关工作人员

C. 各级领导机关和领导干部

D. 各级党组织

2. 必须高度重视思想政治建设，把坚定理想信念作为开展党内政治生活的(　　)。

A. 首要任务　　B. 重要任务

C. 关键任务　　D. 第一任务

3. 思想理论上的坚定清醒是政治上坚定的(　　)。

A. 基础　　B. 前提

C. 先决条件　　D. 必备条件

4. 全党必须牢固树立(　　)，自觉在思想上政治上行动上同党中央保持高度一致。

A. 政治意识、法治意识、核心意识、看齐意识

B. 政治意识、大局意识、法治意识、看齐意识

C. 政治意识、大局意识、核心意识、法治意识

D. 政治意识、大局意识、核心意识、看齐意识

5. 全党必须严格执行重大问题(　　)制度。

A. 请示报告　　B. 请示备案

C. 请示审核　　D. 请示审批

6. 纪律严明是全党统一意志、统一行动、步调一致前进的(　　)，是党内政治生活的重要内容。

A. 重要前提　　B. 重要保障

C. 重要基础　　D. 重要条件

7. (　　)是党最根本、最重要的纪律，遵守党的政治纪律是遵守党的全部纪律的基础。

A. 廉洁纪律　　B. 作风纪律

C. 政治纪律　　D. 组织纪律

8. 建立上级组织在作出同下级组织有关重要决策前(　　)下级组织意见的制度。

A. 征求　　B. 询问

C. 收集　　D. 咨询

9. 领导班子成员分工按规定向上级党委(　　)。

A. 请示　　B. 报备

C. 报批　　D. 报告

10. 领导干部不得干预(　　)的干部选拔任用工作，有关地方和单位党组织要抵制这种违反党的组织原则的行为。

A. 曾经工作生活过的地方、曾经工作过的单位和不属于自己分管领域

B. 曾经学习生活过的地方、曾经工作过的单位和不属于自己分管领域

C. 曾经工作生活过的地方、曾经工作过的单位和不属于自己分管区域

D. 曾经工作学习过的地方、曾经工作过的单位和不属于自己分管领域

11. 坚持惩前毖后、治病救人，正确对待(　　)的干部，帮助其认识和改正。

A. 失误　　B. 犯错误

C. 违法　　D. 犯罪

12. 领导干部要以(　　)身份参加所在党支部或党小组的组织生活，坚持党员领导干部讲党课制度。

A. 领导干部　　B. 公务员

C. 党员　　D. 普通党员

13. 完善权力运行制约和监督机制，形成(　　)的制度安排。

A. 有权必有责、用权必担责、滥权必追责

B. 有权必有责、用权必监督、滥权必追责

C. 有权必监督、用权必担责、滥权必追责

D. 有权必有责、用权必担责、滥权必追刑

14. 必须筑牢拒腐防变的思想防线和制度防线，着力构建(　　)的体制机制，保持党的肌体健康和队伍纯洁。

A. 不敢腐、不能腐、不愿腐

B. 不敢腐、不能腐、不想腐

C. 不敢腐、不易腐、不想腐

D. 不会腐、不能腐、不想腐

(三) 多项选择题

1. 全党同志必须把对马克思主义的信仰、对社会主义和共产主义的信念作为毕生追求，在改造客观世界的同时不断改造主观世界，解决好(　　)、这个“总开关”问题。

A. 世界观　　B. 人生观

C. 价值观　　D. 法治观

2. 全党同志必须坚定对中国特色社会主义的(　　)。

A. 道路自信　　B. 理论自信

C. 制度自信　　D. 文化自信

3. 全党必须毫不动摇坚持改革开放，发挥群众首创精神，勇于自我革命，勇于推进(　　)以及其他各方面创新。

A. 理论创新　　B. 实践创新

C. 制度创新　　D. 文化创新

4. 全党必须自觉防止和反对(　　)。

A. 个人主义　　B. 分散主义

C. 自由主义　　D. 本位主义

5. 全党必须坚决反对(　　)，领导干部特别是高级干部要以身作则。

A. 形式主义　　B. 官僚主义

C. 享乐主义　　D. 奢靡之风

6. 党的各级委员会作出重大决策部署，必须深入开展调查研究，广泛听取各方面意见和建议，凝聚智慧和力量，做到(　　)。

A. 公平决策　　B. 科学决策
C. 民主决策　　D. 依法决策

7. 上级党组织领导班子成员(　　)、参加下级党组织领导班子民主生活会和组织生活会，发现问题及时纠正。

A. 定期　　B. 不定期
C. 随机　　D. 定点

8. 坚持谈心谈话制度。(　　)要开展经常性的谈心谈话，坦诚相见，交流思想，交换意见。

A. 党组织领导班子成员之间
B. 党组织班子成员和党员之间
C. 党员和党员之间
D. 党员和群众之间

9. 领导干部特别是高级干部必须注重(　　)，教育管理好亲属和身边工作人员。

A. 家属　　B. 家庭
C. 家教　　D. 家风

(四) 填空题

1. 新形势下加强和规范党内政治生活，必须以____为根本遵循。
2. 共产主义远大理想和中国特色社会主义共同理想，是中国共产党人的____和____，也是保持党的团结统一的____。
3. 必须全面贯彻执行党的基本路线，把以经济建设为中心同坚持____、坚持____这两个基本点统一于中国特色社会主义伟大实践，任何时候都不能有丝毫偏离和动摇。
4. 全党必须毫不动摇坚持以____为中心，聚精会神抓好发展这个____的第一要务。
5. 涉及全党全国性的重大方针政策问题，只有____有权作出决定和解释。
6. 必须把坚持全心全意____的根本宗旨、保持党同人民群众的血肉联系作为加强和规范党内政治生活的____。

7. 全党必须牢固树立人民群众是____的历史唯物主义观点，站稳群众立场，增进群众感情。
8. 坚决反对____，坚决反对____，不允许为了个人政绩、选票和形象脱离实际随意决策、随便许愿。
9. 领导班子成员必须增强____和____，在研究工作时充分发表意见，决策形成后一抓到底，不得违背集体决定自作主张、自行其是。
10. 党内选举必须体现____意志，规范和完善选举制度规则。
11. 建立容错纠错机制，宽容干部在工作中特别是改革创新中的____。
12. 督促党员对照党章规定的____、对照____、联系____进行党性分析，强化党员意识、增强党的观念、提高党性修养。
13. 必须加强对领导干部的监督，党内不允许有____的权力，也不允许有____的特殊党员。
14. 实行权力____制度，公开权力运行过程和结果，健全不当用权问责机制，把权力关进____笼子，让权力在____下运行。
15. 涉及所反映问题的领导干部应该____，不准干预或插手组织调查。

（五）简答题

1. 简述一个时期以来，党内政治生活中出现的突出问题。
2. 简述坚决维护党中央权威、保证全党令行禁止的重要性。

参考答案

（一）判断题

1. √，解析：根据《关于新形势下党内政治生活的若干准则》第 8 自然段规定。
2. √，解析：根据《关于新形势下党内政治生活的若干准则》第 1 条第 3 自然段规定。
3. ×，解析：根据《关于新形势下党内政治生活的若干准则》第 1 条第 5 自然段规定，各级党组织要加强督促检查，把学习情况作为领导班子和领导干部考核的重要内容。

4. √，解析：根据《关于新形势下党内政治生活的若干准则》第 2 条第 4 自然段规定。
5. √，解析：根据《关于新形势下党内政治生活的若干准则》第 2 条第 7 自然段规定。
6. ×，解析：根据《关于新形势下党内政治生活的若干准则》第 3 条第 5 自然段规定，遇有突发性重大问题和工作中重大问题要及时向党中央请示报告，情况紧急必须临机处置的，要尽职尽力做好工作，并迅速报告。
7. √，解析：根据《关于新形势下党内政治生活的若干准则》第 5 条第 1 自然段规定。
8. ×，解析：根据《关于新形势下党内政治生活的若干准则》第 5 条第 5 自然段规定，在应对重大安全事件、重大突发事件、重大自然灾害事件等事件中，领导干部必须深入一线、靠前指挥，及时协调解决突出问题，及时回应社会关切。
9. ×，解析：根据《关于新形势下党内政治生活的若干准则》第 6 条第 5 自然段规定，领导班子成员必须坚决执行党组织决定，如有不同意见，可以保留或向上一级党组织提出，但在上级或本级党组织改变决定以前，除执行决定会立即引起严重后果等紧急情况外，必须无条件执行已作出的决定。
10. √，解析：根据《关于新形势下党内政治生活的若干准则》第 7 条第 4 自然段规定。
11. ×，解析：根据《关于新形势下党内政治生活的若干准则》第 7 条第 7 自然段规定，党员有权向党负责地揭发、检举党的任何组织和任何党员违纪违法的事实，提倡实名举报。
12. ×，解析：根据《关于新形势下党内政治生活的若干准则》第 8 条第 2 自然段规定，把公道正派作为干部工作核心理念贯穿选人用人全过程，做到公道对待干部、公平评价干部、公正使用干部。
13. √，解析：根据《关于新形势下党内政治生活的若干准则》第 9 条第 2 自然段规定。
14. ×，解析：根据《关于新形势下党内政治生活的若干准则》第 9 条第 6 自然段规定，对党性不强的党员，及时进行批评教育，限期改正；经教育仍无转变的，应劝其退党或除名。
15. √，解析：根据《关于新形势下党内政治生活的若干准则》第 10 条第 1 自然段规定。

（二）单项选择题

1. C，解析：根据《关于新形势下党内政治生活的若干准则》第 8 自然段规定，新形势下加强和规范党内政治生活，重点是各级领导机关和领导干部，关键是高级干部特别是中央委员会、中央政治局、中央政治局常务委员会的组成人员。
2. A，解析：根据《关于新形势下党内政治生活的若干准则》第 1 条第 1 自然段规定，必须高度重视思想政治建设，把坚定理想信念作为开展党内政治生活的首要任务。
3. B，解析：根据《关于新形势下党内政治生活的若干准则》第 1 条第 4 自然段规定，坚定理想信念，必须加强学习。思想理论上的坚定清醒是政治上坚定的前提。
4. D，解析：根据《关于新形势下党内政治生活的若干准则》第 3 条第 2 自然段规定，全党必须牢固树立政治意识、大局意识、核心意识、看齐意识，自觉在思想上政治上行动上同党中央保持高度一致。
5. A，解析：根据《关于新形势下党内政治生活的若干准则》第 3 条第 5 自然段规定，全党必须严格执行重大问题请示报告制度。
6. B，解析：根据《关于新形势下党内政治生活的若干准则》第 4 条第 1 自然段规定，纪律严明是全党统一意志、统一行动、步调一致前进的重要保障，是党内政治生活的重要内容。必须严明党的纪律，把纪律挺在前面，用铁的纪律从严治党。
7. C，解析：根据《关于新形势下党内政治生活的若干准则》第 4 条第 3 自然段规定，政治纪律是党最根本、最重要的纪律，遵守党的政治纪律是遵守党的全部纪律的基础。
8. A，解析：根据《关于新形势下党内政治生活的若干准则》第 6 条第 2 自然段规定，建立上级组织在作出同下级组织有关重要决策前征求下级组织意见的制度。
9. B，解析：根据《关于新形势下党内政治生活的若干准则》第 6 条第 6 自然段规定，领导班子成员分工按规定向上级党委报备，无正当理由、未向上级党委报备不得调整。
10. A，解析：根据《关于新形势下党内政治生活的若干准则》第 8 条第 4 自然段规定，领导干部不得干预曾经工作生活过的地方、曾经工作过的单位和不属于自己分管领域的干部选拔任用工作，有关地方和单位党组织要抵制这种违反党的组织原则的行为。

11. B，解析：根据《关于新形势下党内政治生活的若干准则》第8条第7自然段规定，坚持惩前毖后、治病救人，正确对待犯错误的干部，帮助其认识和改正错误。

12. D，解析：根据《关于新形势下党内政治生活的若干准则》第9条第3自然段规定，领导干部要以普通党员身份参加所在党支部或党小组的组织生活，坚持党员领导干部讲党课制度。

13. A，解析：根据《关于新形势下党内政治生活的若干准则》第11条第2自然段规定，完善权力运行制约和监督机制，形成有权必有责、用权必担责、滥权必追责的制度安排。

14. B，解析：根据《关于新形势下党内政治生活的若干准则》第12条第1自然段规定，必须筑牢拒腐防变的思想防线和制度防线，着力构建不敢腐、不能腐、不想腐的体制机制，保持党的肌体健康和队伍纯洁。

（三）多项选择题

1. ABC，解析：根据《关于新形势下党内政治生活的若干准则》第1条第2自然段规定，全党同志必须把对马克思主义的信仰、对社会主义和共产主义的信念作为毕生追求，在改造客观世界的同时不断改造主观世界，解决好世界观、人生观、价值观这个“总开关”问题。

2. ABCD，解析：根据《关于新形势下党内政治生活的若干准则》第1条第2自然段规定，必须坚定对中国特色社会主义的道路自信、理论自信、制度自信、文化自信。

3. ABCD，解析：根据《关于新形势下党内政治生活的若干准则》第2条第4自然段规定，全党必须毫不动摇坚持改革开放，发挥群众首创精神，勇于自我革命，勇于推进理论创新、实践创新、制度创新、文化创新以及其他各方面创新。

4. ABCD，解析：根据《关于新形势下党内政治生活的若干准则》第3条第7自然段规定，全党必须自觉防止和反对个人主义、分散主义、自由主义、本位主义。

5. ABCD，解析：根据《关于新形势下党内政治生活的若干准则》第5条第3自然段规定，全党必须坚决反对形式主义、官僚主义、享乐主义和奢靡之风，领导干部特别是高级干部要以身作则。

6. BCD，解析：根据《关于新形势下党内政治生活的若干准则》第7条第2自然段规定，中央委员会、中央政治局、中央政治局常务委员会和党的各级委员会作出重大决策部署，必须深入开展调查研究，广泛听取各方面意见和建议，凝聚智慧和力量，做到科学决策、民主决策、依法决策。

7. AC，解析：根据《关于新形势下党内政治生活的若干准则》第 9 条第 4 自然段规定，上级党组织领导班子成员定期、随机参加下级党组织领导班子民主生活会和组织生活会，发现问题及时纠正。
8. ABC，解析：根据《关于新形势下党内政治生活的若干准则》第 9 条第 5 自然段规定，坚持谈心谈话制度。党组织领导班子成员之间、班子成员和党员之间、党员和党员之间要开展经常性的谈心谈话，坦诚相见，交流思想，交换意见。领导干部要带头谈，也要接受党员、干部约谈。
9. BCD，解析：根据《关于新形势下党内政治生活的若干准则》第 12 条第 5 自然段规定，领导干部特别是高级干部必须注重家庭、家教、家风，教育管理好亲属和身边工作人员。

（四）填空题

1. 党章。（《关于新形势下党内政治生活的若干准则》第 7 自然段）
2. 精神支柱；政治灵魂；思想基础。（《关于新形势下党内政治生活的若干准则》第 1 条第 1 自然段）
3. 四项基本原则；改革开放。（《关于新形势下党内政治生活的若干准则》第 2 条第 1 自然段）
4. 经济建设；党执政兴国。（《关于新形势下党内政治生活的若干准则》第 2 条第 2 自然段）
5. 党中央。（《关于新形势下党内政治生活的若干准则》第 3 条第 3 自然段）
6. 为人民服务；根本要求。（《关于新形势下党内政治生活的若干准则》第 5 条第 1 自然段）
7. 历史创造者。（《关于新形势下党内政治生活的若干准则》第 5 条第 2 自然段）
8. 命令主义；“尾巴主义”。（《关于新形势下党内政治生活的若干准则》第 5 条第 4 自然段）
9. 全局观念；责任意识。（《关于新形势下党内政治生活的若干准则》第 6 条第 3 自然段）
10. 选举人。（《关于新形势下党内政治生活的若干准则》第 7 条第 5 自然段）
11. 失误。（《关于新形势下党内政治生活的若干准则》第 8 条第 7 自然段）

12. 党员标准；入党誓词；个人实际。(《关于新形势下党内政治生活的若干准则》第9条第6自然段)
13. 不受制约；不受监督。(《关于新形势下党内政治生活的若干准则》第11条第1自然段)
14. 清单；制度；阳光。(《关于新形势下党内政治生活的若干准则》第11条第2自然段)
15. 回避。(《关于新形势下党内政治生活的若干准则》第11条第7自然段)

(五) 简答题

1. 答：根据《关于新形势下党内政治生活的若干准则》指出，新形势下，党内政治生活状况总体是好的。同时，一个时期以来，党内政治生活中也出现了一些突出问题，主要是：在一些党员、干部包括高级干部中，理想信念不坚定、对党不忠诚、纪律松弛、脱离群众、独断专行、弄虚作假、庸懒无为，个人主义、分散主义、自由主义、好人主义、宗派主义、山头主义、拜金主义不同程度存在，形式主义、官僚主义、享乐主义和奢靡之风问题突出，任人唯亲、跑官要官、买官卖官、拉票贿选现象屡禁不止，滥用权力、贪污受贿、腐化堕落、违法乱纪等现象滋生蔓延。特别是高级干部中极少数人政治野心膨胀、权欲熏心，搞阳奉阴违、结党营私、团团伙伙、拉帮结派、谋取权位等政治阴谋活动。这些问题，严重侵蚀党的思想道德基础，严重破坏党的团结和集中统一，严重损害党内政治生态和党的形象，严重影响党和人民事业发展。这就要求我们必须继续以改革创新精神加强党的建设，加强和规范党内政治生活，全面提高党的建设科学化水平。
2. 答：根据《关于新形势下党内政治生活的若干准则》第3条第1自然段规定，坚决维护党中央权威、保证全党令行禁止，是党和国家前途命运所系，是全国各族人民根本利益所在，也是加强和规范党内政治生活的重要目的。

四、中国共产党组织工作条例

（一）判断题

1. 党的组织工作是以党的组织体系建设、领导班子和干部队伍建设、人才队伍建设、党员队伍建设为主要内容的实践活动。（　　）
2. 组织工作实行党中央集中统一领导，各级党委（党组）集中统一领导，组织部门专门负责，有关方面各司其职、密切配合的领导体制。（　　）
3. 为执行某项任务临时组建的机构，可以按照有关规定成立临时党组织。但是必须按照属地管理原则，规范和理顺基层党组织隶属关系。（　　）
4. 坚持和完善党的领导制度体系，健全党中央对重大工作的领导体制，完善推动党中央决策部署落实机制，严格执行向党中央请示备案制度。（　　）
5. 党的地方委员会在本地区发挥总揽全局、协调各方的领导作用，全面领导本地区经济社会发展，全面负责本地区党的建设，履行把方向、管大局、作决策、保落实职责。（　　）
6. 各级党组织和全体党员必须坚决维护习近平总书记党中央的核心、全党的核心地位，坚决维护党中央权威和集中统一领导，坚持党员个人服从党的组织，少数服从多数，下级组织服从上级组织，全党各个组织和全体党员服从党的全国代表大会和中央委员会。（　　）
7. 建立健全管思想、管工作、管作风、管纪律的从严管理体系，聚焦领导干部特别是党组正职。（　　）
8. 加强党对公务员队伍的集中统一领导，健全统一规范高效的公务员工作领导体制。（　　）
9. 发挥党的政治优势、组织优势、密切联系群众优势，加强对各方面人才的政治引领和政治吸纳，引导广大人才矢志爱国奉献、勇于创新创造。（　　）
10. 组织部门应当聚焦主责主业，健全工作机制，优化工作流程，加强调查研究，注重运用互联网技术、数字技术和信息化手段，提高工作效能。（　　）

（二）单项选择题

1. 党的组织工作为坚持和加强党的全面领导、坚持和发展中国特色社会主义提供坚强（　　）。

A. 组织保证　　B. 制度保证

C. 人员保证　　D. 政治保证

2. 党中央以及地方党委设置（　　），各级党政机关、人民团体、国有企业和事业单位党组织设置（　　）或者专职工作岗位，专门负责组织工作。

A. 组织部；组织工作机构　　B. 人事部；人事工作机构

C. 政治部；政治工作机构　　D. 宣传部；宣传工作机构

3. 党中央一般（　　）召开1次全国组织工作会议，对一个时期的组织工作作出全面部署。

A. 每1年　　B. 每2年

C. 每3年　　D. 每5年

4. 按照党章规定建立健全党的各级各类组织，形成包括党的中央组织、地方组织、基层组织在内，涵盖党的纪律检查机关、党的工作机关、党组，（　　）的严密组织架构。

A. 纵向到边、横向到底　　B. 纵向到底、横向到边

C. 纵向到底　　D. 横向到边

5. 发展党员应当按照控制总量、优化结构、提高质量、发挥作用的总要求，把（　　）放在首位，严格程序、严格把关，保证新发展党员质量。

A. 纪律标准　　B. 人事标准

C. 政治标准　　D. 品德标准

6. 坚持党管干部原则，坚持（　　），坚持五湖四海、任人唯贤，坚持好干部标准，坚持正确用人导向，统筹干部素质培养、知事识人、选拔任用、从严管理、正向激励体系建设，统筹领导班子和干部队伍建设，统筹党政机关、人民团体、国有企业和事业单位干部队伍建设，着力建设忠诚干净担当的高素质专业化干部队伍。

A. 德才兼备、以德为先　　B. 德贤兼备、以德为先

C. 德能兼备、以德为先　　D. 德智兼备、以德为先

7. 建立健全(　　)的选拔任用体系，充分发挥党组织领导和把关作用。

A. 以德为先、任人唯能、人事相宜

B. 以德为先、任人唯才、人事相宜

C. 以德为先、任人唯贤、人事相宜

D. 以才为先、任人唯贤、人事相宜

8. 中央人才工作协调小组办公室设在中央(　　)。

A. 政治部　　B. 人事部

C. 组织部　　D. 宣传部

9. 加强组织部门领导班子建设，注重选拔(　　)的干部担任组织部门领导干部。

A. 政治上强、坚持原则、公道正派、有政府工作经历

B. 政治上强、坚持原则、公道正派、有党务工作经历

C. 政治可靠、坚持原则、公道正派、有党务工作经历

D. 政治可靠、坚持原则、公道正派、有政府工作经历

10. 组织部门应当坚决贯彻执行党中央以及党委（党组）的决策部署，严格执行重大事项(　　)制度。

A. 请示备案　　B. 请示汇报

C. 请示呈报　　D. 请示报告

（三）多项选择题

1. 地方党委对本地区组织工作负主体责任。其主要职责有：(　　)

A. 领导同级人大、政府、政协、监察机关、审判机关、检察机关、人民团体等党的组织工作，指导和督促检查下级党组织开展组织工作

B. 领导本地区党的组织体系建设，加强基层党组织和党员队伍建设

C. 贯彻人才强国战略，统筹协调有关方面共同参与和推动本地区人才工作

D. 按照干部管理权限任免和管理干部，向地方国家机关、政协组织、人民团体、国有企业和事业单位等推荐重要干部

2. 下列关于党的基层组织的说法正确的有：(　　)

A. 党的基层组织是党在社会基层组织中的战斗堡垒

B. 党的基层组织是党在政府基层组织中的战斗堡垒

C. 党的基层组织是党的全部工作和战斗力的基础

D. 党的基层组织是党的组织工作和战斗力的基础

3. 党员（　　）的党支部，应当按照便于组织开展活动原则，划分若干党小组。

A. 人数较少　　B. 人数较多

C. 党员工作地比较分散　　D. 党员居住地比较分散

4. 干部工作实行党中央集中统一领导下分级分类管理的体制。党委（党组）及其组织部门应当加强对干部工作的统一管理。根据（　　），合理确定干部管理职责、范围、权限、方式和程序，做好干部双重管理工作。

A. 事权划分　　B. 行业领域属性特点

C. 机构设置和业务管理体制　　D. 队伍建设需要

5. 下列关于党组织人才工作的说法正确的有：（　　）

A. 紧紧围绕经济社会发展需求，聚焦重大发展战略，加强对人才队伍建设的宏观谋划，培养造就大批德才兼备的高素质人才

B. 坚持高端引领、整体开发，组织实施重大人才工程，统筹推进各领域人才队伍建设

C. 树立全球视野和战略眼光，实行更加积极、更加开放、更加有效的人才政策，坚持以用为本，聚天下英才而用之

D. 推进人才资源的优化配置，充分发挥市场的决定性作用和更好发挥政府作用，鼓励引导人才向艰苦边远地区和基层一线流动

（四）填空题

1. 党中央决定组织工作____，制定组织工作重要党内法规和规范性文件，对组织工作重大战略、____、重大举措、重大事项作出决策，全面领导党的组织体系建设、____、人才工作，按照有关规定推荐、____、任免干部。

2. 坚持马克思主义建党原则，健全维护党的集中统一的组织制度，完善____、执行有力的组织体系，实现党的组织和党的工作____，不断增强党的政治____、思想引领力、群众组织力、社会号召力。

3. 围绕建设信念坚定、____、结构合理、素质优良、纪律严明、____的党员队伍，做好发展党员和党员教育、管理、监督、服务工作。

4. 坚持民主集中制，完善发展____和实行____的相关制度。
5. 统筹做好培养选拔____干部、____干部和党外干部工作。
6. 坚持党管人才原则，确立人才____的战略地位，遵循____市场经济规律和人才成长规律，破除____人才发展的思想观念和体制机制障碍，构建科学规范、开放包容、运行高效的人才发展治理体系。
7. 协调推进人才发展体制机制改革和政策创新，坚决破除____、唯职称、____、唯奖项。
8. 加强组工干部队伍建设，强化政治____和政治____教育，严守组织人事纪律和保密纪律，坚持清正廉洁，着力提升专业化能力，确保政治上____、对党____。

（五）简答题

1. 简述党的组织工作应当遵循的原则。
2. 简述中央组织部和地方党委组织部的主要职责。

参考答案

（一）判断题

1. √，解析：根据《中国共产党组织工作条例》第 2 条规定。
2. ×，解析：根据《中国共产党组织工作条例》第 5 条第 1 款规定，组织工作实行党中央集中统一领导，各级党委（党组）分级分类领导，组织部门专门负责，有关方面各司其职、密切配合的领导体制。
3. ×，解析：根据《中国共产党组织工作条例》第 10 条第 2 款规定，适应形势任务的发展变化，及时调整和优化党组织设置。为执行某项任务临时组建的机构，可以按照有关规定成立临时党组织。除另有规定外，一般按照属地管理原则，规范和理顺基层党组织隶属关系。
4. ×，解析：根据《中国共产党组织工作条例》第 11 条规定，党的中央委员会、中央政治局、中央政治局常务委员会是党的组织体系的大脑和中枢，在推进中国特色社会主义事业中把方向、谋大局、定政策、促改革。坚持和完善党的领导制度体系，健全党中央对重大工作的领导体制，完善推动党中央决策部署落实机制，严格执行向党中央请示报告制度。

5. √，解析：根据《中国共产党组织工作条例》第 12 条规定。
6. √，解析：根据《中国共产党组织工作条例》第 18 条规定。
7. ×，解析：根据《中国共产党组织工作条例》第 25 条规定，建立健全管思想、管工作、管作风、管纪律的从严管理体系，聚焦领导干部特别是党政正职，突出对干部做到“两个维护”、遵守党章党规党纪和宪法法律法规、执行党的路线方针政策、贯彻落实党中央决策部署、遵守党内政治生活准则等情况的政治监督。坚持抓早抓小抓经常，加强日常管理和对履职尽责、担当作为的监督，推动广大干部严格按照制度履行职责、行使权力、开展工作。
8. √，解析：根据《中国共产党组织工作条例》第 28 条规定。
9. √，解析：根据《中国共产党组织工作条例》第 36 条规定。
10. √，解析：根据《中国共产党组织工作条例》第 40 条规定。

（二）单项选择题

1. A，解析：根据《中国共产党组织工作条例》第 3 条规定，党的组织工作坚持以马克思列宁主义、毛泽东思想、邓小平理论、“三个代表”重要思想、科学发展观、习近平新时代中国特色社会主义思想为指导，增强“四个意识”、坚定“四个自信”、做到“两个维护”，以加强党的长期执政能力建设、先进性和纯洁性建设为主线，以党的政治建设为统领，以组织体系建设为重点，着力培养忠诚干净担当的高素质干部，着力集聚爱国奉献的各方面优秀人才，充分发挥基层党组织战斗堡垒作用和党员先锋模范作用，为坚持和加强党的全面领导、坚持和发展中国特色社会主义提供坚强组织保证。
2. A，解析：根据《中国共产党组织工作条例》第 5 条第 2 款规定，党中央以及地方党委设置组织部，各级党政机关、人民团体、国有企业和事业单位党组织设置组织工作机构或者专职工作岗位，专门负责组织工作。
3. D，解析：根据《中国共产党组织工作条例》第 6 条第 2 款规定，党中央一般每 5 年召开 1 次全国组织工作会议，对一个时期的组织工作作出全面部署。
4. B，解析：根据《中国共产党组织工作条例》第 10 条第 1 款规定，按照党章规定建立健全党的各级各类组织，形成包括党的中央组织、地方组织、基层组织在内，涵盖党的纪律检查机关、党的工作机关、党组，纵向到底、横向到边的严密组织架构。
5. C，解析：根据《中国共产党组织工作条例》第 15 条第 2 款规定，发展党员应当按照控制总量、优化结构、提高质量、发挥作用的总要求，把政治标准放在首位，严格程序、严格把关，保证新发展党员质量。加强入党积极分子队伍建设，加强发展对象、预备党员的教育培养。

6. A，解析：根据《中国共产党组织工作条例》第 19 条规定，坚持党管干部原则，坚持德才兼备、以德为先，坚持五湖四海、任人唯贤，坚持好干部标准，坚持正确用人导向，统筹干部素质培养、知事识人、选拔任用、从严管理、正向激励体系建设，统筹领导班子和干部队伍建设，统筹党政机关、人民团体、国有企业和事业单位干部队伍建设，着力建设忠诚干净担当的高素质专业化干部队伍。

7. C，解析：根据《中国共产党组织工作条例》第 24 条第 1 款规定，建立健全以德为先、任人唯贤、人事相宜的选拔任用体系，充分发挥党组织领导和把关作用，把政治标准放在首位，严把政治关、品行关、能力关、作风关、廉洁关，严格落实干部选拔任用的原则、条件、程序，严格执行干部任期、任职回避等制度，树立注重基层、注重实践、讲担当重担当的用人导向，提高干部考察质量，精准科学选人用人，切实把党和人民需要的好干部选出来用起来。加强干部选拔任用工作全程监督，营造风清气正的选人用人环境。

8. C，解析：根据《中国共产党组织工作条例》第 32 条第 2 款规定，党中央设立中央人才工作协调小组，对全国人才工作和人才队伍建设进行宏观指导、统筹协调、政策创新、重点推动、督促检查。中央人才工作协调小组下设办公室，负责处理中央人才工作协调小组日常工作。中央人才工作协调小组办公室设在中央组织部。

9. B，解析：根据《中国共产党组织工作条例》第 38 条规定，各级党委（党组）应当切实加强对组织工作的领导，关心和支持组织部门履行职责、开展工作，合理配置机构编制，充实工作力量，提供必要的工作条件和经费保障，统筹协调各方面，形成做好组织工作的合力。加强组织部门领导班子建设，注重选拔政治上强、坚持原则、公道正派、有党务工作经历的干部担任组织部门领导干部。

10. D，解析：根据《中国共产党组织工作条例》第 39 条规定，组织部门应当坚决贯彻执行党中央以及党委（党组）的决策部署，严格执行重大事项请示报告制度。坚持和完善部务会会议制度，健全议事规则和程序，充分发挥部务会集体领导和把关作用。

（三）多项选择题

1. ABCD，解析：根据《中国共产党组织工作条例》第 7 条第 1 款规定，地方党委对本地区组织工作负主体责任。主要职责是：（1）贯彻落实党的组织工作路线方针政策，执行党中央以及上级党组织关于组织工作的决策部署、指示要求，按照权限制定组织工作党内法规和规范性文件，研究部署本地区组织工作重大事项和重要工作；（2）领导同级人大、政府、政协、监察机关、审判机关、检察机关、人民团体等党的组织工作，指导和督促检查下级党组织开展组织工作；（3）领导本地区党的组织体系建设，加强基层党组织和党员队伍建设；（4）按照干部管理权限任免和管理干部，向地方国家机关、政协组织、人民团体、国有企业和事业单位等推荐重要干部；（5）贯彻人才强国战略，统筹协调有关方面共同参与和推动本地区人才工作；（6）完成党中央以及上级党组织交办的其他任务。

2. AC，解析：根据《中国共产党组织工作条例》第 13 条第 1 款规定，党的基层组织是党在社会基层组织中的战斗堡垒，是党的全部工作和战斗力的基础。坚持大抓基层的鲜明导向，以提升组织力为重点，大力加强企业、农村、机关、学校、医院、科研院所、街道社区、社会组织等基层党组织建设，推进组织设置和活动方式创新，增强党组织政治功能，选优配强党组织带头人，把各领域党的基层组织建设成为宣传党的主张、贯彻党的决定、领导基层治理、团结动员群众、推动改革发展的坚强战斗堡垒。

3. BCD，解析：根据《中国共产党组织工作条例》第 13 条第 2 款规定，党支部是党的基础组织，是党组织开展工作的基本单元。全面推进党支部标准化规范化建设，加强基础工作，完善基本制度，提升基本能力，落实基本保障，充分发挥党支部直接教育党员、管理党员、监督党员和组织群众、宣传群众、凝聚群众、服务群众的职责作用。党员人数较多或者党员工作地、居住地比较分散的党支部，应当按照便于组织开展活动原则，划分若干党小组。

4. ABCD，解析：根据《中国共产党组织工作条例》第 20 条规定，干部工作实行党中央集中统一领导下分级分类管理的体制。党委（党组）及其组织部门应当加强对干部工作的统一管理。根据事权划分、行业领域属性特点、机构设置和业务管理体制以及队伍建设需要，合理确定干部管理职责、范围、权限、方式和程序，做好干部双重管理工作。

5. ABCD，解析：根据《中国共产党组织工作条例》第 33 条规定，紧紧围绕经济社会发展需求，聚焦重大发展战略，加强对人才队伍建设的宏观谋划，培养造就大批德才兼备的高素质人才。坚持高端引领、整体开发，组织实施重大人才工程，统筹推进各领域人才队伍建设。第 34 条规定，树立全球视野和战略眼光，实行更加积极、更加开放、更加有效的人才政策，坚持以用为本，聚天下英才而用之。推进人才资源的优化配置，充分发挥市场的决定性作用和更好发挥政府作用，鼓励引导人才向艰苦边远地区和基层一线流动。

（四）填空题

1. 路线方针政策；重大改革；干部工作；提名。（《中国共产党组织工作条例》第 6 条第 1 款）
2. 上下贯通；全覆盖；领导力。（《中国共产党组织工作条例》第 9 条）
3. 政治可靠；作用突出。（《中国共产党组织工作条例》第 15 条第 1 款）
4. 党内民主；正确集中。（《中国共产党组织工作条例》第 16 条）
5. 女；少数民族。（《中国共产党组织工作条例》第 27 条）
6. 引领发展；社会主义；束缚。（《中国共产党组织工作条例》第 31 条）
7. 唯论文；唯学历。（《中国共产党组织工作条例》第 35 条）
8. 纪律；规矩；绝对可靠；绝对忠诚。（《中国共产党组织工作条例》第 41 条）

（五）简答题

1. 答：根据《中国共产党组织工作条例》第 4 条规定，党的组织工作遵循以下原则：（1）坚持党的全面领导；（2）坚持组织路线服务政治路线；（3）坚持民主集中制；（4）坚持党的群众路线；（5）坚持党管干部、党管人才；（6）坚持德才兼备、以德为先、任人唯贤；（7）坚持党的组织和党的工作全覆盖；（8）坚持实事求是、公道正派；（9）坚持依法依规、科学规范。
2. 答：根据《中国共产党组织工作条例》第 8 条规定，中央组织部和地方党委组织部的主要职责是：（1）在党中央以及本级党委领导下，具体负责落实党的组织工作路线方针政策和决策部署，按照权限和分工制定、起草组织工作党内法规和规范性文件，推进组织制度贯彻落实；（2）研究组织工作重要理论和实践问题，提出完善制度机制的政策建议，为党中央以及本级党委决策提供参考；（3）负责党的组织体系建设，加强基层党组织和党员队伍建设；（4）负责干部工作和干部队伍的统一管理，按照干部管理权限和分工负责领导班子建设的有关具体工作；（5）负责人才工作的指导协调和人才的联系服务；（6）负责公务员工作的统一管理；（7）负责离退休干部工作的统一管理；（8）统一管理机构编制委员会办公室；（9）完成党中央以及本级党委交办的其他任务。

五、中国共产党党内监督条例

（一）判断题

1. 党内监督没有禁区、没有例外。但是信任可以代替监督。（　　）
2. 党内监督的重点对象是党的领导机关和领导干部特别是党的领导机关。（　　）
3. 中央委员会全体会议每年听取中央政治局工作报告，监督中央政治局工作，部署加强党内监督的重大任务。（　　）
4. 中央委员会成员必须严格遵守党的政治纪律和政治规矩，发现其他成员有违反党章、破坏党的纪律、危害党的团结统一的行为应当坚决抵制，并及时向党中央报告。（　　）
5. 党组织主要负责人个人有关事项应当一律公开，主动接受监督。（　　）
6. 发现领导干部有思想、作风、纪律等方面违法性问题的，有关党组织负责人应当及时对其提醒谈话。（　　）
7. 述责述廉报告应当载入廉洁档案，并在一定范围内公开。（　　）
8. 在纪律审查中发现党的领导干部严重违纪涉嫌违法犯罪的，应当先作出党纪处分决定，再移送人民法院处理。（　　）
9. 党组织应当如实记录、集中管理党内监督中发现的问题和线索，及时了解核实，作出相应处理；不属于本级办理范围的应当移送有权限的党组织处理。（　　）
10. 党组织对监督中发现的问题应当做到条条要整改、件件有着落。整改结果应当及时报告上级党组织，必要时可以向下级党组织和党员通报，但不得向社会公开。（　　）

（二）单项选择题

1. 党内监督必须贯彻（　　），依规依纪进行，强化自上而下的组织监督，改进自下而上的民主监督，发挥同级相互监督作用。坚持惩前毖后、治病救人，抓早抓小、防微杜渐。

A. 少数服从多数原则　　B. 民主集中制

C. 首长负责制　　D. 集体负责制

2. 中央政治局(　　)召开民主生活会，进行对照检查和党性分析，研究加强自身建设措施。

A. 每月　　B. 每三个月

C. 每半年　　D. 每年

3. 中央政治局委员应当带头树立良好家风，加强对亲属和身边工作人员的教育和约束，严格要求、不得违规经商办企业，不得违规任职、兼职取酬。(　　)

A. 配偶　　B. 子女及其配偶

C. 配偶、子女　　D. 配偶、子女及其配偶

4. 巡视是党内监督的(　　)。

A. 普遍方式　　B. 首要方式

C. 最重要方式　　D. 重要方式

5. 接到对干部(　　)的反映，应当及时找本人核实，谈话提醒、约谈函询，让干部把问题讲清楚。

A. 严重性违纪问题　　B. 一般性违纪问题

C. 严重性违法问题　　D. 一般性违法问题

6. 对于上级党组织交办以及巡视等移交的违纪问题线索，应当及时处理，并在(　　)内反馈办理情况。

A. 15 天　　B. 30 天

C. 3 个月　　D. 6 个月

(三) 多项选择题

1. 党内监督必须加强对党组织(　　)的监督。

A. 负责人　　B. 主要负责人

C. 领导干部　　D. 关键岗位领导干部

2. 建立健全党的领导干部插手干预重大事项记录制度，发现利用职务便利违规干预(　　)等问题，应当及时向上级党组织报告。

A. 干部选拔任用　　B. 工程建设

C. 执纪执法　　D. 司法活动

3. 依规依纪进行执纪审查，重点审查(　　)的领导干部。

A. 不收敛不收手

B. 违法犯罪

C. 问题线索反映集中、群众反映强烈

D. 现在重要岗位且可能还要提拔使用

4. 各级纪律检查机关必须加强自身建设，健全内控机制，自觉接受(　　)，确保权力受到严格约束。

A. 国家机关监督　　B. 党内监督

C. 社会监督　　D. 群众监督

(四) 填空题

1. 党内监督必须把____挺在前面，运用监督执纪“四种形态”，经常开展____、约谈函询，让“红红脸、出出汗”成为常态。

2. 党的领导干部应当强化____，经常对照党章检查自己的言行，自觉遵守党内政治生活准则、廉洁自律准则，加强____，陶冶道德情操，永葆共产党人____。

3. 党委（党组）在党内监督中负主体责任，____是第一责任人，党委常委会委员（党组成员）和党委委员在职责范围内履行监督职责。

4. 党的领导干部应当经常开展____，敢于正视、深刻剖析、主动改正自己的____。

5. 纪律检查机关必须把维护党的____和____放在首位。

6. 中国共产党同各民主党派____、互相监督、肝胆相照、荣辱与共。各级党组织应当支持民主党派履行____职能，重视民主党派和无党派人士提出的____，完善知情、沟通、反馈、落实等机制。

(五) 简答题

1. 简述党内监督的主要内容。

2. 简述党委（党组）应当履行的监督职责。

3. 简述党的各级纪律检查委员会承担的具体任务。
4. 简述党的基层组织应当履行的监督职责。
5. 简述党员应当履行的监督义务。

参考答案

（一）判断题

1. ×，解析：根据《中国共产党党内监督条例》第 3 条规定，党内监督没有禁区、没有例外。信任不能代替监督。各级党组织应当把信任激励同严格监督结合起来，促使党的领导干部做到有权必有责、有责要担当，用权受监督、失责必追究。
2. ×，解析：根据《中国共产党党内监督条例》第 6 条规定，党内监督的重点对象是党的领导机关和领导干部特别是主要领导干部。
3. √，解析：根据《中国共产党党内监督条例》第 10 条规定。
4. √，解析：根据《中国共产党党内监督条例》第 12 条规定。
5. ×，解析：根据《中国共产党党内监督条例》第 17 条规定，党组织主要负责人个人有关事项应当在党内一定范围公开，主动接受监督。
6. ×，解析：根据《中国共产党党内监督条例》第 21 条规定，坚持党内谈话制度，认真开展提醒谈话、诫勉谈话。发现领导干部有思想、作风、纪律等方面苗头性、倾向性问题的，有关党组织负责人应当及时对其提醒谈话。
7. √，解析：根据《中国共产党党内监督条例》第 23 条规定。
8. ×，解析：根据《中国共产党党内监督条例》第 37 条规定，在纪律审查中发现党的领导干部严重违纪涉嫌违法犯罪的，应当先作出党纪处分决定，再移送行政机关、司法机关处理。
9. √，解析：根据《中国共产党党内监督条例》第 40 条规定。
10. ×，解析：根据《中国共产党党内监督条例》第 41 条第 1 款规定，党组织对监督中发现的问题应当做到条条要整改、件件有着落。整改结果应当及时报告上级党组织，必要时可以向下级党组织和党员通报，并向社会公开。

（二）单项选择题

1. B，解析：根据《中国共产党党内监督条例》第 4 条规定，党内监督必须贯彻民主集中制，依规依纪进行，强化自上而下的组织监督，改进自下而上的民主监督，发挥同级相互监督作用。坚持惩前毖后、治病救人，抓早抓小、防微杜渐。

2. D，解析：根据《中国共产党党内监督条例》第 11 条规定，中央政治局每年召开民主生活会，进行对照检查和党性分析，研究加强自身建设措施。
3. D，解析：根据《中国共产党党内监督条例》第 14 条规定，中央政治局委员应当严格执行中央八项规定，自觉参加双重组织生活，如实向党中央报告个人重要事项。带头树立良好家风，加强对亲属和身边工作人员的教育和约束，严格要求配偶、子女及其配偶不得违规经商办企业，不得违规任职、兼职取酬。
4. D，解析：根据《中国共产党党内监督条例》第 19 条规定，巡视是党内监督的重要方式。
5. B，解析：根据《中国共产党党内监督条例》第 31 条规定，接到对干部一般性违纪问题的反映，应当及时找本人核实，谈话提醒、约谈函询，让干部把问题讲清楚。
6. C，解析：根据《中国共产党党内监督条例》第 41 条第 2 款规定，对于上级党组织交办以及巡视等移交的违纪问题线索，应当及时处理，并在 3 个月内反馈办理情况。

（三）多项选择题

1. BD，解析：根据《中国共产党党内监督条例》第 17 条规定，党内监督必须加强对党组织主要负责人和关键岗位领导干部的监督，重点监督其政治立场、加强党的建设、从严治党，执行党的决议，公道正派选人用人，责任担当、廉洁自律，落实意识形态工作责任制情况。
2. ABCD，解析：根据《中国共产党党内监督条例》第 25 条规定，建立健全党的领导干部插手干预重大事项记录制度，发现利用职务便利违规干预干部选拔任用、工程建设、执纪执法、司法活动等问题，应当及时向上级党组织报告。
3. ACD，解析：根据《中国共产党党内监督条例》第 32 条规定，依规依纪进行执纪审查，重点审查不收敛不收手，问题线索反映集中、群众反映强烈，现在重要岗位且可能还要提拔使用的领导干部，三类情况同时具备的是重中之重。
4. BCD，解析：根据《中国共产党党内监督条例》第 34 条规定，加强对纪律检查机关的监督。发现纪律检查机关及其工作人员有违反纪律问题的，必须严肃处理。各级纪律检查机关必须加强自身建设，健全内控机制，自觉接受党内监督、社会监督、群众监督，确保权力受到严格约束。

（四）填空题

1. 纪律；批评和自我批评。（《中国共产党党内监督条例》第 7 条）
2. 自我约束；党性修养；政治本色。（《中国共产党党内监督条例》第 8 条）
3. 书记。（《中国共产党党内监督条例》第 15 条）
4. 批评和自我批评；缺点错误。（《中国共产党党内监督条例》第 18 条）
5. 政治纪律；政治规矩。（《中国共产党党内监督条例》第 27 条）
6. 长期共存；监督；意见、批评、建议。（《中国共产党党内监督条例》第 38 条）

（五）简答题

1. 答：根据《中国共产党党内监督条例》第 5 条第 2 款规定，党内监督的主要内容是：

（1）遵守党章党规，坚定理想信念，践行党的宗旨，模范遵守宪法法律情况；

（2）维护党中央集中统一领导，牢固树立政治意识、大局意识、核心意识、看齐意识，贯彻落实党的理论和路线方针政策，确保全党令行禁止情况；

（3）坚持民主集中制，严肃党内政治生活，贯彻党员个人服从党的组织，少数服从多数，下级组织服从上级组织，全党各个组织和全体党员服从党的全国代表大会和中央委员会原则情况；

（4）落实全面从严治党责任，严明党的纪律特别是政治纪律和政治规矩，推进党风廉政建设和反腐败工作情况；

（5）落实中央八项规定精神，加强作风建设，密切联系群众，巩固党的执政基础情况；

（6）坚持党的干部标准，树立正确选人用人导向，执行干部选拔任用工作规定情况；

（7）廉洁自律、秉公用权情况；

（8）完成党中央和上级党组织部署的任务情况。

2. 答：根据《中国共产党党内监督条例》第 15 条规定，党委（党组）履行以下监督职责：

（1）领导本地区本部门本单位党内监督工作，组织实施各项监督制度，抓好督促检查；

（2）加强对同级纪委和所辖范围内纪律检查工作的领导，检查其监督执纪问责工作情况；

（3）对党委常委会委员（党组成员）、党委委员，同级纪委、党的工作部门和直接领导的党组织领导班子及其成员进行监督；

（4）对上级党委、纪委工作提出意见和建议，开展监督。

3. 答：根据《中国共产党党内监督条例》第 26 条规定，党的各级纪律检查委员会是党内监督的专责机关，履行监督执纪问责职责，加强对所辖范围内党组织和领导干部遵守党章党规党纪、贯彻执行党的路线方针政策情况的监督检查，承担下列具体任务：

（1）加强对同级党委特别是常委会委员、党的工作部门和直接领导的党组织、党的领导干部履行职责、行使权力情况的监督；

（2）落实纪律检查工作双重领导体制，执纪审查工作以上级纪委领导为主，线索处置和执纪审查情况在向同级党委报告的同时向上级纪委报告，各级纪委书记、副书记的提名和考察以上级纪委会同组织部门为主；

（3）强化上级纪委对下级纪委的领导，纪委发现同级党委主要领导干部的问题，可以直接向上级纪委报告；下级纪委至少每半年向上级纪委报告 1 次工作，每年向上级纪委进行述职。

4. 答：根据《中国共产党党内监督条例》第 35 条规定，党的基层组织应当发挥战斗堡垒作用，履行下列监督职责：

（1）严格党的组织生活，开展批评和自我批评，监督党员切实履行义务，保障党员权利不受侵犯；

（2）了解党员、群众对党的工作和党的领导干部的批评和意见，定期向上级党组织反映情况，提出意见和建议；

（3）维护和执行党的纪律，发现党员、干部违反纪律问题及时教育或者处理，问题严重的应当向上级党组织报告。

5. 答：根据《中国共产党党内监督条例》第 36 条规定，党员应当本着对党和人民事业高度负责的态度，积极行使党员权利，履行下列监督义务：

（1）加强对党的领导干部的民主监督，及时向党组织反映群众意见和诉求；

（2）在党的会议上有根据地批评党的任何组织和任何党员，揭露和纠正工作中存在的缺点和问题；

（3）参加党组织开展的评议领导干部活动，勇于触及矛盾问题、指出缺点错误，对错误言行敢于较真、敢于斗争；

（4）向党负责地揭发、检举党的任何组织和任何党员违纪违法的事实，坚决反对一切派别活动和小集团活动，同腐败现象作坚决斗争。

六、中国共产党纪律处分条例

（一）判断题

1. 党章是最根本的党内法规，是管党治党的总规矩。党的纪律是党的各级组织和全体党员必须遵守的行为规则。（　　）
2. 党员受到警告处分半年内、受到严重警告处分 1 年内，不得在党内提升职务和向党外组织推荐担任高于其原任职务的党外职务。（　　）
3. 党员受留党察看处分期间，可以行使选举权和被选举权。（　　）
4. 对于受到改组处理的党组织领导机构成员，除应当受到撤销党内职务以上（含撤销党内职务）处分的外，均自然免职。（　　）
5. 党组织在纪律审查中发现党员严重违纪涉嫌违法犯罪的，必须先作出党纪处分决定，并按照规定给予政务处分后，再移送有关国家机关依法处理。（　　）
6. 违纪党员在党组织作出处分决定前死亡，或者在死亡之后发现其曾有严重违纪行为，可以不予处理。（　　）
7. 落实党中央决策部署不坚决，打折扣、搞变通，在政治上造成不良影响或者严重后果的，给予撤销党内职务处分。（　　）
8. 对信仰宗教的党员，应当加强思想教育，经党组织帮助教育仍没有转变的，予以除名；参与利用宗教搞煽动活动的，给予开除党籍处分。（　　）
9. 违反个人有关事项报告规定，隐瞒不报的，情节较重的，给予警告或者严重警告处分。（　　）
10. 隐瞒入党前严重错误的，应当予以除名。（　　）
11. 违反有关规定取得外国国籍或者获取国（境）外永久居留资格、长期居留许可的，给予严重警告、撤销党内职务、留党察看或者开除党籍处分。（　　）
12. 相互利用职权或者职务上的影响为对方谋取利益搞权权交易的，给予警

告或者严重警告处分；情节较重的，给予撤销党内职务或者留党察看处分；情节严重的，给予开除党籍处分。（ ）

13. 向从事公务的人员赠送礼尚往来的礼品、礼金等财物，给予警告或者严重警告处分；情节严重的，给予撤销党内职务或者留党察看处分。（ ）

14. 借用管理对象的钱款的，给予警告或者严重警告处分；情节严重的，给予撤销党内职务、留党察看或者开除党籍处分。（ ）

15. 党和国家机关违反有关规定经商办企业的，对直接责任者和领导责任者，给予警告或者严重警告处分；情节严重的，给予撤销党内职务处分。（ ）

16. 改变公务行程，借机旅游的，对直接责任者和领导责任者，情节较轻的，给予警告或者严重警告处分；情节较重的，给予撤销党内职务或者留党察看处分；情节严重的，给予开除党籍处分。（ ）

17. 违反会议活动管理规定，到禁止召开会议的风景名胜区开会的，情节较重的，给予警告或者严重警告处分；情节严重的，给予撤销党内职务处分。（ ）

18. 不按照规定公开党务，侵犯群众知情权，对直接责任者和领导责任者，情节较重的，给予警告或者严重警告处分；情节严重的，给予撤销党内职务或者留党察看处分。（ ）

19. 泄露、扩散或者打探、窃取党组织关于干部选拔任用、纪律审查、巡视巡察等尚未公开事项或者其他应当保密的内容的，给予撤销党内职务或者留党察看处分；情节严重的，给予开除党籍处分。（ ）

20. 生活奢靡、贪图享乐、追求低级趣味，造成不良影响的，给予警告或者严重警告处分；情节严重的，给予撤销党内职务处分。（ ）

（二）单项选择题

1. 党员受到撤销党内职务处分，（ ）内不得在党内担任和向党外组织推荐担任与其原任职务相当或者高于其原任职务的职务。

A. 6 个月　　B. 1 年

C. 2 年　　D. 3 年

2. 第十三条党员受到开除党籍处分，(　　)内不得重新入党，也不得推荐担任与其原任职务相当或者高于其原任职务的党外职务。

A. 2 年　　B. 3 年

C. 4 年　　D. 5 年

3. 党员被依法(　　)的，党组织应当按照管理权限中止其表决权、选举权和被选举权等党员权利。

A. 传唤　　B. 取保候审

C. 留置、逮捕　　D. 监视居住

4. 执行党纪处分决定的机关或者受处分党员所在单位，应当在(　　)内将处分决定的执行情况向作出或者批准处分决定的机关报告。

A. 1 个月　　B. 3 个月

C. 6 个月　　D. 1 年

5. 在重大原则问题上不同党中央保持一致且有实际言论、行为或者造成不良后果的，可以给予(　　)处分。

A. 严重警告　　B. 撤销党内职务

C. 留党察看　　D. 开除党籍

6. 在党内组织秘密集团或者组织其他分裂党的活动的，给予(　　)处分。

A. 严重警告　　B. 撤销党内职务

C. 留党察看　　D. 开除党籍

7. 对党不忠诚不老实，表里不一，阳奉阴违，欺上瞒下，搞两面派，做两面人，情节较轻的，给予(　　)处分。

A. 严重警告　　B. 撤销党内职务

C. 留党察看　　D. 开除党籍

8. 党员领导干部对违反政治纪律和政治规矩等错误思想和行为(　　)，放任不管，搞无原则一团和气，造成不良影响的，给予警告或者严重警告处分；情节严重的，给予撤销党内职务或者留党察看处分。

A. 不申诉、不抵制、不斗争

B. 不报告、不抵制、不斗争

C. 不报告、不申诉、不斗争

D. 不报告、不抵制、不申诉

9. 违反有关规定(　　)，情节较轻的，给予警告或者严重警告处分；情节较重的，给予撤销党内职务处分；情节严重的，给予留党察看处分。

A. 取得外国国籍

B. 获取国（境）外永久居留资格

C. 获取国（境）外长期居留许可

D. 未经批准出入国（边）境

10. 利用职权或者职务上的影响为他人谋取利益，(　　)收受对方财物，情节较重的，给予警告或者严重警告处分；情节严重的，给予撤销党内职务、留党察看或者开除党籍处分。

A. 本人的配偶

B. 本人的配偶、子女

C. 本人的配偶、子女及其配偶

D. 本人的配偶、子女及其配偶等亲属和其他特定关系人

11. 利用职权或者职务上的影响，违反有关规定占用公物归个人使用，时间超过(　　)六个月，情节较重的，给予警告或者严重警告处分；情节严重的，给予撤销党内职务处分。

A. 2 个月　　B. 3 个月

C. 6 个月　　D. 1 年

12. 贯彻(　　)的发展理念不力，对职责范围内的问题失察失责，造成较大损失或者重大损失的，从重或者加重处分。

A. 创新、和谐、绿色、开放、共享

B. 创新、协调、和谐、开放、共享

C. 创新、协调、绿色、和谐、共享

D. 创新、协调、绿色、开放、共享

（三）多项选择题

1. 党组织和党员必须牢固树立(　　)，自觉遵守党章，严格执行和维护党的纪律，自觉接受党的纪律约束，模范遵守国家法律法规。

A. 政治意识　　B. 大局意识

C. 核心意识　　D. 看齐意识

2. 对于严重违犯党的纪律、本身又不能纠正的党组织，上一级党的委员会在查明核实后，根据情节严重的程度，可以予以(　　)。

A. 分立　　B. 合并

C. 改组　　D. 解散

3. 党组织在纪律审查中发现党员有贪污贿赂、滥用职权、玩忽职守、权力寻租、利益输送、徇私舞弊、浪费国家资财等违反法律涉嫌犯罪行为的，应当给予(　　)处分。

A. 严重警告　　B. 撤销党内职务

C. 留党察看　　D. 开除党籍

4. 不按照有关规定向组织请示、报告重大事项，情节较重的，给予警告或者严重警告处分；情节严重的，给予(　　)处分。

A. 严重警告　　B. 撤销党内职务

C. 留党察看　　D. 开除党籍

5. 组织、参加反对党的基本理论、基本路线、基本方略或者重大方针政策的集会、游行、示威等活动的，或者以组织讲座、论坛、报告会、座谈会等方式，反对党的基本理论、基本路线、基本方略或者重大方针政策，造成严重不良影响的，对(　　)，给予开除党籍处分。

A. 策划者

B. 组织者

C. 骨干分子

D. 以提供信息、资料、财物、场地等方式支持活动情节较重的人

6. 在涉外活动中，其言行在政治上造成恶劣影响，损害党和国家(　　)的，给予撤销党内职务或者留党察看处分；情节严重的，给予开除党籍处分。

A. 尊严　　B. 利益

C. 权利　　D. 主权

7. 在特殊时期或者紧急状况下，拒不执行党组织决定的，给予(　　)处分。

A. 严重警告　　B. 撤销党内职务

C. 留党察看　　D. 开除党籍

8. 以(　　)等手段，妨害党员自主行使表决权、选举权和被选举权的，给予撤销党内职务、留党察看或者开除党籍处分。

A. 强迫　　B. 威胁
C. 欺骗　　D. 拉拢

9. 收受可能影响公正执行公务的(　　)等财物，情节较轻的，给予警告或者严重警告处分；情节较重的，给予撤销党内职务或者留党察看处分；情节严重的，给予开除党籍处分。

A. 礼品、礼金　　B. 消费卡
C. 有价证券　　D. 股权

10. 违反有关规定取得运动健身卡、俱乐部会员卡、高尔夫球卡等各种消费卡，情节较重的，给予警告或者严重警告处分；情节严重的，给予(　　)处分。

A. 严重警告　　B. 撤销党内职务
C. 留党察看　　D. 开除党籍

11. 在(　　)分配、购买住房中侵犯国家、集体利益，情节较轻的，给予警告或者严重警告处分；情节较重的，给予撤销党内职务或者留党察看处分；情节严重的，给予开除党籍处分。

A. 出租　　B. 承租
C. 分配　　D. 购买

12. 违反有关规定(　　)等，对直接责任者和领导责任者，情节较轻的，给予警告或者严重警告处分；情节较重的，给予撤销党内职务或者留党察看处分；情节严重的，给予开除党籍处分。

A. 自定薪酬　　B. 滥发津贴
C. 滥发补贴　　D. 滥发奖金

13. 违反有关规定(　　)公务交通工具或者有其他违反公务交通工具管理规定的行为，对直接责任者和领导责任者，情节较重的，给予警告或者严重警告处分；情节严重的，给予撤销党内职务或者留党察看处分。

A. 配备　　B. 购买
C. 更换　　D. 装饰

14. 在(　　)等事项中优亲厚友、明显有失公平的，给予警告或者严重警告处分；情节较重的，给予撤销党内职务或者留党察看处分；情节严重的，给予开除党籍处分。

A. 社会保障　　　　B. 政策扶持

C. 扶贫脱贫　　　　D. 救灾救济款物分配

15. 在考试、录取工作中，有(　　)等违反有关规定行为的，给予警告或者严重警告处分；情节较重的，给予撤销党内职务或者留党察看处分；情节严重的，给予开除党籍处分。

A. 泄露试题　　　　B. 考场舞弊

C. 涂改考卷　　　　D. 违规录取

（四）填空题

1. 为了维护____和其他党内法规，严肃党的____，纯洁党的____，保障党员民主权利，教育党员遵纪守法，维护党的____，保证党的路线、方针、政策、决议和国家法律法规的贯彻执行，根据《中国共产党章程》，制定本条例。
2. 运用监督执纪“四种形态”，经常开展____、____，让“红红脸、出出汗”成为常态。
3. 重点查处党的____以来不收敛、不收手，问题线索反映集中、群众反映强烈，政治问题和经济问题交织的____，违反____精神的问题。
4. 留党察看处分，分为留党察看____、留党察看____。留党察看期限最长不得超过____。
5. 党组织在纪律审查中发现党员有刑法规定的行为，虽不构成犯罪但须追究____责任的，或者有其他违法行为，损害党、国家和人民利益的，应当视具体情节给予____直至开除党籍处分。
6. 党员犯罪情节轻微，人民检察院依法作出____决定的，或者人民法院依法作出有罪判决并____的，应当给予撤销党内职务、____或者开除党籍处分。
7. 预备党员违犯党纪，情节较轻，可以____预备党员资格的，党组织应当对其批评教育或者____预备期；情节较重的，应当取消其预备党员资格。
8. 对于违纪行为所获得的经济利益，应当____或者责令____。
9. 在党内搞团团伙伙、____、拉帮结派、培植个人势力等非组织活动的，给予____或者撤销党内职务处分。

10. ____巡视巡察工作或者____巡视巡察整改要求，情节较轻的，给予警告或者____处分。

11. 组织、参加旨在反对____、反对社会主义制度或者____政府等组织的，对策划者、组织者和骨干分子，给予____处分。

12. 从事、参与____民族关系制造事端或者参加____活动的，对策划者、组织者和骨干分子，给予开除党籍处分。

13. 组织、利用____对抗党和政府，妨碍党和国家的方针政策以及决策部署的实施，或者破坏党的____建设的，对策划者、组织者和骨干分子，给予开除党籍处分。

14. 党员领导干部违反有关规定组织、参加____成立的____、校友会、____等，情节严重的，给予警告、严重警告或者撤销党内职务处分。

15. 侵犯党员的____、选举权和被选举权，情节较重的，给予警告或者严重警告处分；情节严重的，给予____处分。

16. 违反党章和其他党内法规的规定，采取____或者其他手段把____党员条件的人发展为党员，或者为____出具党员身份证明的，对直接责任者和领导责任者，给予警告或者严重警告处分；情节严重的，给予撤销党内职务处分。

17. 纵容、____配偶、子女及其配偶等亲属、____和其他特定关系人利用党员干部本人职权或者____的影响谋取私利，情节较轻的，给予警告或者严重警告处分；情节较重的，给予撤销党内职务或者留党察看处分；情节严重的，给予开除党籍处分。

18. 利用职权或者职务上的影响操办____事宜，在社会上造成不良影响的，给予警告或者严重警告处分；情节严重的，给予撤销党内职务处分；____或者有其他侵犯国家、集体和人民利益行为的，从重或者加重处分，直至开除党籍。

19. 党员领导干部____或者退（离）休后违反有关规定担任____、基金管理公司____、独立监事等职务，情节较轻的，给予警告或者严重警告处分；情节较重的，给予撤销党内职务处分；情节严重的，给予留党察看处分。

20. 利用职权或者职务上的影响，侵占____的公私财物，或者以____地支付钱款等方式侵占公私财物，情节较轻的，给予警告或者严重警告处分；情节较重的，给予撤销党内职务或者留党察看处分；情节严重的，给予开除党籍处分。

21. 违反公务接待管理规定，____、超范围接待或者借机大吃大喝，对直接责任者和领导责任者，情节较重的，给予警告或者严重警告处分；情节严重的，给予____处分。
22. 干涉生产经营____，致使群众财产遭受____的，对直接责任者和领导责任者，给予警告或者严重警告处分；情节严重的，给予撤销党内职务或者留党察看处分。
23. 利用____或者黑恶势力等____群众，或纵容涉黑涉恶活动、为黑恶势力充当____ 的，给予撤销党内职务或者留党察看处分；情节严重的，给予开除党籍处分。
24. 遇到国家财产和群众生命财产受到____威胁时，____，情节较重的，给予警告、严重警告或者撤销党内职务处分；情节严重的，给予留党察看或者开除党籍处分。
25. 因工作不负责任致使所管理的人员____的，对直接责任者和领导责任者，给予警告或者严重警告处分；情节严重的，给予撤销党内职务处分。

（五）简答题

1. 简述党的纪律处分工作应当坚持的原则。
2. 简述对党员的纪律处分的种类。
3. 简述可以从轻或者减轻处分的情形。
4. 简述党员犯罪应当给予开除党籍处分的情形。
5. 简述对违纪后下落不明的党员的处理。
6. 简述对抗组织审查应给予处分的行为。
7. 简述违反有关规定从事营利活动应给予处分的行为。

参考答案

（一）判断题

1. √，解析：根据《中国共产党纪律处分条例》第3条规定。
2. ×，解析：根据《中国共产党纪律处分条例》第10条规定，党员受到警告处分一年内、受到严重警告处分一年半内，不得在党内提升职务和向党外组织推荐担任高于其原任职务的党外职务。
3. ×，解析：根据《中国共产党纪律处分条例》第12条第2款规定，党员受留党察看处分期间，没有表决权、选举权和被选举权。留党察看期间，确有悔改表现的，期满后恢复其党员权利；坚持不改或者又发现其他应当受到党纪处分的违纪行为的，应当开除党籍。
4. √，解析：根据《中国共产党纪律处分条例》第15条规定。
5. ×，解析：根据《中国共产党纪律处分条例》第29条规定，党组织在纪律审查中发现党员严重违纪涉嫌违法犯罪的，原则上先作出党纪处分决定，并按照规定给予政务处分后，再移送有关国家机关依法处理。
6. ×，解析：根据《中国共产党纪律处分条例》第36条规定，违纪党员在党组织作出处分决定前死亡，或者在死亡之后发现其曾有严重违纪行为，对于应当给予开除党籍处分的，开除其党籍；对于应当给予留党察看以下（含留党察看）处分的，作出违犯党纪的书面结论和相应处理。
7. ×，解析：根据《中国共产党纪律处分条例》第50条规定，落实党中央决策部署不坚决，打折扣、搞变通，在政治上造成不良影响或者严重后果的，给予警告或者严重警告处分；情节严重的，给予撤销党内职务、留党察看或者开除党籍处分。
8. ×，解析：根据《中国共产党纪律处分条例》第62条规定，对信仰宗教的党员，应当加强思想教育，经党组织帮助教育仍没有转变的，应当劝其退党；劝而不退的，予以除名；参与利用宗教搞煽动活动的，给予开除党籍处分。
9. √，解析：根据《中国共产党纪律处分条例》第73条第1款规定。
10. ×，解析：根据《中国共产党纪律处分条例》第73条第3款规定，隐瞒入党前严重错误的，一般应当予以除名；对入党后表现尚好的，给予严重警告、撤销党内职务或者留党察看处分。
11. ×，解析：根据《中国共产党纪律处分条例》第81条规定，违反有关规定取得外国国籍或者获取国（境）外永久居留资格、长期居留许可的，给予撤销党内职务、留党察看或者开除党籍处分。

12. √，解析：根据《中国共产党纪律处分条例》第 86 条规定。

13. ×，解析：根据《中国共产党纪律处分条例》第 89 条规定，向从事公务的人员及其配偶、子女及其配偶等亲属和其他特定关系人赠送明显超出正常礼尚往来的礼品、礼金、消费卡和有价证券、股权、其他金融产品等财物，情节较重的，给予警告或者严重警告处分；情节严重的，给予撤销党内职务或者留党察看处分。

14. ×，解析：根据《中国共产党纪律处分条例》第 90 条规定，借用管理和服务对象的钱款、住房、车辆等，影响公正执行公务，情节较重的，给予警告或者严重警告处分；情节严重的，给予撤销党内职务、留党察看或者开除党籍处分。

15. √，解析：根据《中国共产党纪律处分条例》第 98 条规定。

16. √，解析：根据《中国共产党纪律处分条例》第 105 条规定。

17. ×，解析：根据《中国共产党纪律处分条例》第 108 条规定，违反会议活动管理规定，有下列行为之一，对直接责任者和领导责任者，情节较重的，给予警告或者严重警告处分；情节严重的，给予撤销党内职务处分：（1）到禁止召开会议的风景名胜区开会的；（2）决定或者批准举办各类节会、庆典活动的。

18. √，解析：根据《中国共产党纪律处分条例》第 119 条规定。

19. ×，解析：根据《中国共产党纪律处分条例》第 128 条规定，泄露、扩散或者打探、窃取党组织关于干部选拔任用、纪律审查、巡视巡察等尚未公开事项或者其他应当保密的内容的，给予警告或者严重警告处分；情节较重的，给予撤销党内职务或者留党察看处分；情节严重的，给予开除党籍处分。

20. √，解析：根据《中国共产党纪律处分条例》第 134 条规定。

（二）单项选择题

1. C，解析：根据《中国共产党纪律处分条例》第 11 条规定，党员受到撤销党内职务处分，或者依照前款规定受到严重警告处分的，2 年内不得在党内担任和向党外组织推荐担任与其原任职务相当或者高于其原任职务的职务。

2. D，解析：根据《中国共产党纪律处分条例》第 13 条规定，党员受到开除党籍处分，5 年内不得重新入党，也不得推荐担任与其原任职务相当或者高于其原任职务的党外职务。另有规定不准重新入党的，依照规定。

3. C，解析：根据《中国共产党纪律处分条例》第 30 条规定，党员被依法留置、逮捕的，党组织应当按照管理权限中止其表决权、选举权和被选举权等党员权利。根据监察机关、司法机关处理结果，可以恢复其党员权利的，应当及时予以恢复。
4. C，解析：根据《中国共产党纪律处分条例》第 42 条规定，执行党纪处分决定的机关或者受处分党员所在单位，应当在 6 个月内将处分决定的执行情况向作出或者批准处分决定的机关报告。
5. A，解析：根据《中国共产党纪律处分条例》第 44 条规定，在重大原则问题上不同党中央保持一致且有实际言论、行为或者造成不良后果的，给予警告或者严重警告处分；情节较重的，给予撤销党内职务或者留党察看处分；情节严重的，给予开除党籍处分。
6. D，解析：根据《中国共产党纪律处分条例》第 48 条规定，在党内组织秘密集团或者组织其他分裂党的活动的，给予开除党籍处分。
7. A，解析：根据《中国共产党纪律处分条例》第 51 条规定，对党不忠诚不老实，表里不一，阳奉阴违，欺上瞒下，搞两面派，做两面人，情节较轻的，给予警告或者严重警告处分；情节较重的，给予撤销党内职务或者留党察看处分；情节严重的，给予开除党籍处分。
8. B，解析：根据《中国共产党纪律处分条例》第 68 条规定，党员领导干部对违反政治纪律和政治规矩等错误思想和行为不报告、不抵制、不斗争，放任不管，搞无原则一团和气，造成不良影响的，给予警告或者严重警告处分；情节严重的，给予撤销党内职务或者留党察看处分。
9. D，解析：根据《中国共产党纪律处分条例》第 82 条规定，违反有关规定办理因私出国（境）证件、前往港澳通行证，或者未经批准出入国（边）境，情节较轻的，给予警告或者严重警告处分；情节较重的，给予撤销党内职务处分；情节严重的，给予留党察看处分。
10. D，解析：根据《中国共产党纪律处分条例》第 85 条第 2 款规定，利用职权或者职务上的影响为他人谋取利益，本人的配偶、子女及其配偶等亲属和其他特定关系人收受对方财物，情节较重的，给予警告或者严重警告处分；情节严重的，给予撤销党内职务、留党察看或者开除党籍处分。
11. C，解析：根据《中国共产党纪律处分条例》第 102 条规定，利用职权或者职务上的影响，违反有关规定占用公物归个人使用，时间超过 6 个月，情节较重的，给予警告或者严重警告处分；情节严重的，给予撤销党内职务处分。

12. D，解析：根据《中国共产党纪律处分条例》第121条规定，工作中不负责任或者疏于管理，贯彻执行、检查督促落实上级决策部署不力，给党、国家和人民利益以及公共财产造成较大损失的，对直接责任者和领导责任者，给予警告或者严重警告处分；造成重大损失的，给予撤销党内职务、留党察看或者开除党籍处分。贯彻创新、协调、绿色、开放、共享的发展理念不力，对职责范围内的问题失察失责，造成较大损失或者重大损失的，从重或者加重处分。

（三）多项选择题

1. ABCD，解析：根据《中国共产党纪律处分条例》第3条规定，党组织和党员必须牢固树立政治意识、大局意识、核心意识、看齐意识，自觉遵守党章，严格执行和维护党的纪律，自觉接受党的纪律约束，模范遵守国家法律法规。
2. CD，解析：根据《中国共产党纪律处分条例》第9条规定，对于严重违犯党的纪律、本身又不能纠正的党组织，上一级党的委员会在查明核实后，根据情节严重的程度，可以予以：（1）改组；（2）解散。
3. BCD，解析：根据《中国共产党纪律处分条例》第27条规定，党组织在纪律审查中发现党员有贪污贿赂、滥用职权、玩忽职守、权力寻租、利益输送、徇私舞弊、浪费国家资财等违反法律涉嫌犯罪行为的，应当给予撤销党内职务、留党察看或者开除党籍处分。
4. BC，解析：根据《中国共产党纪律处分条例》第54条规定，不按照有关规定向组织请示、报告重大事项，情节较重的，给予警告或者严重警告处分；情节严重的，给予撤销党内职务或者留党察看处分。
5. ABC，解析：根据《中国共产党纪律处分条例》第57条规定，组织、参加反对党的基本理论、基本路线、基本方略或者重大方针政策的集会、游行、示威等活动的，或者以组织讲座、论坛、报告会、座谈会等方式，反对党的基本理论、基本路线、基本方略或者重大方针政策，造成严重不良影响的，对策划者、组织者和骨干分子，给予开除党籍处分。对其他参加人员或者以提供信息、资料、财物、场地等方式支持上述活动者，情节较轻的，给予警告或者严重警告处分；情节较重的，给予撤销党内职务或者留党察看处分；情节严重的，给予开除党籍处分。
6. AB，解析：根据《中国共产党纪律处分条例》第66条规定，在涉外活动中，其言行在政治上造成恶劣影响，损害党和国家尊严、利益的，给予撤销党内职务或者留党察看处分；情节严重的，给予开除党籍处分。

7. CD，解析：根据《中国共产党纪律处分条例》第 72 条规定，拒不执行党组织的分配、调动、交流等决定的，给予警告、严重警告或者撤销党内职务处分。在特殊时期或者紧急状况下，拒不执行党组织决定的，给予留党察看或者开除党籍处分。

8. ABCD，解析：根据《中国共产党纪律处分条例》第 78 条第 2 款规定，以强迫、威胁、欺骗、拉拢等手段，妨害党员自主行使表决权、选举权和被选举权的，给予撤销党内职务、留党察看或者开除党籍处分。

9. ABCD，解析：根据《中国共产党纪律处分条例》第 88 条第 1 款规定，收受可能影响公正执行公务的礼品、礼金、消费卡和有价证券、股权、其他金融产品等财物，情节较轻的，给予警告或者严重警告处分；情节较重的，给予撤销党内职务或者留党察看处分；情节严重的，给予开除党籍处分。

10. BC，解析：根据《中国共产党纪律处分条例》第 93 条规定，违反有关规定取得、持有、实际使用运动健身卡、会所和俱乐部会员卡、高尔夫球卡等各种消费卡，或者违反有关规定出入私人会所，情节较重的，给予警告或者严重警告处分；情节严重的，给予撤销党内职务或者留党察看处分。

11. CD，解析：根据《中国共产党纪律处分条例》第 100 条规定，在分配、购买住房中侵犯国家、集体利益，情节较轻的，给予警告或者严重警告处分；情节较重的，给予撤销党内职务或者留党察看处分；情节严重的，给予开除党籍处分。

12. ABCD，解析：根据《中国共产党纪律处分条例》第 104 条规定，违反有关规定自定薪酬或者滥发津贴、补贴、奖金等，对直接责任者和领导责任者，情节较轻的，给予警告或者严重警告处分；情节较重的，给予撤销党内职务或者留党察看处分；情节严重的，给予开除党籍处分。

13. ABCD，解析：根据《中国共产党纪律处分条例》第 107 条规定，违反有关规定配备、购买、更换、装饰、使用公务交通工具或者有其他违反公务交通工具管理规定的行为，对直接责任者和领导责任者，情节较重的，给予警告或者严重警告处分；情节严重的，给予撤销党内职务或者留党察看处分。

14. ABCD，解析：根据《中国共产党纪律处分条例》第 114 条规定，在社会保障、政策扶持、扶贫脱贫、救灾救济款物分配等事项中优亲厚友、明显有失公平的，给予警告或者严重警告处分；情节较重的，给予撤销党内职务或者留党察看处分；情节严重的，给予开除党籍处分。

15. ABCD，解析：根据《中国共产党纪律处分条例》第 129 条规定，在考试、录取工作中，有泄露试题、考场舞弊、涂改考卷、违规录取等违反有关规定行为的，给予警告或者严重警告处分；情节较重的，给予撤销党内职务或者留党察看处分；情节严重的，给予开除党籍处分。

（四）填空题

1. 党章；纪律；组织；团结统一。（《中国共产党纪律处分条例》第 1 条）
2. 批评和自我批评；约谈函询。（《中国共产党纪律处分条例》第 5 条）
3. 十八大；腐败案件；中央八项规定。（《中国共产党纪律处分条例》第 7 条第 2 款）
4. 1 年；2 年；2 年。（《中国共产党纪律处分条例》第 12 条第 1 款）
5. 党纪；警告。（《中国共产党纪律处分条例》第 28 条）
6. 不起诉；免予刑事处罚；留党察看。（《中国共产党纪律处分条例》第 31 条）
7. 保留；延长。（《中国共产党纪律处分条例》第 34 条）
8. 收缴；退赔。（《中国共产党纪律处分条例》第 40 条）
9. 结党营私；严重警告。（《中国共产党纪律处分条例》第 49 条）
10. 干扰；不落实；严重警告。（《中国共产党纪律处分条例》第 55 条）
11. 党的领导；敌视；开除党籍。（《中国共产党纪律处分条例》第 58 条）
12. 挑拨破坏；民族分裂。（《中国共产党纪律处分条例》第 60 条）
13. 宗族势力；基层组织。（《中国共产党纪律处分条例》第 64 条）
14. 自发；老乡会；战友会。（《中国共产党纪律处分条例》第 74 条）
15. 表决权；撤销党内职务。（《中国共产党纪律处分条例》第 78 条第 1 款）
16. 弄虚作假；不符合；非党员。（《中国共产党纪律处分条例》第 80 条）
17. 默许；身边工作人员；职务上。（《中国共产党纪律处分条例》第 87 条）
18. 婚丧喜庆；借机敛财。（《中国共产党纪律处分条例》第 91 条）
19. 离职；上市公司；独立董事。（《中国共产党纪律处分条例》第 96 条）
20. 非本人经管；象征性。（《中国共产党纪律处分条例》第 101 条）
21. 超标准；撤销党内职务。（《中国共产党纪律处分条例》第 106 条）
22. 自主权；较大损失。（《中国共产党纪律处分条例》第 113 条）
23. 宗族；欺压；“保护伞”。（《中国共产党纪律处分条例》第 115 条）
24. 严重；能救而不救。（《中国共产党纪律处分条例》第 118 条）
25. 叛逃。（《中国共产党纪律处分条例》第 124 条）

（五）简答题

1. 答：根据《中国共产党纪律处分条例》第 4 条规定，党的纪律处分工作应当坚持以下原则：

（1）坚持党要管党、全面从严治党。加强对党的各级组织和全体党员的教育、管理和监督，把纪律挺在前面，注重抓早抓小、防微杜渐。

（2）党纪面前一律平等。对违犯党纪的党组织和党员必须严肃、公正执行纪律，党内不允许有任何不受纪律约束的党组织和党员。

（3）实事求是。对党组织和党员违犯党纪的行为，应当以事实为依据，以党章、其他党内法规和国家法律法规为准绳，准确认定违纪性质，区别不同情况，恰当予以处理。

（4）民主集中制。实施党纪处分，应当按照规定程序经党组织集体讨论决定，不允许任何个人或者少数人擅自决定和批准。上级党组织对违犯党纪的党组织和党员作出的处理决定，下级党组织必须执行。

（5）惩前毖后、治病救人。处理违犯党纪的党组织和党员，应当实行惩戒与教育相结合，做到宽严相济。

2. 答：根据《中国共产党纪律处分条例》第 8 条规定，对党员的纪律处分种类：（1）警告；（2）严重警告；（3）撤销党内职务；（4）留党察看；（5）开除党籍。

3. 答：根据《中国共产党纪律处分条例》第 17 条规定，有下列情形之一的，可以从轻或者减轻处分：（1）主动交代本人应当受到党纪处分的问题的；（2）在组织核实、立案审查过程中，能够配合核实审查工作，如实说明本人违纪违法事实的；（3）检举同案人或者其他人应当受到党纪处分或者法律追究的问题，经查证属实的；（4）主动挽回损失、消除不良影响或者有效阻止危害结果发生的；（5）主动上交违纪所得的；（6）有其他立功表现的。

根据案件的特殊情况，由中央纪委决定或者经省（部）级纪委（不含副省级市纪委）决定并呈报中央纪委批准，对违纪党员也可以在本条例规定的处分幅度以外减轻处分。

4. 答：根据《中国共产党纪律处分条例》第 32 条规定，党员犯罪，有下列情形之一的，应当给予开除党籍处分：（1）因故意犯罪被依法判处刑法规定的主刑（含宣告缓刑）的；（2）被单处或者附加剥夺政治权利的；（3）因过失犯罪，被依法判处三年以上（不含三年）有期徒刑的。因过失犯罪被判处三年以下（含三年）有期徒刑或者被判处管制、拘役的，一般应当开除党籍。对于个别可以不开除党籍的，应当对照处分党员批准权限的规定，报请再上一级党组织批准。

5. 答：根据《中国共产党纪律处分条例》第 35 条规定，对违纪后下落不明的党员，应当区别情况作出处理：（1）对有严重违纪行为，应当给予开除党籍处分的，党组织应当作出决定，开除其党籍；（2）除前项规定的情况外，下落不明时间超过六个月的，党组织应当按照党章规定对其予以除名。

6. 答：根据《中国共产党纪律处分条例》第 56 条规定，对抗组织审查，有下列行为之一的，给予警告或者严重警告处分；情节较重的，给予撤销党内职务或者留党察看处分；情节严重的，给予开除党籍处分：（1）串供或者伪造、销毁、转移、隐匿证据的；（2）阻止他人揭发检举、提供证据材料的；（3）包庇同案人员的；（4）向组织提供虚假情况，掩盖事实的；（5）有其他对抗组织审查行为的。

7. 答：根据《中国共产党纪律处分条例》第 94 条规定，违反有关规定从事营利活动，有下列行为之一，情节较轻的，给予警告或者严重警告处分；情节较重的，给予撤销党内职务或者留党察看处分；情节严重的，给予开除党籍处分：（1）经商办企业的；（2）拥有非上市公司（企业）的股份或者证券的；（3）买卖股票或者进行其他证券投资的；（4）从事有偿中介活动的；（5）在国（境）外注册公司或者投资入股的；（6）有其他违反有关规定从事营利活动的。

七、中国共产党问责条例

（一）判断题

1. 问责对象是党组织、党的领导干部，重点是党委（党组）、党的工作机关及其领导成员，纪委、纪委派驻（派出）机构及其领导成员。(　　)
2. 问责应当分清责任。党组织领导班子在职责范围内负有主要领导责任。(　　)
3. 党的领导干部违反党章和其他党内法规，不履行或者不正确履行职责，有党的纪律建设抓得不严，维护党的政治纪律、组织纪律、廉洁纪律、群众纪律、工作纪律、生活纪律不力，导致违规违纪行为多发，造成恶劣影响的，应当予以问责。(　　)
4. 问责方式，只能单独使用。(　　)
5. 根据问题性质或者工作需要，上级党组织可以直接启动问责调查，也可以指定其他党组织启动。(　　)
6. 对被立案审查的党组织、党的领导干部问责的，需另行启动问责调查程序。(　　)
7. 需要对问责对象作出政务处分或者其他处理的，作出问责决定的党组织应当通报相关单位，相关单位应当及时处理并将结果通报或者报告作出问责决定的党组织。(　　)
8. 实行终身问责，对失职失责性质恶劣、后果严重的，不论其责任人是否调离转岗、提拔等，都应当严肃问责。但是已退休的除外。(　　)
9. 申诉期间，停止问责决定的执行。(　　)
10. 正确对待被问责干部，对影响期满、表现好的干部，符合条件的，按照干部选拔任用有关规定正常使用。(　　)

（二）单项选择题

1. 问责决定应当由有管理权限的(　　)作出。

A. 党组织　　B. 党组织负责人

C. 党的领导干部　　D. 党委

2. 问责对象对问责决定不服的，可以自收到问责决定之日起（　　）内，向作出问责决定的党组织提出书面申诉。

A. 15 天　　B. 1 个月

C. 2 个月　　D. 3 个月

（三）多项选择题

1. 党委（党组）应当履行全面从严治党主体责任，加强对本地区本部门本单位问责工作的领导，追究在党的建设、党的事业中失职失责党组织和党的领导干部的（　　）。

A. 主体责任　　B. 监督责任

C. 领导责任　　D. 法律责任

2. 对党的领导干部的问责，根据危害程度以及具体情况，可以采取的方式有：（　　）

A. 通报　　B. 诫勉

C. 组织调整或者组织处理　　D. 纪律处分

3. 调查工作结束后，调查组应当集体讨论，形成调查报告，列明（　　），由调查组组长以及有关人员签名后，履行审批手续。

A. 调查对象基本情况、调查依据、调查过程，

B. 问责事实

C. 调查对象的态度、认识及其申辩

D. 处理意见以及依据

4. 建立健全问责典型问题通报曝光制度，采取（　　）问责的，应当以适当方式公开。

A. 通报　　B. 诫勉

C. 组织调整或者组织处理　　D. 纪律处分

（四）填空题

1. 党组织和党的领导干部应当坚持把____摆进去、把____摆进去、把____

摆进去，注重从自身找问题、查原因，勇于担当、敢于负责，不得向下级党组织和干部推卸责任。

2. 纪委、党的工作机关对____党委直接领导的党组织及其主要负责人启动问责调查，应当报同级党委主要负责人____。
3. 启动问责调查后，应当组成____，依规依纪依法开展调查。
4. 对同级党委直接领导的党组织，纪委和党的工作机关报经同级党委或者其主要负责人批准，可以采取____、____方式进行问责。
5. 被问责党组织、被问责领导干部及其所在党组织应当深刻汲取教训，明确____。作出问责决定的党组织应当加强督促检查，推动____。

（五）简答题

1. 简述党的问责工作应当坚持的原则。
2. 简述对党组织的问责可以采取的方式。
3. 简述可以不予问责或者免予问责的情形。
4. 简述可以从轻或者减轻问责的情形。
5. 简述应当从重或者加重问责的情形。

参考答案

（一）判断题

1. √，解析：根据《中国共产党问责条例》第5条规定。
2. ×，解析：根据《中国共产党问责条例》第6条第1款规定，问责应当分清责任。党组织领导班子在职责范围内负有全面领导责任，领导班子主要负责人和直接主管的班子成员在职责范围内承担主要领导责任，参与决策和工作的班子成员在职责范围内承担重要领导责任。
3. √，解析：根据《中国共产党问责条例》第7条第6项规定。
4. ×，解析：根据《中国共产党问责条例》第8条第3款规定，问责方式，可以单独使用，也可以依据规定合并使用。问责方式有影响期的，按照有关规定执行。
5. √，解析：根据《中国共产党问责条例》第9条第2款规定。
6. ×，解析：根据《中国共产党问责条例》第9条第3款规定，对被立案审查的党组织、党的领导干部问责的，不再另行启动问责调查程序。

7. √，解析：根据《中国共产党问责条例》第 15 条规定。

8. ×，解析：根据《中国共产党问责条例》第 16 条规定，实行终身问责，对失职失责性质恶劣、后果严重的，不论其责任人是否调离转岗、提拔或者退休等，都应当严肃问责。

9. ×，解析：根据《中国共产党问责条例》第 20 条第 2 款规定，申诉期间，不停止问责决定的执行。

10. √，解析：根据《中国共产党问责条例》第 22 条规定。

（二）单项选择题

1. A，解析：根据《中国共产党问责条例》第 12 条第 1 款规定，问责决定应当由有管理权限的党组织作出。

2. B，解析：根据《中国共产党问责条例》第 20 条第 1 款规定，问责对象对问责决定不服的，可以自收到问责决定之日起 1 个月内，向作出问责决定的党组织提出书面申诉。作出问责决定的党组织接到书面申诉后，应当在 1 个月内作出申诉处理决定，并以书面形式告知提出申诉的党组织、领导干部及其所在党组织。

（三）多项选择题

1. ABC，解析：根据《中国共产党问责条例》第 4 条规定，党委（党组）应当履行全面从严治党主体责任，加强对本地区本部门本单位问责工作的领导，追究在党的建设、党的事业中失职失责党组织和党的领导干部的主体责任、监督责任、领导责任。

2. ABCD，解析：根据《中国共产党问责条例》第 8 条第 2 款规定，对党的领导干部的问责，根据危害程度以及具体情况，可以采取以下方式：（1）通报。进行严肃批评，责令作出书面检查、切实整改，并在一定范围内通报。（2）诫勉。以谈话或者书面方式进行诫勉。（3）组织调整或者组织处理。对失职失责、危害较重，不适宜担任现职的，应当根据情况采取停职检查、调整职务、责令辞职、免职、降职等措施。（4）纪律处分。对失职失责、危害严重，应当给予纪律处分的，依照《中国共产党纪律处分条例》追究纪律责任。

3. ABCD，解析：根据《中国共产党问责条例》第 11 条规定，调查工作结束后，调查组应当集体讨论，形成调查报告，列明调查对象基本情况、调查依据、调查过程，问责事实，调查对象的态度、认识及其申辩，处理意见以及依据，由调查组组长以及有关人员签名后，履行审批手续。

4. CD，解析：根据《中国共产党问责条例》第13条第2款规定，被问责领导干部应当向作出问责决定的党组织写出书面检讨，并在民主生活会、组织生活会或者党的其他会议上作出深刻检查。建立健全问责典型问题通报曝光制度，采取组织调整或者组织处理、纪律处分方式问责的，应当以适当方式公开。

（四）填空题

1. 自己；职责；工作。（《中国共产党问责条例》第6条第3款）
2. 同级；批准。（《中国共产党问责条例》第9条）
3. 调查组。（《中国共产党问责条例》第10条）
4. 检查；通报。（《中国共产党问责条例》第12条第2款）
5. 整改措施；以案促改。（《中国共产党问责条例》第14条）

（五）简答题

1. 答：根据《中国共产党问责条例》第3条规定，党的问责工作应当坚持以下原则：（1）依规依纪、实事求是；（2）失责必问、问责必严；（3）权责一致、错责相当；（4）严管和厚爱结合、激励和约束并重；（5）惩前毖后、治病救人；（6）集体决定、分清责任。
2. 答：根据《中国共产党问责条例》第8条规定，对党组织的问责，根据危害程度以及具体情况，可以采取以下方式：（1）检查。责令作出书面检查并切实整改。（2）通报。责令整改，并在一定范围内通报。（3）改组。对失职失责，严重违犯党的纪律、本身又不能纠正的，应当予以改组。
3. 答：根据《中国共产党问责条例》第17条规定，有下列情形之一的，可以不予问责或者免予问责：（1）在推进改革中因缺乏经验、先行先试出现的失误，尚无明确限制的探索性试验中的失误，为推动发展的无意过失；（2）在集体决策中对错误决策提出明确反对意见或者保留意见的；（3）在决策实施中已经履职尽责，但因不可抗力、难以预见等因素造成损失的。

   对上级错误决定提出改正或者撤销意见未被采纳，而出现应当予以问责情形的，可以不予问责或者免予问责。
4. 答：根据《中国共产党问责条例》第18条规定，有下列情形之一，可以从轻或者减轻问责：（1）及时采取补救措施，有效挽回损失或者消除不良影响的；（2）积极配合问责调查工作，主动承担责任的；（3）党内法规规定的其他从轻、减轻情形。

5. 答：根据《中国共产党问责条例》第19条规定，有下列情形之一，应当从重或者加重问责：（1）对党中央、上级党组织三令五申的指示要求，不执行或者执行不力的；（2）在接受问责调查和处理中，不如实报告情况，敷衍塞责、推卸责任，或者唆使、默许有关部门和人员弄虚作假，阻扰问责工作的；（3）党内法规规定的其他从重、加重情形。

八、党政领导干部考核工作条例

（一）判断题

1. 本条例不适用于参照公务员法管理的县级以上党委和政府直属事业单位、群团组织的领导班子和领导干部的考核。（　　）
2. 领导干部考核内容主要包括：德、能、勤、绩、廉。（　　）
3. 建立健全可量化、能定责、可追责的领导班子和领导干部工作目标以及岗位职责规范，作为确定考核内容的重要依据。（　　）
4. 年度考核是以年度为周期对领导班子和领导干部所进行的综合性考核，一般在每年年末或者次年年初组织开展。（　　）
5. 根据工作需要和实际情况，对领导班子和领导干部，可以在一定范围内听取公众意见。（　　）
6. 领导班子年度考核结果一般分为优秀、良好、一般、较差、很差 5 个等次。（　　）
7. 任期考核是对实行任期制的领导班子和领导干部在一届任期内总体表现所进行的全方位考核，一般结合换届考察或者任期届满当年年度考核进行。（　　）
8. 考核结果应当重点反映考核对象情况，以考核报告、评语、鉴定等形式确定结果的，应当明确具体肯定成绩和优点，指出问题和不足。（　　）
9. 领导干部考核形成的结论性材料，应当存入干部人事档案。（　　）
10. 考核人员应当在考核材料上签名、盖查和捺指印，对考核材料的客观性、真实性负责。（　　）

（二）单项选择题

1. 考核领导班子的党风廉政建设的内容不包括：（　　）
   A. 履行管党治党政治责任
   B. 加强党风廉政建设

C. 反对“四风”特别是形式主义、官僚主义的情况

D. 持之以恒正风肃纪

2. 根据不同岗位职责要求，明确领导班子和领导干部(　　)的具体情形和评价标准，推动工作落实和担当尽责。

A. 担当　　B. 作为

C. 担当作为　　D. 不担当不作为

3. 当年开展党内(　　)的，年度考核可以结合实际适当简化程序。

A. 集体学习教育、换届考查、巡视巡察

B. 集中学习教育、换届考查、巡视巡查

C. 集体学习教育、换届考察、巡视巡查

D. 集中学习教育、换届考察、巡视巡察

4. 本年度内(　　)累计超过半年的领导干部，参加年度考核，不确定等次。

A. 出差　　B. 病、事假

C. 被立案调查　　D. 被行政处罚

5. 领导班子年度考核优秀等次比例一般不超过参加考核领导班子总数的(　　)，领导干部年度考核优秀等次比例一般不超过参加考核领导干部总人数的(　　)。

A. 20%；25%　　B. 30%；25%

C. 30%；20%　　D. 25%；30%

(三) 多项选择题

1. 考核工作，是指党委（党组）及其组织（人事）部门按照干部管理权限，对党政领导班子和领导干部的(　　)等所进行的了解、核实和评价，以此作为加强领导班子和领导干部队伍建设的重要依据。

A. 政治素质　　B. 履职能力

C. 工作成效　　D. 作风表现

2. 坚持从实际出发，实行分级分类考核。考核内容应当体现(　　)领导班子和领导干部特点。

A. 不同区域　　B. 不同部门

C. 不同类型　　D. 不同层次

3. 平时考核主要结合领导班子和领导干部日常管理进行，可以采取的途径有：（　　）

A. 列席领导班子民主生活会、理论学习中心组学习、重要工作会议，参加重要工作活动等

B. 与干部本人或者知情人谈心谈话，到所在单位听取干部群众意见

C. 开展调研走访、专题调查、现场观摩等

D. 结合党内集中学习教育、纪委监委日常监督、巡视巡察、工作督查、干部培训等进行深入了解

4. 领导班子年度考核结果应当确定为较差等次的情形有：（　　）

A. 违反政治纪律和政治规矩，政治上出现问题的

B. 责任心差、能力水平低，不能履行或者不胜任岗位职责要求，依法履职出现重大问题的

C. 不执行民主集中制，领导班子运行状况不好，不能正常发挥职能作用，领导干部闹无原则纠纷，影响较差的

D. 不坚守工作岗位，擅离职守的

5. 考核对象对考核结果有异议的，可以按照有关规定提出（　　）。

A. 复核　　B. 行政诉讼

C. 复议　　D. 申诉

（四）填空题

1. 建设一支信念坚定、____、勤政务实、敢于担当、____的高素质党政领导干部队伍。

2. 中央和国家机关领导班子和领导干部应当在____政治上行动上发挥表率作用，带头接受____严格考核。

3. 全面考核领导干部履职尽责特别是应对突发事件、群体性事件过程中的____能力、专业素养和____能力等情况。

4. 平时考核可以根据____形成考核结果。考核结果可以采用____、评语、____或者鉴定等形式确定。

5. 任期考核一般应当按照____、民主测评、____、了解核实、____、形成考核结果等程序进行。

6. 平时考核、年度考核、专项考核、任期考核情况应当相互____，坚持____相结合。
7. 考核中发现领导班子和领导干部存在问题的，区分不同情形，予以____直至组织处理；发现违纪违法问题线索，移送____、司法机关处理。
8. 考核人员应当具有较高的思想政治素质以及胜任考核工作的____和业务知识，公道正派，组织纪律观念和____强。考核人员按照规定实行公务____。

（五）简答题

1. 简述党政领导干部考核的方式
2. 简述党政领导干部考核工作应坚持的原则。
3. 简述领导班子考核的主要内容。
4. 简述年度考核的一般程序。
5. 简述领导班子和领导干部年度考核结果不得确定为优秀等次的情形。
6. 简述党政领导干部考核工作必须严格遵守的纪律。

参考答案

（一）判断题

1. ×，解析：根据《党政领导干部考核工作条例》第 5 条第 2 款规定，参照公务员法管理的县级以上党委和政府直属事业单位、群团组织的领导班子和领导干部的考核，参照本条例执行。
2. √，解析：根据《党政领导干部考核工作条例》第 8 条规定。
3. √，解析：根据《党政领导干部考核工作条例》第 13 条规定。
4. √，解析：根据《党政领导干部考核工作条例》第 19 条规定。
5. ×，解析：根据《党政领导干部考核工作条例》第 20 条第 3 款规定，根据工作需要和实际情况，对公共服务部门和窗口单位的领导班子和领导干部，可以在一定范围内听取公众意见。
6. ×，解析：根据《党政领导干部考核工作条例》第 21 条第 1 款规定，领导班子年度考核结果一般分为优秀、良好、一般、较差 4 个等次。领导干部年度考核结果分为优秀、称职、基本称职、不称职 4 个等次。

7. √，解析：根据《党政领导干部考核工作条例》第 26 条规定。

8. ×，解析：根据《党政领导干部考核工作条例》第 31 条规定，考核结果应当全面准确反映考核对象情况，以考核报告、评语、鉴定等形式确定结果的，应当明确具体肯定成绩和优点，指出问题和不足。

9. √，解析：根据《党政领导干部考核工作条例》第 43 条规定。

10. ×，解析：根据《党政领导干部考核工作条例》第 46 条第 3 款规定，考核人员应当在考核材料上签名，对考核材料的客观性、真实性负责。

（二）单项选择题

1. C，解析：根据《党政领导干部考核工作条例》第 7 条第 4 项规定，领导班子考核内容主要包括：（4）党风廉政建设。全面考核领导班子履行管党治党政治责任，加强党风廉政建设，持之以恒正风肃纪，推进反腐败斗争等情况。C 项属于作风建设。

2. D，解析：根据《党政领导干部考核工作条例》第 12 条规定，根据不同岗位职责要求，明确领导班子和领导干部不担当不作为的具体情形和评价标准，推动工作落实和担当尽责。

3. D，解析：根据《党政领导干部考核工作条例》第 20 条第 2 款规定，平当年开展党内集中学习教育、换届考察、巡视巡察的，年度考核可以结合实际适当简化程序。

4. B，解析：根据《党政领导干部考核工作条例》第 22 条第 5 款规定，本年度内病、事假累计超过半年的领导干部，参加年度考核，不确定等次。

5. B，解析：根据《党政领导干部考核工作条例》第 32 条第 2 款规定，领导班子年度考核优秀等次比例一般不超过参加考核领导班子总数的 30%，领导干部年度考核优秀等次比例一般不超过参加考核领导干部总人数的 25%。

（三）多项选择题

1. ABCD，解析：根据《党政领导干部考核工作条例》第 2 条第 1 款规定，考核工作，是指党委（党组）及其组织（人事）部门按照干部管理权限，对党政领导班子和领导干部的政治素质、履职能力、工作成效、作风表现等所进行的了解、核实和评价，以此作为加强领导班子和领导干部队伍建设的重要依据。

2. ABCD，解析：根据《党政领导干部考核工作条例》第 11 条规定，坚持从实际出发，实行分级分类考核。考核内容应当体现不同区域、不同部门、不同类型、不同层次领导班子和领导干部特点。

3. ABCD，解析：根据《党政领导干部考核工作条例》第 16 条规定，平时考核主要结合领导班子和领导干部日常管理进行，可以采取下列途径：（1）列席领导班子民主生活会、理论学习中心组学习、重要工作会议，参加重要工作活动等；（2）与干部本人或者知情人谈心谈话，到所在单位听取干部群众意见；（3）开展调研走访、专题调查、现场观摩等；（4）结合党内集中学习教育、纪委监委日常监督、巡视巡察、工作督查、干部培训等进行深入了解；（5）其他适当方法。

4. ABCD，解析：根据《党政领导干部考核工作条例》第 34 条规定，有下列情形之一，领导班子年度考核结果应当确定为较差等次，领导干部年度考核结果应当确定为不称职等次：（1）违反政治纪律和政治规矩，政治上出现问题的；（2）不执行民主集中制，领导班子运行状况不好，不能正常发挥职能作用，领导干部闹无原则纠纷，影响较差的；（3）责任心差、能力水平低，不能履行或者不胜任岗位职责要求，依法履职出现重大问题的；（4）表态多调门高，行动少落实差，敷衍塞责、庸懒散拖，作风形象不佳，群众意见大，造成恶劣影响的；（5）不坚守工作岗位，擅离职守的；（6）其他原因应当确定为较差或者不称职等次的。
5. AD，解析：根据《党政领导干部考核工作条例》第 36 条规定，考核对象对考核结果有异议的，可以按照有关规定提出复核或者申诉。

（四）填空题

1. 为民服务；清正廉洁。（《党政领导干部考核工作条例》第 1 条）
2. 思想上；高标准。（《党政领导干部考核工作条例》第 6 条）
3. 政治；组织领导。（《党政领导干部考核工作条例》第 8 条第 2 项）
4. 实际情况；考核报告；等次。（《党政领导干部考核工作条例》第 17 条）
5. 总结述职；个别谈话；实绩分析。（《党政领导干部考核工作条例》第 27 条）
6. 补充印证；考人与考事。（《党政领导干部考核工作条例》第 30 条）
7. 谈话提醒；纪检监察。（《党政领导干部考核工作条例》第 42 条）
8. 政策水平；保密意识；回避。（《党政领导干部考核工作条例》第 45 条）

（五）简答题

1. 答：根据《党政领导干部考核工作条例》第 2 条第 2 款规定，考核方式主要包括平时考核、年度考核、专项考核、任期考核。
2. 答：根据《党政领导干部考核工作条例》第 4 条规定，考核工作坚持下列原则：（1）党管干部；（2）德才兼备、以德为先；（3）事业为上、公道正派；（4）注重实绩、群众公认；（5）客观全面、简便有效；（6）考用结合、奖惩分明。

3. 答：根据《党政领导干部考核工作条例》第7条规定，领导班子考核内容主要包括：（1）政治思想建设。（2）领导能力。（3）工作实绩。（4）党风廉政建设。（5）作风建设。

4. 答：根据《党政领导干部考核工作条例》第20条第1款规定，年度考核一般按照下列程序进行：

（1）总结述职。召开会议，领导班子总结报告全年工作，领导干部进行个人述职。

（2）民主测评。根据对领导班子和领导干部考核内容的要求设计测评表，由参加民主测评的人员填写评价意见。参加测评的人员范围，按照知情度、关联度、代表性原则，结合实际确定。

（3）个别谈话。与领导班子成员、相关干部群众以及其他需要参加的人员个别谈话了解情况。

（4）了解核实。根据需要采取查阅资料、采集有关数据和信息、实地调研等方式，核实考核对象有关情况。

（5）形成考核结果。对领导班子和领导干部进行综合分析，形成考核结果并及时反馈。

5. 答：根据《党政领导干部考核工作条例》第33条规定，有下列情形之一，领导班子和领导干部年度考核结果不得确定为优秀等次：（1）贯彻落实党中央决策部署成效不明显的；（2）干事创业精气神不够，拈轻怕重、患得患失，不敢直面矛盾、不愿动真碰硬，不担当不作为的；（3）受到上级党委和政府通报批评，责令检查的；（4）工作实绩不突出的；（5）组织领导能力较弱，年度工作目标任务完成不好的；（6）履行管党治党责任不力，违反廉洁自律规定的；（7）其他原因不宜确定为优秀等次的。

在上级党组织开展的基层党建述职评议考核工作中，党委（党组）书记抓基层党建工作情况综合评价等次未达到好的，其年度考核结果不得确定为优秀等次。

6. 答：根据《党政领导干部考核工作条例》第50条规定，考核工作必须严格遵守下列纪律：（1）不准搞形式、走过场；（2）不准隐瞒、歪曲事实；（3）不准弄虚作假；（4）不准搞非组织活动；（5）不准泄露谈话内容、测评结果等考核工作秘密；（6）不准凭个人好恶评价干部、决定或者改变考核结果；（7）不准借考核之机谋取私利；（8）不准干扰、妨碍考核工作；（9）不准打击报复干部和反映问题的人员。

九、公务员职务与职级并行规定

（一）判断题

1. 职级，是公务员的等级序列，是与领导职务并行的晋升通道，体现公务员政治素质、业务能力、资历贡献，是确定工资、住房、医疗等待遇的重要依据，具有领导职责。（　　）
2. 县级以上地方各级公务员主管部门具体指导本辖区内公务员职务与职级并行制度的组织实施工作。（　　）
3. 一级巡视员最低职级是厅局级正职，职级对应的级别是十三级至八级。（　　）
4. 二级主任科员对应的级别是二十一级至十五级。（　　）
5. 中央机关，省、自治区、直辖市机关设置一级巡视员以下职级。（　　）
6. 市（地、州、盟）、直辖市的区领导班子设置一级巡视员，市（地、州、盟）、直辖市的区机关设置二级巡视员以下职级，副省级城市的区机关设置二级调研员以下职级。（　　）
7. 公务员晋升程序不得简化。（　　）
8. 担任领导职务且兼任职级的公务员，按照就高原则享受有关待遇。（　　）

（二）单项选择题

1. 职级序列按照（　　）、等公务员职位类别分别设置。
   A. 综合管理类、专业技术类
   B. 专业技术类、行政执法类
   C. 综合管理类、行政执法类
   D. 综合管理类、专业技术类、行政执法类
2. 二级调研员最低职级是：（　　）
   A. 厅局级正职　　B. 厅局级副职

C. 县处级正职　　D. 县处级副职

3. 中央机关一级、二级巡视员不超过机关综合管理类职位数量的(　　)。

A. 10%　　B. 12%

C. 14%　　D. 16%

4. 晋升一级巡视员，应当任厅局级副职或者二级巡视员(　　)以上

A. 2 年　　B. 3 年

C. 4 年　　D. 5 年

5. 领导职务与职级是确定公务员待遇的(　　)。

A. 重要依据　　B. 唯一依据

C. 唯一条件　　D. 重要条件

(三) 多项选择题

1. 领导职务层次分为：(　　)

A. 国家级正职、国家级副职

B. 省部级正职、省部级副职

C. 厅局级正职、厅局级副职

D. 县处级正职、县处级副职

2. 公务员的职级依据其(　　)确定。

A. 德才表现　　B. 工作实绩

C. 工作时间　　D. 资历

3. 晋升三级调研员，应当任(　　)或者 2 年以上。

A. 县处级正职　　B. 县处级副职

C. 四级调研员　　D. 二级调研员

(四) 填空题

1. 国家根据公务员职位类别和职责设置公务员____和____。

2. 新录用公务员按照有关规定确定____以下及相当层次的职级。

3. 公务员晋升职级所要求任职年限的年度考核结果均应为____以上等次，其间每有 1 个年度考核结果为____等次的，任职年限缩短半年。

4. 公务员因公____的交通、住宿标准以及办公用房标准等待遇，不与____挂钩。

(五) 简答题

1. 简述综合管理类公务员职级序列的分类。
2. 简述公务员晋升职级应当具备的基本条件。
3. 简述公务员应当按照规定降低职级的情形。

参考答案

(一) 判断题

1. ×，解析：根据《公务员职务与职级并行规定》第 2 条第 2 款规定，本规定所称职级，是公务员的等级序列，是与领导职务并行的晋升通道，体现公务员政治素质、业务能力、资历贡献，是确定工资、住房、医疗等待遇的重要依据，不具有领导职责。
2. √，解析：根据《公务员职务与职级并行规定》第 5 条规定。
3. √，解析：根据《公务员职务与职级并行规定》第 8 条、第 9 条规定。
4. ×，解析：根据《公务员职务与职级并行规定》第 8 条第 3 款第 8 项规定，综合管理类公务员职级对应的级别是：（8）二级主任科员：二十二级至十六级。
5. √，解析：根据《公务员职务与职级并行规定》第 10 条第 1 项规定。
6. ×，解析：根据《公务员职务与职级并行规定》第 10 条第 3 项规定，市（地、州、盟）、直辖市的区领导班子设置一级巡视员，市（地、州、盟）、直辖市的区机关设置二级巡视员以下职级，副省级城市的区机关设置一级调研员以下职级；
7. ×，解析：根据《公务员职务与职级并行规定》第 20 条第 2 款规定，各级机关中未限定职数比例的职级，其晋升程序可以适当简化。
8. √，解析：根据《公务员职务与职级并行规定》第 24 条第 2 款规定。

(二) 单项选择题

1. D，解析：根据《公务员职务与职级并行规定》第 7 条第 1 款规定，职级序列按照综合管理类、专业技术类、行政执法类等公务员职位类别分别设置。

2. C，解析：根据《公务员职务与职级并行规定》第9条第3项规定，厅局级以下领导职务对应的综合管理类公务员最低职级是：（3）县处级正职：二级调研员。
3. B，解析：根据《公务员职务与职级并行规定》第11条第1项规定，职级职数按照各类别公务员行政编制数量的一定比例核定。综合管理类公务员职级职数按照下列比例核定：（1）中央机关一级、二级巡视员不超过机关综合管理类职位数量的12%，其中，正部级单位一级巡视员不超过一级、二级巡视员总数的40%，副部级单位一级巡视员不超过一级、二级巡视员总数的20%；一级至四级调研员不超过机关综合管理类职位数量的65%。
4. C，解析：根据《公务员职务与职级并行规定》第18条第1款第1项规定，公务员晋升职级，应当具备下列基本资格：（1）晋升一级巡视员，应当任厅局级副职或者二级巡视员4年以上。
5. A，解析：根据《公务员职务与职级并行规定》第24条第1款规定，领导职务与职级是确定公务员待遇的重要依据。公务员根据所任职级执行相应的工资标准，享受所在地区（部门）相应职务层次的住房、医疗、交通补贴、社会保险等待遇。

（三）多项选择题

1. ABCD，解析：根据《公务员职务与职级并行规定》第6条规定，领导职务根据宪法、有关法律和机构规格设置。领导职务层次分为：国家级正职、国家级副职、省部级正职、省部级副职、厅局级正职、厅局级副职、县处级正职、县处级副职、乡科级正职、乡科级副职。
2. ABD，解析：根据《公务员职务与职级并行规定》第16条第1款规定，公务员的职级依据其德才表现、工作实绩和资历确定。
3. BC，解析：根据《公务员职务与职级并行规定》第18条第1款第5项规定，公务员晋升职级，应当具备下列基本资格：（5）晋升三级调研员，应当任县处级副职或者四级调研员2年以上。

（四）填空题

1. 领导职务；职级序列。（《公务员职务与职级并行规定》第2条第1款）
2. 一级主任科员。（《公务员职务与职级并行规定》第16条第2款）
3. 称职；优秀。（《公务员职务与职级并行规定》第19条）
4. 出国出差；职级。（《公务员职务与职级并行规定》第26条）

（五）简答题

1. 答：根据《公务员职务与职级并行规定》第 7 条第 2 款规定，综合管理类公务员职级序列分为：一级巡视员、二级巡视员、一级调研员、二级调研员、三级调研员、四级调研员、一级主任科员、二级主任科员、三级主任科员、四级主任科员、一级科员、二级科员。
2. 答：根据《公务员职务与职级并行规定》第 17 条规定，公务员晋升职级，应当在职级职数内逐级晋升，并且具备下列基本条件：（1）政治素质好，拥护中国共产党的领导和社会主义制度，坚决维护习近平总书记核心地位，坚决维护党中央权威和集中统一领导；（2）具备职位要求的工作能力和专业知识，忠于职守，勤勉尽责，勇于担当，工作实绩较好；（3）群众公认度较高；（4）符合拟晋升职级所要求的任职年限和资历；（5）作风品行好，遵纪守法，自觉践行社会主义核心价值观，清正廉洁。
3. 答：根据《公务员职务与职级并行规定》第 22 条规定，公务员职级实行能上能下，具有下列情形之一的，应当按照规定降低职级：（1）不能胜任职位职责要求的；（2）年度考核被确定为不称职等次的；（3）受到降职处理或者撤职处分的；（4）法律法规和党内法规规定的其他情形。

十、宪　法

（一）判断题

1. 中华人民共和国的权力掌握在人民手中，人民是国家的主人。(　　)
2. 中华人民共和国成立后，经济建设取得了重大的成就，独立的、比较完整的社会主义工业体系已经基本形成，农业生产显著提高。(　　)
3. 中华人民共和国是工人阶级领导的、以工农联盟为基础的人民民主专政的社会主义国家。(　　)
4. 人民可以通过各种途径和形式，管理国家事务，管理经济和文化事业，管理社会事务。(　　)
5. 中华人民共和国的社会主义经济制度的基础是生产资料的社会主义公有制，即全民所有制和个别群众集体所有制。(　　)
6. 国家不得对公民的私有财产实行征收或者征用。(　　)
7. 国家发展各种教育设施，扫除文盲，对工人、农民、国家工作人员和其他劳动者进行政治、文化、科学、技术、业务的教育，鼓励自学成才。(　　)
8. 在中国境内的外国人必须遵守中华人民共和国的法律。(　　)
9. 我国的国家权力机关是全国人民代表大会。(　　)
10. 全国人大有权罢免国家主席、国务院总理、中央军委会主席、最高人民法院院长和最高人民检察院检察长。(　　)
11. 全国人大常委会在一定情况下有权决定战争状态的宣布。(　　)
12. 国务院由总理、副总理、国务委员、秘书长组成。(　　)
13. 地方各级人民代表大会是地方国家权力机关，乡、民族乡、镇设立人民代表大会。(　　)
14. 自治区、自治州、自治县的自治条例和单行条例须报全国人大常委会备案。(　　)
15. 人民检察院是国家法律监督机关。(　　)

（二）单项选择题

1. 中华人民共和国成立以后，我国社会逐步实现了由（　　）到社会主义的过渡。

A. 旧民主主义　　B. 民主主义

C. 新民主主义　　D. 资本主义

2. 在我国，阶级斗争（　　）。

A. 还广泛存在　　B. 还将短期存在

C. 不复存在　　D. 还将在一定范围内长期存在

3. （　　）是中国特色社会主义最本质的特征。

A. 中国共产党的领导　　B. 党的政治建设

C. 党的思想建设　　D. 改革开放

4. 中华人民共和国的国家机构实行（　　）的原则。

A. 议行合一　　B. 民主集中制

C. 三权分立　　D. 领导负责制

5. 农村和城市郊区的土地，除由法律规定属于国家所有的以外，属于（　　）所有。

A. 集体　　B. 国家

C. 个人　　D. 政府

6. 国家通过普及理想教育、道德教育、文化教育、纪律和法制教育，通过在城乡不同范围的群众中制定和执行各种守则、公约，加强（　　）的建设。

A. 社会主义新农村　　B. 社会主义经济

C. 社会主义精神文明　　D. 守法理念

7. 有权决定特赦的国家机关是（　　）。

A. 国家主席

B. 全国人民代表大会常务委员会

C. 国务院

D. 最高人民法院

8. 中华人民共和国主席、副主席都缺位的时候，由全国人民代表大会补选。

在补选以前，应由(　　)暂时代理主席职位。

A. 最高人民法院院长

B. 中央军事委员会主席

C. 国务院总理

D. 全国人民代表大会常务委员会委员长

9. 不属于民族自治地方的自治机关的是(　　)。

A. 内蒙古自治区人民代表大会

B. 湖南省湘西土家族苗族自治州人民政府

C. 四川省北川羌族自治县人民法院

D. 海南省白沙黎族自治县人民政府

10. 各民族公民都有用(　　)语言文字进行诉讼的权利。

A. 当地通用的　　B. 本民族

C. 其他民族　　D. 自己通晓的

(三) 多项选择题

1. 中国人民和中国人民解放军战胜了(　　)的侵略、破坏和武装挑衅，维护了国家的独立和安全，增强了国防。

A. 帝国主义　　B. 霸权主义

C. 资本主义　　D. 封建主义

2. 社会主义的建设事业必须依靠(　　)，团结一切可以团结的力量。

A. 手工业者　　B. 工人

C. 农民　　D. 知识分子

3. (　　)都由人民代表大会产生，对它负责，受它监督。

A. 国家行政机关　　B. 监察机关

C. 审判机关　　D. 检察机关

4. 国家保障各少数民族的合法的权利和利益，维护和发展各民族的(　　)关系。禁止对任何民族的歧视和压迫，禁止破坏民族团结和制造民族分裂的行为。

A. 平等　　B. 团结

C. 互助　　D. 和谐

5. 下列哪些选项的内容属于社会主义劳动群众集体所有制经济？（　　）

A. 农村中各种形式的合作经济

B. 城镇中的各种形式的手工业合作经济

C. 城镇中的各种形式的商业合作经济

D. 城镇中的各种形式的服务业合作经济

6. 下列选项中，属于中华人民共和国武装力量的任务的是(　　)。

A. 巩固国防　　B. 维护社会治安

C. 参加国家建设事业　　D. 抵抗侵略

7. 我国行使宪法监督职权的机关是(　　)。

A. 全国人民代表大会　　B. 全国人大常委会

C. 最高人民法院　　D. 最高人民检察院

8. 全国人大常委会的组成人员不得兼任(　　)。

A. 国家行政机关职务

B. 民主党派的领导职务

C. 国家审判机关的职务

D. 国家检察机关的职务

9. 下列选项中，由国家主席予以公布的是(　　)。

A. 全国人民代表大会制定的法律

B. 省级人民代表大会制定的法规

C. 国务院制定的法规

D. 全国人民代表大会常务委员会制定的法律

10. 在全国人大闭会期间，根据总理提名，全国人大常委会可以决定(　　)的任免。

A. 审计长　　B. 秘书长

C. 国务委员　　D. 副总理

（四）填空题

1. 中国人民和____战胜了帝国主义、霸权主义的侵略、破坏和武装挑衅，维护了国家的独立和安全，增强了国防。

2. 我国将长期处于____阶段。

3. 台湾是中华人民共和国的神圣领土的一部分。完成____的大业是包括台湾同胞在内的全中国人民的神圣职责。
4. 人民行使____的机关是全国人民代表大会和地方各级人民代表大会。
5. 中华人民共和国实行____，建设社会主义法治国家。
6. 国有经济，即____经济，是____中的主导力量。国家保障国有经济的巩固和发展。
7. 城市的土地属于____所有。
8. 国家建立健全同____水平相适应的社会保障制度。
9. 一切国家机关实行____的原则，实行工作责任制，实行工作人员的培训和考核制度，不断提高工作质量和工作效率，反对____。
10. 全国人民代表大会每届任期____年。
11. 全国人民代表大会常务委员会由下列人员组成：____，副委员长若干人，____，委员若干人。
12. 全国人民代表大会和全国人民代表大会常务委员会认为必要的时候，可以组织关于特定问题的____。
13. 审计机关在国务院____领导下，依照法律规定独立行使____权，不受其他行政机关、社会团体和个人的干涉。
14. 县级以上的地方各级人民代表大会常务委员会由____、副主任若干人和____若干人组成，对____人民代表大会负责并报告工作。
15. 自治区主席、自治州州长、自治县县长由实行____的民族的____担任。
16. 人民法院审理案件，除法律规定的特别情况外，一律____进行。被告人有权获得____。
17. 中华人民共和国国旗是____。
18. 中华人民共和国国歌是____。
19. 中华人民共和国国徽，中间是____照耀下的____，周围是____和____。
20. 中华人民共和国首都是____。

（五）简答题

1. 简述国家的根本任务。
2. 简述我国的外交政策。

3. 简述公民的基本权利。
4. 简述国务院的职权。

参考答案

（一）判断题

1. √，解析：根据《宪法》序言第5自然段规定："从此，中国人民掌握了国家的权力，成为国家的主人。"
2. √，解析：根据《宪法》序言第6自然段规定："经济建设取得了重大的成就，独立的、比较完整的社会主义工业体系已经基本形成，农业生产显著提高。教育、科学、文化等事业有了很大的发展，社会主义思想教育取得了明显的成效。"
3. √，解析：根据《宪法》第1条第1款规定，中华人民共和国是工人阶级领导的、以工农联盟为基础的人民民主专政的社会主义国家。
4. ×，解析：根据《宪法》第2条第3款规定，人民依照法律规定，通过各种途径和形式，管理国家事务，管理经济和文化事业，管理社会事务。题中的表述少了"依照法律规定"，因此是错误的。
5. ×，解析：根据《宪法》第6条第1款规定，中华人民共和国的社会主义经济制度的基础是生产资料的社会主义公有制，即全民所有制和劳动群众集体所有制。题中将"劳动群众集体所有制"写成了"个别群众集体所有制"，因此是错误的。
6. ×，解析：根据《宪法》第13条第3款规定，国家为了公共利益的需要，可以依照法律规定对公民的私有财产实行征收或者征用并给予补偿。
7. √，解析：根据《宪法》第19条第3款规定，国家发展各种教育设施，扫除文盲，对工人、农民、国家工作人员和其他劳动者进行政治、文化、科学、技术、业务的教育，鼓励自学成才。
8. √，解析：根据《宪法》第32条规定："……在中国境内的外国人必须遵守中华人民共和国的法律。"
9. ×，解析：根据《宪法》第57条规定，中华人民共和国全国人民代表大会是最高国家权力机关。它的常设机关是全国人民代表大会常务委员会。
10. √，解析：根据《宪法》第63条规定。
11. √，解析：根据《宪法》第67条规定。

12. ×，解析：还包括各部部长、各委员会主任。根据《宪法》第 86 条规定。
13. √，解析：根据《宪法》第 95 条规定。
14. ×，解析：自治区的自治条例和单行条例，报全国人大常委会批准后生效。自治州、自治县的自治条例和单行条例，报省或者自治区的人大常委会批准后生效，并报全国人大常委会备案，根据《宪法》第 116 条规定。
15. √，解析：根据《宪法》第 134 条规定。

（二）单项选择题

1. C，解析：根据《宪法》序言第 6 自然段写道，中华人民共和国成立以后，我国社会逐步实现了由新民主主义到社会主义的过渡。
2. D，解析：根据《宪法》序言第 8 自然段写道，在我国，剥削阶级作为阶级已经消灭，但是阶级斗争还将在一定范围内长期存在。
3. A，解析：根据《宪法》第 1 条第 2 款规定，社会主义制度是中华人民共和国的根本制度。中国共产党领导是中国特色社会主义最本质的特征。禁止任何组织或者个人破坏社会主义制度。
4. B，解析：根据《宪法》第 3 条第 1 款规定，中华人民共和国的国家机构实行民主集中制的原则。
5. A，解析：根据《宪法》第 10 条第 2 款规定，农村和城市郊区的土地，除由法律规定属于国家所有的以外，属于集体所有；宅基地和自留地、自留山，也属于集体所有。
6. C，解析：根据《宪法》第 24 条第 1 款规定，国家通过普及理想教育、道德教育、文化教育、纪律和法制教育，通过在城乡不同范围的群众中制定和执行各种守则、公约，加强社会主义精神文明的建设。
7. B，解析：根据《宪法》第 67 条规定，全国人民代表大会常务委员会行使下列职权：（18）决定特赦。
8. D，解析：根据《宪法》第 84 条第 3 款规定，中华人民共和国主席、副主席都缺位的时候，由全国人民代表大会补选；在补选以前，由全国人民代表大会常务委员会委员长暂时代理主席职位。
9. C，解析：根据《宪法》第 112 条规定，民族自治地方的自治机关是自治区、自治州、自治县的人民代表大会和人民政府。因此排除 C 选项。
10. B，解析：根据《宪法》第 139 条规定，各民族公民都有用本民族语言文字进行诉讼的权利。人民法院和人民检察院对于不通晓当地通用的语言文字的诉讼参与人，应当为他们翻译。在少数民族聚居或者多民族共同居住的地区，应当用当地通用的语言进行审理；起诉书、判决书、布告和其他文书应当根据实际需要使用当地通用的一种或者几种文字。

（三）多项选择题

1. AB，解析：根据《宪法》序言第6自然段的表述："中国人民和中国人民解放军战胜了帝国主义、霸权主义的侵略、破坏和武装挑衅，维护了国家的独立和安全，增强了国防。经济建设取得了重大的成就，独立的、比较完整的社会主义工业体系已经基本形成，农业生产显著提高。"
2. BCD，解析：根据《宪法》序言第10自然段的表述："社会主义的建设事业必须依靠工人、农民和知识分子，团结一切可以团结的力量。"
3. ABCD，解析：根据《宪法》第3条第3款规定，国家行政机关、监察机关、审判机关、检察机关都由人民代表大会产生，对它负责，受它监督。
4. ABCD，解析：根据《宪法》第4条规定，国家保障各少数民族的合法的权利和利益，维护和发展各民族的平等团结互助和谐关系。禁止对任何民族的歧视和压迫，禁止破坏民族团结和制造民族分裂的行为。
5. ABCD，解析：根据《宪法》第8条规定，农村集体经济组织实行家庭承包经营为基础、统分结合的双层经营体制。农村中的生产、供销、信用、消费等各种形式的合作经济，是社会主义劳动群众集体所有制经济。参加农村集体经济组织的劳动者，有权在法律规定的范围内经营自留地、自留山、家庭副业和饲养自留畜。城镇中的手工业、工业、建筑业、运输业、商业、服务业等行业的各种形式的合作经济，都是社会主义劳动群众集体所有制经济。
6. ACD，解析：根据《宪法》第29条规定，中华人民共和国的武装力量属于人民。它的任务是巩固国防，抵抗侵略，保卫祖国，保卫人民的和平劳动，参加国家建设事业，努力为人民服务。国家加强武装力量的革命化、现代化、正规化的建设，增强国防力量。因此，B选项错误，ACD正确。
7. AB，解析：根据《宪法》第62、67条分别规定了全国人大、全国人大常委会的监督宪法实施的权力。
8. ACD，解析：根据《宪法》第65条规定，全国人民代表大会常务委员会的组成人员不得担任国家行政机关、监察机关、审判机关和检察机关的职务。
9. AD，解析：根据《宪法》第80条规定，"中华人民共和国主席根据全国人民代表大会的决定和全国人民代表大会常务委员会的决定，公布法律，任免国务院总理、副总理、国务委员、各部部长、各委员会主任、审计长、秘书长，授予国家的勋章和荣誉称号，发布特赦令，宣布进入紧急状态，宣布战争状态，发布动员令。”

10. AB，解析：根据《宪法》第 67 条规定，全国人大常委会有权“在全国人民代表大会闭会期间，根据国务院总理的提名，决定部长、委员会主任、审计长、秘书长的人选”。

（四）填空题

1. 中国人民解放军。（《宪法》序言）
2. 社会主义初级。（《宪法》序言）
3. 统一祖国。（《宪法》序言）
4. 国家权力。（《宪法》第 2 条）
5. 依法治国。（《宪法》第 5 条）
6. 社会主义全民所有制；国民经济。（《宪法》第 7 条）
7. 国家。（《宪法》第 10 条）
8. 经济发展。（《宪法》第 14 条）
9. 精简；官僚主义。（《宪法》第 27 条）
10. 五。（《宪法》第 60 条）
11. 委员长；秘书长。（《宪法》第 65 条）
12. 调查委员会。（《宪法》第 71 条）
13. 总理；审计监督。（《宪法》第 91 条）
14. 主任；委员；本级。（《宪法》第 103 条）
15. 区域自治；公民。（《宪法》第 114 条）
16. 公开；辩护。（《宪法》第 130 条）
17. 五星红旗。（《宪法》第 141 条）
18. 义勇军进行曲。（《宪法》第 141 条）
19. 五星；天安门；谷穗；齿轮。（《宪法》第 142 条）
20. 北京。（《宪法》第 143 条）

（五）简答题

1. 答：沿着中国特色社会主义道路，集中力量进行社会主义现代化建设。中国各族人民将继续在中国共产党领导下，在马克思列宁主义、毛泽东思想、邓小平理论、“三个代表”重要思想、科学发展观、习近平新时代中国特色社会主义思想指引下，坚持人民民主专政，坚持社会主义道路，坚持改革开放，不断完善社会主义的各项制度，发展社会主义市场经济，发展社会主义民主，健全社会主义法治，贯彻新发展理念，自力更生，艰苦奋斗，逐步实现工业、农业、国防和科学技术的现代化，推动物质文明、政治文明、精神文明、社会文明、生态文明协调发展，把我国建设成为富强民主文明和谐美丽的社会主义现代化强国，实现中华民族伟大复兴。

2. 答：中国坚持独立自主的对外政策，坚持互相尊重主权和领土完整、互不侵犯、互不干涉内政、平等互利、和平共处的五项原则，坚持和平发展道路，坚持互利共赢开放战略，发展同各国的外交关系和经济、文化交流，推动构建人类命运共同体；坚持反对帝国主义、霸权主义、殖民主义，加强同世界各国人民的团结，支持被压迫民族和发展中国家争取和维护民族独立、发展民族经济的正义斗争，为维护世界和平和促进人类进步事业而努力。

3. 答：公民的基本权利也称宪法权利，是指由宪法规定的公民享有的基本的、必不可少的权利。包括：(1) 平等权。(2) 政治权利和自由。(3) 宗教信仰自由。(4) 人身自由权。(5) 监督权和取得国家赔偿权。(6) 社会经济权。(7) 文化教育权。(8) 特定主体权利。

4. 答：国务院行使下列职权：(1) 根据宪法和法律，规定行政措施，制定行政法规，发布决定和命令；(2) 向全国人民代表大会或者全国人民代表大会常务委员会提出议案；(3) 规定各部和各委员会的任务和职责，统一领导各部和各委员会的工作，并且领导不属于各部和各委员会的全国性的行政工作；(4) 统一领导全国地方各级国家行政机关的工作，规定中央和省、自治区、直辖市的国家行政机关的职权的具体划分；(5) 编制和执行国民经济和社会发展计划和国家预算；(6) 领导和管理经济工作和城乡建设、生态文明建设；(7) 领导和管理教育、科学、文化、卫生、体育和计划生育工作；(8) 领导和管理民政、公安、司法行政等工作；(9) 管理对外事务，同外国缔结条约和协定；(10) 领导和管理国防建设事业；(11) 领导和管理民族事务，保障少数民族的平等权利和民族自治地方的自治权利；(12) 保护华侨的正当的权利和利益，保护归侨和侨眷的合法的权利和利益；(13) 改变或者撤销各部、各委员会发布的不适当的命令、指示和规章；(14) 改变或者撤销地方各级国家行政机关的不适当的决定和命令；(15) 批准省、自治区、直辖市的区域划分，批准自治州、县、自治县、市的建置和区域划分；(16) 依照法律规定决定省、自治区、直辖市的范围内部分地区进入紧急状态；(17) 审定行政机构的编制，依照法律规定任免、培训、考核和奖惩行政人员；(18) 全国人民代表大会和全国人民代表大会常务委员会授予的其他职权。

十一、立法法

（一）判断题

1. 立法应当依照法定的权限和程序，从国家整体利益出发，维护社会主义法制的统一和尊严。（　　）
2. 全国人民代表大会常务委员会制定和修改刑事、民事、国家机构的和其他的基本法律。（　　）
3. 全国人民代表大会及其常务委员会可以根据改革发展的需要，决定就行政管理等领域的特定事项授权在一定期限内在部分地方暂时调整或者暂时停止适用法律的部分规定。（　　）
4. 列入全国人民代表大会会议议程的法律案，在交付表决前，提案人要求撤回的，对该法律案的审议即行终止。（　　）
5. 法律解释草案表决稿由常务委员会全体组成人员的过半数通过，由国家主席发布主席令予以公布。（　　）
6. 全国人民代表大会常务委员会的法律解释同法律具有同等效力。（　　）
7. 涉及两个以上国务院部门职权范围的事项，必须提请国务院制定行政法规。（　　）
8. 没有法律、行政法规、地方性法规的依据，地方政府规章不得设定减损公民、法人和其他组织权利或者增加其义务的规范。（　　）
9. 地方政府规章签署公布后，及时在本级人民政府公报和中国政府法制信息网以及在全国范围内发行的报纸上刊载。（　　）
10. 地方性法规的效力高于规章，部门规章的效力高于地方政府规章。（　　）

（二）单项选择题

1. 法律解释权属于（　　）。

   A. 全国人民代表大会

B. 全国人民代表大会常务委员会

C. 全国人民代表大会宪法和法律委员会

D. 最高人民法院

2. 关于设区的市的地方性法规，下列说法不正确的是：（　　）

A. 不得同宪法、法律、行政法规和本省、自治区的地方性法规相抵触

B. 规定的事项限于城乡建设与管理、环境保护、历史文化保护等方面

C. 须报省、自治区政府会批准后施行

D. 对报请批准的地方性法规，不予上位法相抵触的，应当在 4 个月内予以批准

3. 关于规范性法律文件的效力，下列说法错误的是：（　　）

A. 法律的效力高于行政法规、地方性法规、规章

B. 行政法规的效力高于地方性法规、规章

C. 部门规章的效力高于设区的市的人民政府制定的规章

D. 地方性法规的效力高于本级和下级地方政府规章

4. 法律之间对同一事项的新的一般规定与旧的特别规定不一致时，应（　　）。

A. 适用新的一般规定

B. 适用旧的特别规定

C. 由全国人大裁决

D. 由全国人大常委会裁决

5. 关于规范性文件的审查，下列说法不正确的是：（　　）

A. 有关的专门委员会和常务委员会工作机构可以对报送备案的规范性文件进行主动审查

B. 国家机关认为行政法规、地方性法规、自治条例和单行条例同宪法或者法律相抵触的，可以向全国人民代表大会常务委员会书面提出进行审查的要求

C. 全国人民代表大会专门委员会、、常务委员会工作机构在审查、研究中认为行政法规、地方性法规、自治条例和单行条例同宪法或者法律相抵触的，可以向制定机关提出书面审查意见、研究意见

D. 全国人民代表大会专门委员会和常务委员会工作机构可以将审查、研

究情况向社会公开

6. 关于全国人民代表大会及其常务委员会的授权立法，下列说法不正确的是：（　　）

A. 授权决定应当明确授权的目的、事项、范围、期限以及被授权机关实施授权决定应当遵循的原则等

B. 授权的期限不得超过10年，但是授权决定另有规定的除外

C. 被授权机关应当在授权期限届满的6个月以前，向授权机关报告授权决定实施的情况，并提出是否需要制定有关法律的意见

D. 被授权机关不得将被授予的权力转授给其他机关

（三）多项选择题

1. 可以向全国人民代表大会提出法律案的主体有：（　　）

A. 全国人民代表大会常务委员会

B. 国务院

C. 最高人民法院

D. 20名以上的代表

2. 可以向全国人民代表大会常务委员会提出法律案的主体有：（　　）

A. 委员长会议

B. 中央军事委员会

C. 全国人民代表大会各专门委员会

D. 常务委员会组成人员10人以上

3. 关于法律的公布，下列说法正确的有：（　　）

A. 由国家主席发布主席令公布

B. 主席令应当载明该法律的制定机关、通过和施行日期

C. 法律签署公布后，及时在全国人大常委会公报和中国人大网以及在全国范围内发行的报纸上刊载

D. 在常务委员会公报和和中国人大网刊登的法律文本为标准文本

4. 关于改变或者撤销的权限，下列说法正确的有：（　　）

A. 全国人民代表大会有权改变或者撤销它的常务委员会制定的不适当的法律

B. 全国人民代表大会常务委员会有权改变或者撤销同宪法和法律相抵触的行政法规

C. 国务院有权改变或者撤销不适当的部门规章和地方政府规章

D. 地方人民代表大会常务委员会有权改变或者撤销本级人民政府制定的不适当的规章

5. 设区的市、自治州的人民政府制定的规章应当报(　　)备案。

A. 国务院

B. 省、自治区的人民代表大会常务委员会

C. 省、自治区人民政府

D. 本级人民代表大会常务委员

(四) 填空题

1. 全国人民代表大会通过的法律由国家主席签署____予以公布。
2. 列入常务委员会会议议程的法律案，一般应当经____次常务委员会会议审议后再交付表决。
3. 国务院、____、最高人民法院、最高人民检察院和____以及省、自治区、直辖市的____可以向全国人民代表大会常务委员会提出法律解释要求。
4. 向全国人民代表大会及其常务委员会提出的法律案，在____前，提案人有权撤回。
5. 行政法规签署公布后，及时在____和____以及在全国范围内发行的报纸上刊载。在____上刊登的行政法规文本为标准文本。
6. 同一机关制定的法律、行政法规、地方性法规、自治条例和单行条例、规章，特别规定与一般规定不一致的，适用____；新的规定与旧的规定不一致的，适用____。
7. 行政法规之间对同一事项的新的一般规定与旧的特别规定不一致，不能确定如何适用时，由____裁决。
8. 国务院、____、最高人民法院、最高人民检察院和____认为行政法规、地方性法规、自治条例和单行条例同宪法或者法律相抵触的，可以向全国人民代表大会常务委员会书面提出进行审查的____，由常务委员会工作机构分送有关的专门委员会进行审查、提出意见。

9. 全国人民代表大会法律委员会、有关的专门委员会、常务委员会工作机构经审查、研究认为行政法规、地方性法规、自治条例和单行条例同宪法或者法律相抵触而制定机关不予修改的，应当向____提出予以____的议案、建议，由____决定提请常务委员会会议审议决定。
10. 最高人民法院、最高人民检察院作出的属于审判、检察工作中具体应用法律的解释，应当自公布之日起____日内报____备案。

（五）简答题

1. 简述只能制定法律的事项。
2. 简述可以向全国人民代表大会提出法律案的主体。
3. 简述地方性法规、规章之间不一致时，有关机关应当如何处理?
4. 简述国家机关改变或者撤销法律、行政法规、地方性法规、自治条例和单行条例、规章的权限。
5. 简述行政法规、地方性法规、自治条例和单行条例、规章的备案规定。

参考答案

（一）判断题

1. √，解析：根据《立法法》第 4 条规定。
2. ×，解析：根据《立法法》第 7 条第 2 款规定，全国人民代表大会制定和修改刑事、民事、国家机构的和其他的基本法律。
3. √，解析：根据《立法法》第 13 条规定。
4. ×，解析：根据《立法法》第 22 条规定，列入全国人民代表大会会议议程的法律案，在交付表决前，提案人要求撤回的，应当说明理由，经主席团同意，并向大会报告，对该法律案的审议即行终止。
5. ×，解析：根据《立法法》第 49 条规定，法律解释草案表决稿由常务委员会全体组成人员的过半数通过，由常务委员会发布公告予以公布。
6. √，解析：根据《立法法》第 50 条规定。
7. ×，解析：根据《立法法》第 81 条规定，涉及两个以上国务院部门职权范围的事项，应当提请国务院制定行政法规或者由国务院有关部门联合制定规章。
8. √，解析：根据《立法法》第 82 条第 6 款规定。

9. ×，解析：根据《立法法》第 86 条第 2 款规定，地方政府规章签署公布后，及时在本级人民政府公报和中国政府法制信息网以及在本行政区域范围内发行的报纸上刊载。
10. ×，解析：根据《立法法》第 89 条规定，地方性法规的效力高于本级和下级地方政府规章。省、自治区的人民政府制定的规章的效力高于本行政区域内的设区的市、自治州的人民政府制定的规章。第 91 条规定，部门规章之间、部门规章与地方政府规章之间具有同等效力，在各自的权限范围内施行。

（二）单项选择题

1. B，解析：根据《立法法》第 45 条第 1 款规定，法律解释权属于全国人民代表大会常务委员会。
2. C，解析：根据《立法法》第 72 条第 2 款规定，设区的市的人民代表大会及其常务委员会根据本市的具体情况和实际需要，在不同宪法、法律、行政法规和本省、自治区的地方性法规相抵触的前提下，可以对城乡建设与管理、环境保护、历史文化保护等方面的事项制定地方性法规，法律对设区的市制定地方性法规的事项另有规定的，从其规定。设区的市的地方性法规须报省、自治区的人民代表大会常务委员会批准后施行。省、自治区的人民代表大会常务委员会对报请批准的地方性法规，应当对其合法性进行审查，同宪法、法律、行政法规和本省、自治区的地方性法规不抵触的，应当在 4 个月内予以批准。
3. C，解析：根据《立法法》第 88 条规定，法律的效力高于行政法规、地方性法规、规章。行政法规的效力高于地方性法规、规章。第 89 条规定，地方性法规的效力高于本级和下级地方政府规章。省、自治区的人民政府制定的规章的效力高于本行政区域内的设区的市、自治州的人民政府制定的规章。第 91 条规定，部门规章之间、部门规章与地方政府规章之间具有同等效力，在各自的权限范围内施行。
4. D，解析：根据《立法法》第 94 条第 1 款规定，法律之间对同一事项的新的一般规定与旧的特别规定不一致，不能确定如何适用时，由全国人民代表大会常务委员会裁决。
5. B，解析：根据《立法法》第 99 条规定，国务院、中央军事委员会、最高人民法院、最高人民检察院和各省、自治区、直辖市的人民代表大会常务委员会认为行政法规、地方性法规、自治条例和单行条例同宪法或者法律相抵触的，可以向全国人民代表大会常务委员会书面提出进行审查的要求。前款规定以外的其他国家机关和社会团体、企业事业组织以及公民认为行政法规、地方性法规、自治条例和单行条例同宪法或者法律相抵触的，可以向全国人民代表大会常务委员会书面提出进行审查的建议。有关的专门委员会和常务委员会工作机构可以对报送备案的规范性文件进行主动审查。第 101 条规定，全国人民代表大会有关的专门委员会和常务委员会工作机构应当按照规定要求，将审查、研究情况向提出审查建议的国家机关、社会团体、企业事业组织以及公民反馈，并可以向社会公开。

6. B，解析：根据《立法法》第 10 条规定，授权决定应当明确授权的目的、事项、范围、期限以及被授权机关实施授权决定应当遵循的原则等。授权的期限不得超过 5 年，但是授权决定另有规定的除外。被授权机关应当在授权期限届满的 6 个月以前，向授权机关报告授权决定实施的情况，并提出是否需要制定有关法律的意见；需要继续授权的，可以提出相关意见，由全国人民代表大会及其常务委员会决定。第 12 条规定，被授权机关应当严格按照授权决定行使被授予的权力。被授权机关不得将被授予的权力转授给其他机关。

（三）多项选择题

1. ABC，解析：根据《立法法》第 14 条规定，全国人民代表大会主席团可以向全国人民代表大会提出法律案，由全国人民代表大会会议审议。全国人民代表大会常务委员会、国务院、中央军事委员会、最高人民法院、最高人民检察院、全国人民代表大会各专门委员会，可以向全国人民代表大会提出法律案，由主席团决定列入会议议程。第 15 条第 1 款规定，一个代表团或者 30 名以上的代表联名，可以向全国人民代表大会提出法律案，由主席团决定是否列入会议议程，或者先交有关的专门委员会审议、提出是否列入会议议程的意见，再决定是否列入会议议程。

2. ABCD，解析：根据《立法法》第 26 条规定，委员长会议可以向常务委员会提出法律案，由常务委员会会议审议。国务院、中央军事委员会、最高人民法院、最高人民检察院、全国人民代表大会各专门委员会，可以向常务委员会提出法律案，由委员长会议决定列入常务委员会会议议程，或者先交有关的专门委员会审议、提出报告，再决定列入常务委员会会议议程。如果委员长会议认为法律案有重大问题需要进一步研究，可以建议提案人修改完善后再向常务委员会提出。第 27 条规定，常务委员会组成人员 10 人以上联名，可以向常务委员会提出法律案，由委员长会议决定是否列入常务委员会会议议程，或者先交有关的专门委员会审议、提出是否列入会议议程的意见，再决定是否列入常务委员会会议议程。不列入常务委员会会议议程的，应当向常务委员会会议报告或者向提案人说明。

3. ABC，解析：根据《立法法》第 58 条规定，签署公布法律的主席令载明该法律的制定机关、通过和施行日期。法律签署公布后，及时在全国人民代表大会常务委员会公报和中国人大网以及在全国范围内发行的报纸上刊载。在常务委员会公报上刊登的法律文本为标准文本。

4. AC，解析：根据《立法法》第 97 条规定，全国人民代表大会常务委员会有权撤销同宪法和法律相抵触的行政法规，无权改变；地方人民代表大会常务委员会有权撤销本级人民政府制定的不适当的规章，无权改变。

5. ABCD，解析：根据《立法法》第 98 条第 4 项规定，部门规章和地方政府规章报国务院备案；地方政府规章应当同时报本级人民代表大会常务委员会备案；设区的市、自治州的人民政府制定的规章应当同时报省、自治区的人民代表大会常务委员会和人民政府备案。

（四）填空题

1. 主席令。（《立法法》第 25 条）
2. 3。（《立法法》第 29 条第 1 款）
3. 中央军事委员会；全国人民代表大会各专门委员会；人民代表大会常务委员会。（《立法法》第 46 条）
4. 列入会议议程。（《立法法》第 55 条）
5. 国务院公报；中国政府法制信息网；国务院公报。（《立法法》第 71 条）
6. 特别规定；新的规定。（《立法法》第 92 条）
7. 国务院。（《立法法》第 94 条第 2 款）
8. 中央军事委员会；各省、自治区、直辖市的人民代表大会常务委员会；要求。（《立法法》第 99 条第 1 款）
9. 委员长会议；撤销；委员长会议。（《立法法》第 100 条第 3 款）
10. 30；全国人民代表大会常务委员会。（《立法法》第 104 条第 2 款）

（五）简答题

1. 答：根据《立法法》第 8 条规定，下列事项只能制定法律：（1）国家主权的事项；（2）各级人民代表大会、人民政府、人民法院和人民检察院的产生、组织和职权；（3）民族区域自治制度、特别行政区制度、基层群众自治制度；（4）犯罪和刑罚；（5）对公民政治权利的剥夺、限制人身自由的强制措施和处罚；（6）税种的设立、税率的确定和税收征收管理等税收基本制度；（7）对非国有财产的征收、征用；（8）民事基本制度；（9）基本经济制度以及财政、海关、金融和外贸的基本制度；（10）诉讼和仲裁制度；（11）必须由全国人民代表大会及其常务委员会制定法律的其他事项。

2. 答：根据《立法法》第 14 条规定，全国人民代表大会主席团可以向全国人民代表大会提出法律案，由全国人民代表大会会议审议。全国人民代表大会常务委员会、国务院、中央军事委员会、最高人民法院、最高人民检察院、全国人民代表大会各专门委员会，可以向全国人民代表大会提出法律案，由主席团决定列入会议议程。第 15 条第 1 款规定，一个代表团或者三十名以上的代表联名，可以向全国人民代表大会提出法律案，由主席团决定是否列入会议议程，或者先交有关的专门委员会审议、提出是否列入会议议程的意见，再决定是否列入会议议程。

3. 答：根据《立法法》第 95 条规定，地方性法规、规章之间不一致时，由有关机关依照下列规定的权限作出裁决：（1）同一机关制定的新的一般规定与旧的特别规定不一致时，由制定机关裁决；（2）地方性法规与部门规章之间对同一事项的规定不一致，不能确定如何适用时，由国务院提出意见，国务院认为应当适用地方性法规的，应当决定在该地方适用地方性法规的规定；认为应当适用部门规章的，应当提请全国人民代表大会常务委员会裁决；（3）部门规章之间、部门规章与地方政府规章之间对同一事项的规定不一致时，由国务院裁决。根据授权制定的法规与法律规定不一致，不能确定如何适用时，由全国人民代表大会常务委员会裁决。

4. 答：根据《立法法》第 97 条规定，改变或者撤销法律、行政法规、地方性法规、自治条例和单行条例、规章的权限是：（1）全国人民代表大会有权改变或者撤销它的常务委员会制定的不适当的法律，有权撤销全国人民代表大会常务委员会批准的违背宪法和本法第七十五条第二款规定的自治条例和单行条例；（2）全国人民代表大会常务委员会有权撤销同宪法和法律相抵触的行政法规，有权撤销同宪法、法律和行政法规相抵触的地方性法规，有权撤销省、自治区、直辖市的人民代表大会常务委员会批准的违背宪法和本法第七十五条第二款规定的自治条例和单行条例；（3）国务院有权改变或者撤销不适当的部门规章和地方政府规章；（4）省、自治区、直辖市的人民代表大会有权改变或者撤销它的常务委员会制定的和批准的不适当的地方性法规；（5）地方人民代表大会常务委员会有权撤销本级人民政府制定的不适当的规章；（6）省、自治区的人民政府有权改变或者撤销下一级人民政府制定的不适当的规章；（7）授权机关有权撤销被授权机关制定的超越授权范围或者违背授权目的的法规，必要时可以撤销授权。

5. 答：根据《立法法》第98条规定，行政法规、地方性法规、自治条例和单行条例、规章应当在公布后的30日内依照下列规定报有关机关备案：（1）行政法规报全国人民代表大会常务委员会备案；（2）省、自治区、直辖市的人民代表大会及其常务委员会制定的地方性法规，报全国人民代表大会常务委员会和国务院备案；设区的市、自治州的人民代表大会及其常务委员会制定的地方性法规，由省、自治区的人民代表大会常务委员会报全国人民代表大会常务委员会和国务院备案；（3）自治州、自治县的人民代表大会制定的自治条例和单行条例，由省、自治区、直辖市的人民代表大会常务委员会报全国人民代表大会常务委员会和国务院备案；自治条例、单行条例报送备案时，应当说明对法律、行政法规、地方性法规作出变通的情况；（4）部门规章和地方政府规章报国务院备案；地方政府规章应当同时报本级人民代表大会常务委员会备案；设区的市、自治州的人民政府制定的规章应当同时报省、自治区的人民代表大会常务委员会和人民政府备案；（5）根据授权制定的法规应当报授权决定规定的机关备案；经济特区法规报送备案时，应当说明对法律、行政法规、地方性法规作出变通的情况。

十二、监察法

（一）判断题

1. 监察机关办理职务违法和职务犯罪案件，应当与审判机关、检察机关、执法部门互相配合，互相监督。（　　）
2. 地方各级监察委员会主任每届任期同本级人民代表大会每届任期相同，连续任职不得超过两届。（　　）
3. 监察机构、监察专员对派驻或者派出它的监察委员会负责。（　　）
4. 监察机关行使监督、调查、处置职权，有权依法向有关单位和个人了解情况，收集、调取证据。（　　）
5. 在调查过程中，对涉嫌职务违法的被调查人，监察机关可以要求其就涉嫌违法行为作出陈述，并应当向被调查人出具书面通知。（　　）
6. 监察机关在搜查女性身体时，应当由女性工作人员进行。（　　）
7. 监察机关依照本法规定收集的物证、书证、证人证言、被调查人供述和辩解、视听资料、电子数据等证据材料，在刑事诉讼中可以作为证据使用。（　　）
8. 监察机关应当严格按照程序开展工作，建立问题线索处置、调查、审理各部门相互协调、相互监督的工作机制。（　　）
9. 对调查过程中的重要事项，应当集体研究后按程序请示报告。（　　）
10. 监察机关经调查，对违法取得的财物，依法予以没收、追缴或者责令退赔；对涉嫌犯罪取得的财物，应当随案移送人民法院。（　　）
11. 监察机关在调查贪污贿赂、失职渎职等职务犯罪案件过程中，被调查人逃匿或者死亡，有必要继续调查的，经设区的市级以上监察机关批准，应当继续调查并作出结论。（　　）
12. 最高人民检察院统筹协调与其他国家、地区、国际组织开展的反腐败国际交流、合作，组织反腐败国际条约实施工作。（　　）
13. 监察机关通过设立外部专门的监督机构等方式，加强对监察人员执行职

务和遵守法律情况的监督，建设忠诚、干净、担当的监察队伍。(　　)

14. 对调查工作结束后发现立案依据不充分或者失实，案件处置出现重大失误，监察人员严重违法的，应当追究负有责任的领导人员和直接责任人员的责任。(　　)

15. 有关单位拒不执行监察机关作出的处理决定，或者无正当理由拒不采纳监察建议的，由其主管部门、上级机关责令改正，对单位给予通报批评；对负有责任的领导人员和直接责任人员依法给予刑事处罚。(　　)

(二) 单项选择题

1. 派驻或者派出的监察机构、监察专员根据授权，按照管理权限依法对公职人员进行监督，提出监察建议，依法对公职人员进行(　　)、处置。

A. 处罚　　B. 处分

C. 调查　　D. 教育

2. 监察机关之间对监察事项的管辖有争议的，由(　　)监察机关确定。

A. 国家监察委员会　　B. 省级

C. 市级以上　　D. 其共同的上级

3. 监察机关根据工作需要所冻结的财产经查明与案件无关的，应当在查明后(　　)内解除冻结，予以退还。

A. 2 日　　B. 3 日

C. 4 日　　D. 5 日

4. 勘验检查情况应当制作笔录，由参加勘验检查的人员和(　　)签名或者盖章。

A. 监察人员　　B. 见证人

C. 被调查人　　D. 证人

5. 批准决定应当明确采取技术调查措施的种类和适用对象，自签发之日起(　　)以内有效。

A. 3 个月　　B. 4 个月

C. 5 个月　　D. 6 个月

6. 以非法方法收集的证据应当依法予以(　　)，不得作为案件处置的依据。

A. 消除　　B. 摒除

C. 清除　　D. 排除

7. 监察机关对于报案或者举报，应当接受并按照有关规定处理。对于不属于本机关管辖的，应当移送(　　)机关处理。

A. 主管　　B. 上级

C. 有管辖权　　D. 省级

8. 涉嫌严重职务违法或者职务犯罪的，应当通知被调查人(　　)，并向社会公开发布。

A. 家属　　B. 本人

C. 单位　　D. 社区

9. 在特殊情况下，留置时间可以延长一次，延长时间不得超过(　　)。

A. 3 个月　　B. 4 个月

C. 5 个月　　D. 6 个月

10. 被调查人逃匿，在通缉(　　)后不能到案，或者死亡的，由监察机关提请人民检察院依照法定程序，向人民法院提出没收违法所得的申请。

A. 1 年　　B. 2 年

C. 3 年　　D. 4 年

11. (　　)各级人民代表大会及其常务委员会举行会议时，人民代表大会代表或者常务委员会组成人员可以依照法律规定的程序，就监察工作中的有关问题提出询问或者质询。

A. 乡级以上　　B. 县级以上

C. 市级以上　　D. 省级以上

12. 监察人员必须模范遵守宪法和法律，忠于职守、秉公执法，清正廉洁、保守秘密；必须具有良好的(　　)，熟悉监察业务，具备运用法律、法规、政策和调查取证等能力，自觉接受监督。

A. 道德品质　　B. 业务能力

C. 知识水平　　D. 政治素质

13. 监察人员辞职、退休(　　)内，不得从事与监察和司法工作相关联且可能发生利益冲突的职业。

A. 2 年　　B. 3 年

C. 4 年　　D. 5 年

（三）多项选择题

1. 国家监察工作坚持标本兼治、综合治理，强化监督问责，严厉惩治腐败；深化改革、健全法治，有效制约和监督权力；加强(　　)，弘扬中华优秀传统文化，构建不敢腐、不能腐、不想腐的长效机制。

A. 法制教育　　B. 法治教育

C. 道德教育　　D. 廉政教育

2. 国家监察委员会由(　　)若干人组成。

A. 主任　　B. 副主任

C. 书记　　D. 委员

3. 各级监察委员会可以向本级中国共产党机关、国家机关、法律法规授权或者委托管理公共事务的组织和单位以及所管辖的(　　)等派驻或者派出监察机构、监察专员。

A. 行政区域　　B. 国有企业

C. 事业单位　　D. 中央企业

4. 监察机关认为所管辖的监察事项(　　)，需要由上级监察机关管辖的，可以报请上级监察机关管辖。

A. 重大　　B. 重要

C. 复杂　　D. 繁杂

5. 对涉嫌(　　)等职务犯罪的被调查人，监察机关可以进行讯问，要求其如实供述涉嫌犯罪的情况。

A. 玩忽职守　　B. 贪污贿赂

C. 徇私舞弊　　D. 失职渎职

6. 监察机关调查涉嫌贪污贿赂、失职渎职等严重职务违法或者职务犯罪，根据工作需要，可以依照规定(　　)涉案单位和个人的存款、汇款、债券、股票、基金份额等财产。

A. 查询　　B. 扣押

C. 冻结　　D. 拍卖

7. 监察机关在调查过程中，可以(　　)用以证明被调查人涉嫌违法犯罪的财物、文件和电子数据等信息。

A. 查封　　B. 扣押
C. 冻结　　D. 调取

8. 监察机关依照本法规定收集的(　　)、被调查人供述和辩解、视听资料、电子数据等证据材料，在刑事诉讼中可以作为证据使用。

A. 物证　　B. 书证
C. 证人证言　　D. 电子数据

9. 严禁以(　　)及其他非法方式收集证据，严禁侮辱、打骂、虐待、体罚或者变相体罚被调查人和涉案人员。

A. 威胁　　B. 恐吓
C. 引诱　　D. 欺骗

10. 对于监察人员(　　)的，办理监察事项的监察人员应当及时报告。

A. 打听案情　　B. 过问案件
C. 说情干预　　D. 查阅卷宗

(四) 填空题

1. 各级监察委员会是行使国家监察职能的____，依照《监察法》对所有行使公权力的公职人员进行监察，调查____和职务犯罪，开展____和反腐败工作，维护宪法和法律的尊严。

2. 国家监察委员会____地方各级监察委员会的工作，上级监察委员会____下级监察委员会的工作。

3. 监察机关及其工作人员对监督、调查过程中知悉的____、____、个人隐私，应当保密。任何单位和个人不得伪造、____或者____证据。

4. 监察机关在搜查时，应当出示____，并有被搜查人或者其____等____在场。

5. 监察机关在调查过程中，对于案件中的____问题，可以指派、____有专门知识的人进行鉴定。鉴定人进行鉴定后，应当出具____，并且____。

6. 职务违法犯罪的涉案人员____有关被调查人职务违法犯罪行为，查证属实的，或者提供重要线索，有助于调查其他案件的，监察机关经____集体研究，并报____监察机关批准，可以在移送人民检察院时提出____的建议。

7. 以____收集的证据应当依法予以____，不得作为案件处置的依据。
8. 调查人员进行讯问以及搜查、查封、扣押等重要____工作，应当对全过程进行____，留存备查。
9. 监察机关经调查，对违法取得的财物，依法予以没收、追缴或者责令____；对涉嫌犯罪取得的财物，应当随案____人民检察院。
10. 对于补充调查的案件，应当在____内补充调查完毕。补充调查以____为限。
11. 各级人民代表大会常务委员会____和____本级监察委员会的专项工作报告，组织执法检查。
12. 对调查工作结束后发现立案依据____或者失实，案件处置出现重大失误，监察人员严重____的，应当追究负有责任的领导人员和直接责任人员的____。

（五）简答题

1. 简述监察委员会依照《监察法》和有关法律规定所应履行的职责。
2. 简述监察机关可以对哪些人员进行监察。
4. 简述监察机关可以对主动认罪认罚的涉嫌职务犯罪的被调查人提出从宽处罚建议的情形。
4. 简述监察机关根据监督、调查结果，可以依法作出的处置。
5. 简述监察机关及其工作人员有的行为致使负有责任的领导人员和直接责任人员依法给予处理的情形。

参考答案

（一）判断题

1. ×，解析：根据《监察法》第 4 条第 2 款规定，监察机关办理职务违法和职务犯罪案件，应当与审判机关、检察机关、执法部门互相配合，互相制约。
2. ×，解析：根据《监察法》第 9 条第 3 款规定，地方各级监察委员会主任每届任期同本级人民代表大会每届任期相同。
3. √，解析：根据《监察法》第 12 条第 2 款规定。

4. ×，解析：根据《监察法》第 18 条第 1 款规定，监察机关行使监督、调查职权，有权依法向有关单位和个人了解情况，收集、调取证据。
5. ×，解析：根据《监察法》第 20 条第 1 款规定，在调查过程中，对涉嫌职务违法的被调查人，监察机关可以要求其就涉嫌违法行为作出陈述，必要时向被调查人出具书面通知。
6. √，解析：根据《监察法》第 24 条第 3 款规定。
7. √，解析：根据《监察法》第 33 条第 1 款规定。
8. ×，解析：根据《监察法》第 36 条第 1 款规定，监察机关应当严格按照程序开展工作，建立问题线索处置、调查、审理各部门相互协调、相互制约的工作机制。
9. √，解析：根据《监察法》第 42 条第 2 款规定。
10. ×，解析：根据《监察法》第 46 条规定，监察机关经调查，对违法取得的财物，依法予以没收、追缴或者责令退赔；对涉嫌犯罪取得的财物，应当随案移送人民检察院。
11. ×，解析：根据《监察法》第 48 条规定，监察机关在调查贪污贿赂、失职渎职等职务犯罪案件过程中，被调查人逃匿或者死亡，有必要继续调查的，经省级以上监察机关批准，应当继续调查并作出结论。
12. ×，解析：根据《监察法》第 50 条规定，国家监察委员会统筹协调与其他国家、地区、国际组织开展的反腐败国际交流、合作，组织反腐败国际条约实施工作。
13. ×，解析：根据《监察法》第 55 条规定，监察机关通过设立内部专门的监督机构等方式，加强对监察人员执行职务和遵守法律情况的监督，建设忠诚、干净、担当的监察队伍。
14. √，解析：根据《监察法》第 61 条规定。
15. ×，解析：根据《监察法》第 62 条规定，有关单位拒不执行监察机关作出的处理决定，或者无正当理由拒不采纳监察建议的，由其主管部门、上级机关责令改正，对单位给予通报批评；对负有责任的领导人员和直接责任人员依法给予处理。

（二）单项选择题

1. C，解析：根据《监察法》第 13 条规定，派驻或者派出的监察机构、监察专员根据授权，按照管理权限依法对公职人员进行监督，提出监察建议，依法对公职人员进行调查、处置。

2. D，解析：根据《监察法》第 16 条第 3 款规定，监察机关之间对监察事项的管辖有争议的，由其共同的上级监察机关确定。
3. B，解析：根据《监察法》第 23 条第 3 款规定，冻结的财产经查明与案件无关的，应当在查明后 3 日内解除冻结，予以退还。
4. B，解析：根据《监察法》第 26 条规定，勘验检查情况应当制作笔录，由参加勘验检查的人员和见证人签名或者盖章。
5. A，解析：根据《监察法》第 28 条第 2 款规定，批准决定应当明确采取技术调查措施的种类和适用对象，自签发之日起 3 个月以内有效。
6. D，解析：根据《监察法》第 33 条第 3 款规定，以非法方法收集的证据应当依法予以排除，不得作为案件处置的依据。
7. A，解析：根据《监察法》第 35 条规定，监察机关对于报案或者举报，应当接受并按照有关规定处理。对于不属于本机关管辖的，应当移送主管机关处理。
8. A，解析：根据《监察法》第 39 条第 3 款规定，涉嫌严重职务违法或者职务犯罪的，应当通知被调查人家属，并向社会公开发布。
9. A，解析：根据《监察法》第 43 条第 2 款规定，留置时间不得超过 3 个月。在特殊情况下，可以延长一次，延长时间不得超过 3 个月。省级以下监察机关采取留置措施的，延长留置时间应当报上一级监察机关批准。监察机关发现采取留置措施不当的，应当及时解除。
10. A，解析：根据《监察法》第 48 条第 2 款规定，被调查人逃匿，在通缉一年后不能到案，或者死亡的，由监察机关提请人民检察院依照法定程序，向人民法院提出没收违法所得的申请。
11. B，解析：根据《监察法》第 53 条第 3 款规定，县级以上各级人民代表大会及其常务委员会举行会议时，人民代表大会代表或者常务委员会组成人员可以依照法律规定的程序，就监察工作中的有关问题提出询问或者质询。
12. D，解析：根据《监察法》第 56 条规定，监察人员必须模范遵守宪法和法律，忠于职守、秉公执法，清正廉洁、保守秘密；必须具有良好的政治素质，熟悉监察业务，具备运用法律、法规、政策和调查取证等能力，自觉接受监督。
13. B，解析：根据《监察法》第 59 条第 2 款规定，监察人员辞职、退休 3 年内，不得从事与监察和司法工作相关联且可能发生利益冲突的职业。

（三）多项选择题

1. BC，解析：根据《监察法》第 6 条规定，国家监察工作坚持标本兼治、综合治理，强化监督问责，严厉惩治腐败；深化改革、健全法治，有效制约和监督权力；加强法治教育和道德教育，弘扬中华优秀传统文化，构建不敢腐、不能腐、不想腐的长效机制。
2. ABD，解析：根据《监察法》第 8 条第 2 款规定，国家监察委员会由主任、副主任若干人、委员若干人组成。
3. AB，解析：根据《监察法》第 12 条第 1 款规定，各级监察委员会可以向本级中国共产党机关、国家机关、法律法规授权或者委托管理公共事务的组织和单位以及所管辖的行政区域、国有企业等派驻或者派出监察机构、监察专员。
4. AC，解析：根据《监察法》第 17 条第 2 款规定，监察机关认为所管辖的监察事项重大、复杂，需要由上级监察机关管辖的，可以报请上级监察机关管辖。
5. BD，解析：根据《监察法》第 20 条第 2 款规定，对涉嫌贪污贿赂、失职渎职等职务犯罪的被调查人，监察机关可以进行讯问，要求其如实供述涉嫌犯罪的情况。
6. AC，解析：根据《监察法》第 23 条第 1 款规定，监察机关调查涉嫌贪污贿赂、失职渎职等严重职务违法或者职务犯罪，根据工作需要，可以依照规定查询、冻结涉案单位和个人的存款、汇款、债券、股票、基金份额等财产。
7. ABD，解析：根据《监察法》第 25 条第 1 款规定，监察机关在调查过程中，可以调取、查封、扣押用以证明被调查人涉嫌违法犯罪的财物、文件和电子数据等信息。
8. ABCD，解析：根据《监察法》第 33 条第 1 款规定，监察机关依照本法规定收集的物证、书证、证人证言、被调查人供述和辩解、视听资料、电子数据等证据材料，在刑事诉讼中可以作为证据使用。
9. ACD，解析：根据《监察法》第 40 条第 2 款规定，严禁以威胁、引诱、欺骗及其他非法方式收集证据，严禁侮辱、打骂、虐待、体罚或者变相体罚被调查人和涉案人员。
10. ABC，解析：根据《监察法》第 57 条第 1 款规定，对于监察人员打听案情、过问案件、说情干预的，办理监察事项的监察人员应当及时报告。

（四）填空题

1. 专责机关；职务违法；廉政建设。（《监察法》第 3 条）
2. 领导；领导。（《监察法》第 10 条）

3. 国家秘密；商业秘密；隐匿；毁灭。（《监察法》第 18 条第 2 款、第 3 款）
4. 搜查证；家属；见证人。（《监察法》第 24 条第 2 款）
5. 专门性；聘请；鉴定意见；签名。（《监察法》第 27 条）
6. 揭发；领导人员；上一级；从宽处罚。（《监察法》第 32 条）
7. 非法方法；排除。（《监察法》第 33 条第 3 款）
8. 取证；录音录像。（《监察法》第 41 条第 2 款）
9. 退赔；移送。（《监察法》第 46 条）
10. 一个月；二次。（《监察法》第 47 条第 3 款）
11. 听取；审议。（《监察法》第 53 条第 2 款）
12. 不充分；违法；责任。（《监察法》第 61 条）

（五）简答题

1. 答：根据《监察法》第 11 条规定，监察委员会依照本法和有关法律规定履行监督、调查、处置职责：（1）对公职人员开展廉政教育，对其依法履职、秉公用权、廉洁从政从业以及道德操守情况进行监督检查；（2）对涉嫌贪污贿赂、滥用职权、玩忽职守、权力寻租、利益输送、徇私舞弊以及浪费国家资财等职务违法和职务犯罪进行调查；（3）对违法的公职人员依法作出政务处分决定；对履行职责不力、失职失责的领导人员进行问责；对涉嫌职务犯罪的，将调查结果移送人民检察院依法审查、提起公诉；向监察对象所在单位提出监察建议。
2. 答：根据《监察法》第 15 条规定，监察机关对下列公职人员和有关人员进行监察：（1）中国共产党机关、人民代表大会及其常务委员会机关、人民政府、监察委员会、人民法院、人民检察院、中国人民政治协商会议各级委员会机关、民主党派机关和工商业联合会机关的公务员，以及参照《中华人民共和国公务员法》管理的人员；（2）法律、法规授权或者受国家机关依法委托管理公共事务的组织中从事公务的人员；（3）国有企业管理人员；（4）公办的教育、科研、文化、医疗卫生、体育等单位中从事管理的人员；（5）基层群众性自治组织中从事管理的人员；（6）其他依法履行公职的人员。
3. 答：根据《监察法》第 31 条规定，涉嫌职务犯罪的被调查人主动认罪认罚，有下列情形之一的，监察机关经领导人员集体研究，并报上一级监察机关批准，可以在移送人民检察院时提出从宽处罚的建议：（1）自动投案，真诚悔罪悔过的；（2）积极配合调查工作，如实供述监察机关还未掌握的违法犯罪行为的；（3）积极退赃，减少损失的；（4）具有重大立功表现或者案件涉及国家重大利益等情形的。

4. 答：根据《监察法》第45条规定，监察机关根据监督、调查结果，依法作出如下处置：（1）对有职务违法行为但情节较轻的公职人员，按照管理权限，直接或者委托有关机关、人员，进行谈话提醒、批评教育、责令检查，或者予以诫勉；（2）对违法的公职人员依照法定程序作出警告、记过、记大过、降级、撤职、开除等政务处分决定；（3）对不履行或者不正确履行职责负有责任的领导人员，按照管理权限对其直接作出问责决定，或者向有权作出问责决定的机关提出问责建议；（4）对涉嫌职务犯罪的，监察机关经调查认为犯罪事实清楚，证据确实、充分的，制作起诉意见书，连同案卷材料、证据一并移送人民检察院依法审查、提起公诉；（5）对监察对象所在单位廉政建设和履行职责存在的问题等提出监察建议。监察机关经调查，对没有证据证明被调查人存在违法犯罪行为的，应当撤销案件，并通知被调查人所在单位。

5. 答：根据《监察法》第65条规定，监察机关及其工作人员有下列行为之一的，对负有责任的领导人员和直接责任人员依法给予处理：（1）未经批准、授权处置问题线索，发现重大案情隐瞒不报，或者私自留存、处理涉案材料的；（2）利用职权或者职务上的影响干预调查工作、以案谋私的；（3）违法窃取、泄露调查工作信息，或者泄露举报事项、举报受理情况以及举报人信息的；（4）对被调查人或者涉案人员逼供、诱供，或者侮辱、打骂、虐待、体罚或者变相体罚的；（5）违反规定处置查封、扣押、冻结的财物的；（6）违反规定发生办案安全事故，或者发生安全事故后隐瞒不报、报告失实、处置不当的；（7）违反规定采取留置措施的；（8）违反规定限制他人出境，或者不按规定解除出境限制的；（9）其他滥用职权、玩忽职守、徇私舞弊的行为。

十三、国家安全法

(一) 判断题

1. 每年 3 月 15 日为全民国家安全教育日。(　　)
2. 国家加强创新能力建设，加快发展战略高新技术和重要领域核心关键技术。(　　)
3. 国家坚持和平探索和利用外层空间、国际海底区域和极地。(　　)
4. 人民法院依照法律规定行使审判权，人民检察院依照法律规定行使检察权，惩治危害国家安全的犯罪。(　　)
5. 国家建立国家安全工作督促检查和责任追究机制，确保国家安全战略和重大部署贯彻落实。(　　)
6. 国家建立统一领导、协同联动、有序高效的国家安全危机管控制度。(　　)
7. 国家健全国家安全危机的信息报告和发布机制。(　　)
8. 国家加强国家安全新闻宣传和舆论引导，通过多种形式开展国家安全宣传教育活动，将国家安全教育纳入国民教育体系和公务员教育培训体系，增强全民国家安全意识。(　　)
9. 在必要时，企业事业组织根据国家安全工作的要求，可以配合有关部门采取相关安全措施。(　　)
10. 因支持、协助国家安全工作，本人或者其近亲属的人身安全面临危险的，可以向民政部门请求予以保护。(　　)

(二) 单项选择题

1. 国家安全工作以(　　)为宗旨。

A. 人民安全　　B. 政治安全

C. 国际安全　　D. 经济安全

2. 维护国家安全，应当与(　　)相协调。

A. 经济发展　　B. 社会发展
C. 文化发展　　D. 经济社会发展

3. 维护国家主权、统一和领土完整是包括(　　)在内的全中国人民的共同义务。

A. 海外华人　　B. 华侨
C. 华裔　　D. 港澳同胞和台湾同胞

4. 国家(　　)，有效管控战略资源能源的开发，加强战略资源能源储备，完善资源能源运输战略通道建设和安全保护措施，加强国际资源能源合作，全面提升应急保障能力，保障经济社会发展所需的资源能源持续、可靠和有效供给。

A. 加强自主创新能力建设
B. 加强金融基础设施和基础能力建设
C. 坚持资源节约型和环境友好型国策
D. 合理利用和保护资源能源

5. 国家坚持社会主义先进文化前进方向，继承和弘扬中华民族优秀传统文化，培育和践行社会主义核心价值观，防范和抵制(　　)的影响，掌握意识形态领域主导权，增强文化整体实力和竞争力。

A. 优秀文化　　B. 不良文化
C. 低俗文化　　D. 劣质文化

6. 国家完善生态环境保护制度体系，加大生态建设和环境保护力度，划定(　　)，强化生态风险的预警和防控，妥善处置突发环境事件，保障人民赖以生存发展的大气、水、土壤等自然环境和条件不受威胁和破坏，促进人与自然和谐发展。

A. 生态保护红线　　B. 生态保护黄线
C. 生态保护蓝线　　D. 生态保护绿线

7. 中华人民共和国主席根据全国人民代表大会的决定和全国人民代表大会常务委员会的决定，(　　)，宣布战争状态，发布动员令，行使宪法规定的涉及国家安全的其他职权。

A. 决定全国总动员或者局部动员
B. 决定战争状态

C. 宣布进入紧急状态

D. 决定全国或者个别省、自治区、直辖市进入紧急状态

8. 国家机关及其工作人员在国家安全工作和涉及国家安全活动中，应当严格依法履行职责，不得(　　)，不得侵犯个人和组织的合法权益。

A. 违反法律　　B. 超越职权、滥用职权

C. 徇私舞弊　　D. 贪污受贿

9. 国家建立国家安全(　　)工作协调机制，统筹协调中央有关职能部门推进相关工作。

A. 所有领域　　B. 部分领域

C. 重点领域　　D. 个别领域

10. 国家建立国家安全决策(　　)机制，组织专家和有关方面开展对国家安全形势的分析研判，推进国家安全的科学决策。

A. 协商　　B. 咨询

C. 领导　　D. 问询

11. 对可能即将发生或者已经发生的危害国家安全的事件，(　　)以上地方人民政府及其有关主管部门应当立即按照规定向上一级人民政府及其有关主管部门报告，必要时可以越级上报。

A. 省级　　B. 市级

C. 县级　　D. 乡级

12. 发生危及国家安全的重大事件，中央有关部门和有关地方根据中央国家安全领导机构的统一部署，依法启动应急预案，采取(　　)措施。

A. 紧急疏散　　B. 危机管控

C. 管控处置　　D. 安全保障

13. 国家安全威胁和危害得到(　　)后，应当及时解除管控处置措施，做好善后工作。

A. 处置　　B. 处理

C. 控制或者消除　　D. 解决

14. 国家健全国家安全(　　)体系，增强维护国家安全的能力。

A. 保障　　B. 法律制度

C. 防护　　D. 建设

（三）多项选择题

1. 坚持中国共产党对国家安全工作的领导，建立（　　）的国家安全领导体制。

A. 集中统一　　B. 分散

C. 高效权威　　D. 统筹协调

2. 维护国家安全，应当（　　）。

A. 遵守宪法和法律

B. 坚持法制原则

C. 尊重和保障人权

D. 依法保护人民的权利和自由

3. 维护国家安全，应当坚持（　　），积极同外国政府和国际组织开展安全交流合作，履行国际安全义务，促进共同安全，维护世界和平。

A. 互信　　B. 互利

C. 平等　　D. 公正

4. 国家加强边防、海防和空防建设，采取一切必要的防卫和管控措施，保卫（　　）安全，维护国家领土主权和海洋权益。

A. 领陆　　B. 内水

C. 领海　　D. 领空

5. 国家维护国家基本经济制度和社会主义市场经济秩序，健全预防和化解经济安全风险的制度机制，保障关系国民经济命脉（　　）以及其他重大经济利益安全。

A. 重要行业和关键领域　　B. 重点产业

C. 重大基础设施　　D. 重大建设项目

6. 国家依法保护公民宗教信仰自由和正常宗教活动，（　　）。

A. 坚持宗教独立自主自办的原则

B. 防范、制止和依法惩治利用宗教名义进行的一切活动

C. 反对境外势力干涉境内宗教事务

D. 维护宗教活动秩序

7. 下列属于中央军事委员会的职责的是：（　　）

A. 决定军事战略和武装力量的作战方针

B. 统一指挥维护国家安全的军事行动

C. 制定涉及国家安全的军事法规

D. 发布有关决定和命令

8. 关于国家安全工作的职责分工，下列说法正确的是：(　　)

A. 地方各级人民代表大会和县级以上地方各级人民代表大会常务委员会在本行政区域内，保证国家安全法律法规的遵守和执行

B. 地方各级人民政府依照法律法规规定管理本行政区域内的国家安全工作

C. 香港特别行政区应当履行维护国家安全的责任

D. 澳门特别行政区应当履行维护国家安全的责任

9. 国家根据维护国家安全工作需要，建立跨部门会商工作机制，就维护国家安全工作的重大事项(　　)。

A. 进行协商研究　　B. 进行会商研判

C. 提出意见和建议　　D. 提出改进措施

10. 国家健全(　　)的情报信息收集、研判和使用制度，建立情报信息工作协调机制，实现情报信息的及时收集、准确研判、有效使用和共享。

A. 统一归口　　B. 反应灵敏

C. 准确高效　　D. 运转顺畅

11. 开展情报信息工作，应当充分运用现代科学技术手段，加强对情报信息的(　　)。

A. 鉴别　　B. 筛选

C. 综合　　D. 研判分析

12. 国家建立国家安全审查和监管的制度和机制，对影响或者可能影响国家安全的(　　)的建设项目，以及其他重大事项和活动，进行国家安全审查，有效预防和化解国家安全风险。

A. 外商投资

B. 特定物项和关键技术

C. 网络信息技术产品和服务

D. 涉及国家安全事项

13. 国家决定(　　)后，履行国家安全危机管控职责的有关机关依照法律规

定或者全国人民代表大会常务委员会规定，有权采取限制公民和组织权利、增加公民和组织义务的特别措施。

A. 进入紧急状态　　B. 进入战争状态

C. 实施国防动员　　D. 进行全国总动员

14. 国家加大对国家安全各项建设的投入，保障国家安全工作所需(　　)。

A. 人员　　B. 装备

C. 经费　　D. 设备

15. 国家采取必要措施，(　　)国家安全工作专门人才和特殊人才。

A. 选拔　　B. 招录

C. 培养　　D. 管理

(四) 填空题

1. 国家制定并不断完善国家安全战略，全面评估国际、国内安全形势，明确国家安全战略的指导方针、____、重点领域的国家安全政策、工作任务和措施。
2. 维护国家安全，应当遵守宪法和法律，坚持社会主义____，尊重和保障人权，依法保护公民的权利和自由。
3. 维护国家安全，应当坚持____、互利、平等、协作，积极同外国政府和国际组织开展安全交流合作，履行国际安全义务，促进共同安全，维护____。
4. 中华人民共和国公民、一切国家机关和武装力量、各政党和各人民团体、____和其他社会组织，都有维护国家安全的责任和义务。
5. 国家维护和发展最广大人民的根本利益，保卫人民安全，创造良好生存发展条件和安定工作生活环境，保障公民的____和其他合法权益。
6. 国家加强武装力量____建设，建设与保卫国家安全和发展利益需要相适应的武装力量。
7. 国家健全金融宏观审慎管理和金融风险防范、处置机制，加强金融基础设施和基础能力建设，防范和化解____、____金融风险，防范和抵御外部金融风险的冲击。
8. 国家依法保护____和正常宗教活动，坚持宗教独立自主自办的原则。
9. 国家依法采取必要措施，保护海外中国公民、组织和机构的安全和正当权益，保护国家的海外利益不受____。

10. 中华人民共和国主席根据全国人民代表大会的决定和全国人民代表大会常务委员会的决定，宣布进入紧急状态，宣布战争状态，发布____，行使宪法规定的涉及国家安全的其他职权。
11. 地方各级人民政府依照法律法规规定管理____的国家安全工作。
12. 国家安全机关、公安机关依法搜集涉及国家安全的____，在国家安全工作中依法行使侦查、拘留、预审和执行逮捕以及法律规定的其他职权。
13. 国家机关及其工作人员在国家安全工作和涉及国家安全活动中，应当严格依法履行职责，不得____、____，不得侵犯个人和组织的合法权益。
14. 中央国家安全领导机构实行____、协调高效的国家安全制度与工作机制。
15. 国家建立国家安全工作督促检查和____，确保国家安全战略和重大部署贯彻落实。
16. 国家建立中央与地方之间、部门之间、军地之间以及地区之间关于国家安全的____ 。
17. 国家制定完善应对各领域____。
18. 省、自治区、直辖市依法负责____有关国家安全审查和监管工作。
19. 发生危及国家安全的____，中央有关部门和有关地方根据中央国家安全领导机构的统一部署，依法启动应急预案，采取管控处置措施。
20. 国家决定进入紧急状态、战争状态或者实施____后，履行国家安全危机管控职责的有关机关依照法律规定或者全国人民代表大会常务委员会规定，有权采取限制公民和组织权利、增加公民和组织义务的特别措施。
21. 国家健全国家____，增强维护国家安全的能力。
22. 承担国家安全战略物资储备任务的单位，应当按照国家有关规定和标准对国家安全物资进行收储、保管和维护，定期调整更换，保证储备物资的使用____。
23. 国家采取必要措施，____国家安全工作专门人才和特殊人才。
24. 国家加强国家安全新闻宣传和____，通过多种形式开展国家安全宣传教育活动，将国家安全教育纳入国民教育体系和公务员教育培训体系，增强全民国家安全意识。

（五）简答题

1. 简述国家安全的含义。
2. 简述《国家安全法》在维护资源能源安全方面的任务。
3. 简述《国家安全法》在维护粮食安全方面的任务。
4. 简述全国人民代表大会在维护国家安全方面的职责。
5. 简述国家机关及其工作人员如何履行维护国家安全的职责。
6. 简述《国家安全法》规定的情报信息制度。
7. 简述危害国家安全案件越级上报的特殊规定。

参考答案

（一）判断题

1. ×，解析：根据《国家安全法》第 14 条规定，每年 4 月 15 日为全民国家安全教育日。
2. ×，解析：根据《国家安全法》第 24 条规定，国家加强自主创新能力建设，加快发展自主可控的战略高新技术和重要领域核心关键技术，加强知识产权的运用、保护和科技保密能力建设，保障重大技术和工程的安全。
3. √，解析：根据《国家安全法》第 32 条规定。
4. √，解析：根据《国家安全法》第 41 条规定。
5. √，解析：根据《国家安全法》第 46 条规定。
6. √，解析：根据《国家安全法》第 62 条规定。
7. √，解析：根据《国家安全法》第 67 条规定。
8. √，解析：根据《国家安全法》第 76 条规定。
9. ×，解析：根据《国家安全法》第 79 条规定，企业事业组织根据国家安全工作的要求，应当配合有关部门采取相关安全措施。
10. ×，解析：根据《国家安全法》第 80 条第 2 款规定，因支持、协助国家安全工作，本人或者其近亲属的人身安全面临危险的，可以向公安机关、国家安全机关请求予以保护。

（二）单项选择题

1. A，解析：根据《国家安全法》第 3 条规定，国家安全工作应当坚持总体国家安全观，以人民安全为宗旨，以政治安全为根本，以经济安全为基础，以军事、文化、社会安全为保障，以促进国际安全为依托，维护各领域国家安全，构建国家安全体系，走中国特色国家安全道路。

2. D，解析：根据《国家安全法》第 8 条第 1 款规定，维护国家安全，应当与经济社会发展相协调。
3. D，解析：根据《国家安全法》第 11 条第 2 款规定，中国的主权和领土完整不容侵犯和分割。维护国家主权、统一和领土完整是包括港澳同胞和台湾同胞在内的全中国人民的共同义务。
4. D，解析：根据《国家安全法》第 21 条规定，国家合理利用和保护资源能源，有效管控战略资源能源的开发，加强战略资源能源储备，完善资源能源运输战略通道建设和安全保护措施，加强国际资源能源合作，全面提升应急保障能力，保障经济社会发展所需的资源能源持续、可靠和有效供给。
5. B，解析：根据《国家安全法》第 23 条规定，国家坚持社会主义先进文化前进方向，继承和弘扬中华民族优秀传统文化，培育和践行社会主义核心价值观，防范和抵制不良文化的影响，掌握意识形态领域主导权，增强文化整体实力和竞争力。
6. A，解析：根据《国家安全法》第 30 条规定，国家完善生态环境保护制度体系，加大生态建设和环境保护力度，划定生态保护红线，强化生态风险的预警和防控，妥善处置突发环境事件，保障人民赖以生存发展的大气、水、土壤等自然环境和条件不受威胁和破坏，促进人与自然和谐发展。
7. C，解析：根据《国家安全法》第 36 条规定，中华人民共和国主席根据全国人民代表大会的决定和全国人民代表大会常务委员会的决定，宣布进入紧急状态，宣布战争状态，发布动员令，行使宪法规定的涉及国家安全的其他职权。
8. B，解析：根据《国家安全法》第 43 条第 2 款规定，国家机关及其工作人员在国家安全工作和涉及国家安全活动中，应当严格依法履行职责，不得超越职权、滥用职权，不得侵犯个人和组织的合法权益。
9. C，解析：根据《国家安全法》第 45 条规定，国家建立国家安全重点领域工作协调机制，统筹协调中央有关职能部门推进相关工作。
10. B，解析：根据《国家安全法》第 50 条规定，国家建立国家安全决策咨询机制，组织专家和有关方面开展对国家安全形势的分析研判，推进国家安全的科学决策。

11. C，解析：根据《国家安全法》第 58 条规定，对可能即将发生或者已经发生的危害国家安全的事件，县级以上地方人民政府及其有关主管部门应当立即按照规定向上一级人民政府及其有关主管部门报告，必要时可以越级上报。
12. C，解析：根据《国家安全法》第 63 条规定，发生危及国家安全的重大事件，中央有关部门和有关地方根据中央国家安全领导机构的统一部署，依法启动应急预案，采取管控处置措施。
13. C，解析：根据《国家安全法》第 68 条规定，国家安全威胁和危害得到控制或者消除后，应当及时解除管控处置措施，做好善后工作。
14. A，解析：根据《国家安全法》第 69 条规定，国家健全国家安全保障体系，增强维护国家安全的能力。

（三）多项选择题

1. AC，解析：根据《国家安全法》第 4 条规定，坚持中国共产党对国家安全工作的领导，建立集中统一、高效权威的国家安全领导体制。
2. AC，解析：根据《国家安全法》第 7 条规定，维护国家安全，应当遵守宪法和法律，坚持社会主义法治原则，尊重和保障人权，依法保护公民的权利和自由。
3. ABC，解析：根据《国家安全法》第 10 条规定，维护国家安全，应当坚持互信、互利、平等、协作，积极同外国政府和国际组织开展安全交流合作，履行国际安全义务，促进共同安全，维护世界和平。
4. ABCD，解析：根据《国家安全法》第 17 条规定，国家加强边防、海防和空防建设，采取一切必要的防卫和管控措施，保卫领陆、内水、领海和领空安全，维护国家领土主权和海洋权益。
5. ABCD，解析：根据《国家安全法》第 19 条规定，国家维护国家基本经济制度和社会主义市场经济秩序，健全预防和化解经济安全风险的制度机制，保障关系国民经济命脉的重要行业和关键领域、重点产业、重大基础设施和重大建设项目以及其他重大经济利益安全。
6. AC，解析：根据《国家安全法》第 27 条规定，国家依法保护公民宗教信仰自由和正常宗教活动，坚持宗教独立自主自办的原则，防范、制止和依法惩治利用宗教名义进行危害国家安全的违法犯罪活动，反对境外势力干涉境内宗教事务，维护正常宗教活动秩序。
7. ABCD，解析：根据《国家安全法》第 38 条规定，中央军事委员会领导全国武装力量，决定军事战略和武装力量的作战方针，统一指挥维护国家安全的军事行动，制定涉及国家安全的军事法规，发布有关决定和命令。

8. ABCD，解析：根据《国家安全法》第 40 条规定，地方各级人民代表大会和县级以上地方各级人民代表大会常务委员会在本行政区域内，保证国家安全法律法规的遵守和执行。地方各级人民政府依照法律法规规定管理本行政区域内的国家安全工作。香港特别行政区、澳门特别行政区应当履行维护国家安全的责任。

9. BC，解析：根据《国家安全法》第 48 条规定，国家根据维护国家安全工作需要，建立跨部门会商工作机制，就维护国家安全工作的重大事项进行会商研判，提出意见和建议。

10. ABCD，解析：根据《国家安全法》第 51 条规定，国家健全统一归口、反应灵敏、准确高效、运转顺畅的情报信息收集、研判和使用制度，建立情报信息工作协调机制，实现情报信息的及时收集、准确研判、有效使用和共享。

11. ABCD，解析：根据《国家安全法》第 53 条规定，开展情报信息工作，应当充分运用现代科学技术手段，加强对情报信息的鉴别、筛选、综合和研判分析。

12. ABCD，解析：根据《国家安全法》第 59 条规定，国家建立国家安全审查和监管的制度和机制，对影响或者可能影响国家安全的外商投资、特定物项和关键技术、网络信息技术产品和服务、涉及国家安全事项的建设项目，以及其他重大事项和活动，进行国家安全审查，有效预防和化解国家安全风险。

13. ABC，解析：根据《国家安全法》第 65 条规定，国家决定进入紧急状态、战争状态或者实施国防动员后，履行国家安全危机管控职责的有关机关依照法律规定或者全国人民代表大会常务委员会规定，有权采取限制公民和组织权利、增加公民和组织义务的特别措施。

14. BC，解析：根据《国家安全法》第 71 条规定，国家加大对国家安全各项建设的投入，保障国家安全工作所需经费和装备。

15. BCD，解析：根据《国家安全法》第 74 条规定，国家采取必要措施，招录、培养和管理国家安全工作专门人才和特殊人才。根据维护国家安全工作的需要，国家依法保护有关机关专门从事国家安全工作人员的身份和合法权益，加大人身保护和安置保障力度。

（四）填空题

1. 中长期目标。(《国家安全法》第 6 条)
2. 法治原则。(《国家安全法》第 7 条)
3. 互信；世界和平。(《国家安全法》第 10 条)
4. 企业事业组织。(《国家安全法》第 11 条第 1 款)
5. 生命财产安全。(《国家安全法》第 16 条)
6. 革命化、现代化、正规化。(《国家安全法》第 18 条)
7. 系统性；区域性。(《国家安全法》第 20 条)
8. 公民宗教信仰自由。(《国家安全法》第 27 条)
9. 威胁和侵害。(《国家安全法》第 33 条)
10. 动员令。(《国家安全法》第 36 条)
11. 本行政区域内。(《国家安全法》第 40 条)
12. 情报信息。(《国家安全法》第 42 条)
13. 超越职权、滥用职权。(《国家安全法》第 43 条)
14. 统分结合。(《国家安全法》第 44 条)
15. 责任追究机制。(《国家安全法》第 46 条)
16. 协同联动机制。(《国家安全法》第 49 条)
17. 国家安全风险预案。(《国家安全法》第 55 条)
18. 本行政区域内。(《国家安全法》第 61 条)
19. 重大事件。(《国家安全法》第 63 条)
20. 国防动员。(《国家安全法》第 65 条)
21. 安全保障体系。(《国家安全法》第 69 条)
22. 效能和安全。(《国家安全法》第 72 条)
23. 招录、培养和管理。(《国家安全法》第 74 条)
24. 舆论引导。(《国家安全法》第 76 条)

（五）简答题

1. 答：根据《国家安全法》第 2 条规定，国家安全是指国家政权、主权、统一和领土完整、人民福祉、经济社会可持续发展和国家其他重大利益相对处于没有危险和不受内外威胁的状态，以及保障持续安全状态的能力。
2. 答：根据《国家安全法》第 21 条规定，国家合理利用和保护资源能源，有效管控战略资源能源的开发，加强战略资源能源储备，完善资源能源运输战略通道建设和安全保护措施，加强国际资源能源合作，全面提升应急保障能力，保障经济社会发展所需的资源能源持续、可靠和有效供给。

3. 答：根据《国家安全法》第 22 条规定，国家健全粮食安全保障体系，保护和提高粮食综合生产能力，完善粮食储备制度、流通体系和市场调控机制，健全粮食安全预警制度，保障粮食供给和质量安全。

4. 答：根据《国家安全法》第 35 条第 1 款规定，全国人民代表大会依照宪法规定，决定战争和和平的问题，行使宪法规定的涉及国家安全的其他职权。

5. 答：根据《国家安全法》第 43 条规定，国家机关及其工作人员在履行职责时，应当贯彻维护国家安全的原则。国家机关及其工作人员在国家安全工作和涉及国家安全活动中，应当严格依法履行职责，不得超越职权、滥用职权，不得侵犯个人和组织的合法权益。

6. 答：根据《国家安全法》第 51 条规定，国家健全统一归口、反应灵敏、准确高效、运转顺畅的情报信息收集、研判和使用制度，建立情报信息工作协调机制，实现情报信息的及时收集、准确研判、有效使用和共享。第 52 条规定，国家安全机关、公安机关、有关军事机关根据职责分工，依法搜集涉及国家安全的情报信息。国家机关各部门在履行职责过程中，对于获取的涉及国家安全的有关信息应当及时上报。第 53 条规定，开展情报信息工作，应当充分运用现代科学技术手段，加强对情报信息的鉴别、筛选、综合和研判分析。第 54 条规定，情报信息的报送应当及时、准确、客观，不得迟报、漏报、瞒报和谎报。

7. 答：根据《国家安全法》第 58 条规定，对可能即将发生或者已经发生的危害国家安全的事件，县级以上地方人民政府及其有关主管部门应当立即按照规定向上一级人民政府及其有关主管部门报告，必要时可以越级上报。

十四、网络安全法

（一）判断题

1. 国家倡导诚实守信、健康文明的网络行为，推动传播社会主义核心价值观，采取措施提高全社会的网络安全意识和水平，形成全社会共同参与促进网络安全的良好环境。（　　）
2. 各级人民政府及其有关部门应当组织开展经常性的网络安全宣传教育，并指导、督促有关单位做好网络安全宣传教育工作。（　　）
3. 按照国务院规定的职责分工，负责关键信息基础设施安全保护工作的部门共同编制并组织实施本行业、本领域的关键信息基础设施安全规划，指导和监督关键信息基础设施运行安全保护工作。（　　）
4. 依法负有网络安全监督管理职责的部门及其工作人员，必须对在履行职责中知悉的个人信息、隐私和商业秘密严格保密，不得泄露、出售或者非法向他人提供。（　　）
5. 国家机关政务网络的运营者不履行本法规定的网络安全保护义务的，由国家网信部门责令改正；对直接负责的主管人员和其他直接责任人员依法给予处分。（　　）

（二）单项选择题

1. 国家网信部门会同国务院有关部门制定、公布网络关键设备和网络安全专用（　　），并推动安全认证和安全检测结果互认，避免重复认证、检测。

   A. 产品认证　　B. 产品标准

   C. 产品标签　　D. 产品目录

2. 关于网络安全事件应急预案，下列哪一项是错误的？（　　）

   A. 由国家网信部门全权负责制定

   B. 负责关键信息基础设施安全保护工作的部门应当制定本行业、本领域

的网络安全事件应急预案

C. 定期组织演练

D. 网络安全事件应急预案应当按照事件发生后的危害程度、影响范围等因素对网络安全事件进行分级

3. 网络安全事件发生的风险增大时，省级以上人民政府采取下列哪一项措施是不适当的？（　　）

A. 要求有关部门、机构和人员及时收集、报告有关信息，加强对网络安全风险的监测

B. 组织有关部门、机构和专业人员，对网络安全风险信息进行分析评估

C. 因可能涉及国家秘密、商业秘密和个人隐私，应秘密处理，不能向社会发布网络安全风险预警

D. 向社会发布网络安全风险预警

4. 省级以上人民政府有关部门在履行网络安全监督管理职责中，发现网络存在较大安全风险或者发生安全事件的，可以按照规定的权限和程序对该网络的运营者的法定代表人或者主要负责人进行(　　)。

A. 拘留　　B. 警告

C. 约谈　　D. 罚款

5. 因维护国家安全和社会公共秩序，处置重大突发社会安全事件的需要，经(　　)决定或者批准，可以在特定区域对网络通信采取限制等临时措施。

A. 全国人大常委会　　B. 国务院

C. 省级人民政府　　D. 国家网信部门

（三）多项选择题

1. 国家对(　　)关键信息基础设施实行重点保护。

A. 公共通信和信息服务　　B. 能源

C. 水利　　D. 电子政务

2. 关于关键信息基础设施的运营者在中国境内运营中收集和产生的个人信息和重要数据的存储，下列说法正确的是：（　　）

A. 应当在境内存储

B. 可以由运营者自主决定

C. 禁止向境外提供

D. 如果需要向境外提供的，应当进行安全评估

3. 国家网信部门和有关部门依法履行网络信息安全监督管理职责，发现法律、行政法规禁止发布或者传输的信息的，应当(　　)。

A. 要求网络运营者停止传输

B. 采取消除等处置措施

C. 保存有关记录

D. 对来源于境外的上述信息，应当通知有关机构采取技术措施和其他必要措施阻断传播

4. 关于网信部门的保密义务，下列说法正确的是：(　　)

A. 履行网络安全保护职责中获取的信息，只能用于维护网络安全的需要

B. 对在履行职责中知悉的个人信息、隐私和商业秘密应严格保密

C. 不得出售或者非法向他人提供个人信息

D. 将在履行网络安全保护职责中获取的信息用于其他用途的，对直接负责的主管人员和其他直接责任人员依法给予处分

(四) 填空题

1. ____负责统筹协调网络安全工作和相关监督管理工作。国务院____、____和其他有关机关依照本法和有关法律、行政法规的规定，在各自职责范围内负责网络安全保护和监督管理工作。

2. 国家建立和完善网络安全标准体系。国务院标准化行政主管部门和国务院其他有关部门根据各自的职责，组织制定并适时修订有关网络安全管理以及网络产品、服务和运行安全的____标准、____标准。

3. 网信部门和有关部门在履行网络安全保护职责中获取的信息，只能用于____的需要，不得用于其他用途。

4. 建设关键信息基础设施应当确保其具有支持业务稳定、持续运行的性能，并保证安全技术措施同步____、同步____、同步____。

5. 关键信息基础设施的运营者采购网络产品和服务，可能影响____的，应当通过国家网信部门会同国务院有关部门组织的____审查。

（五）简答题

1. 简述国家网信部门统筹协调有关部门对关键信息基础设施的安全保护应当采取的措施。
2. 简述发生网络安全事件后，相关主管部门应当采取的措施。

参考答案

（一）判断题

1. √，解析：根据《网络安全法》第 6 条规定。
2. √，解析：根据《网络安全法》第 19 条规定。
3. ×，解析：根据《网络安全法》第 32 条规定，按照国务院规定的职责分工，负责关键信息基础设施安全保护工作的部门分别编制并组织实施本行业、本领域的关键信息基础设施安全规划，指导和监督关键信息基础设施运行安全保护工作。
4. √，解析：根据《网络安全法》第 45 条规定。
5. ×，解析：根据《网络安全法》第 72 条规定，国家机关政务网络的运营者不履行本法规定的网络安全保护义务的，由其上级机关或者有关机关责令改正；对直接负责的主管人员和其他直接责任人员依法给予处分。

（二）单项选择题

1. D，解析：根据《网络安全法》第 23 条规定，网络关键设备和网络安全专用产品应当按照相关国家标准的强制性要求，由具备资格的机构安全认证合格或者安全检测符合要求后，方可销售或者提供。国家网信部门会同国务院有关部门制定、公布网络关键设备和网络安全专用产品目录，并推动安全认证和安全检测结果互认，避免重复认证、检测。
2. A，解析：根据《网络安全法》第 53 条规定，国家网信部门协调有关部门建立健全网络安全风险评估和应急工作机制，制定网络安全事件应急预案，并定期组织演练。负责关键信息基础设施安全保护工作的部门应当制定本行业、本领域的网络安全事件应急预案，并定期组织演练。网络安全事件应急预案应当按照事件发生后的危害程度、影响范围等因素对网络安全事件进行分级，并规定相应的应急处置措施。

3. C，解析：根据《网络安全法》第54条规定，网络安全事件发生的风险增大时，省级以上人民政府有关部门应当按照规定的权限和程序，并根据网络安全风险的特点和可能造成的危害，采取下列措施：（1）要求有关部门、机构和人员及时收集、报告有关信息，加强对网络安全风险的监测；（2）组织有关部门、机构和专业人员，对网络安全风险信息进行分析评估，预测事件发生的可能性、影响范围和危害程度；（3）向社会发布网络安全风险预警，发布避免、减轻危害的措施。
4. C，解析：根据《网络安全法》第56条规定，省级以上人民政府有关部门在履行网络安全监督管理职责中，发现网络存在较大安全风险或者发生安全事件的，可以按照规定的权限和程序对该网络的运营者的法定代表人或者主要负责人进行约谈。网络运营者应当按照要求采取措施，进行整改，消除隐患。
5. B，解析：根据《网络安全法》第58条规定，因维护国家安全和社会公共秩序，处置重大突发社会安全事件的需要，经国务院决定或者批准，可以在特定区域对网络通信采取限制等临时措施。

（三）多项选择题

1. ABCD，解析：根据《网络安全法》第31条第1款规定，国家对公共通信和信息服务、能源、交通、水利、金融、公共服务、电子政务等重要行业和领域，以及其他一旦遭到破坏、丧失功能或者数据泄露，可能严重危害国家安全、国计民生、公共利益的关键信息基础设施，在网络安全等级保护制度的基础上，实行重点保护。关键信息基础设施的具体范围和安全保护办法由国务院制定。
2. AD，解析：根据《网络安全法》第37条规定，关键信息基础设施的运营者在中华人民共和国境内运营中收集和产生的个人信息和重要数据应当在境内存储。因业务需要，确需向境外提供的，应当按照国家网信部门会同国务院有关部门制定的办法进行安全评估；法律、行政法规另有规定的，依照其规定。
3. ABCD，解析：根据《网络安全法》第50条规定，国家网信部门和有关部门依法履行网络信息安全监督管理职责，发现法律、行政法规禁止发布或者传输的信息的，应当要求网络运营者停止传输，采取消除等处置措施，保存有关记录；对来源于中华人民共和国境外的上述信息，应当通知有关机构采取技术措施和其他必要措施阻断传播。

4. ABCD，解析：根据《网络安全法》第 30 条规定，网信部门和有关部门在履行网络安全保护职责中获取的信息，只能用于维护网络安全的需要，不得用于其他用途。第 45 条规定，依法负有网络安全监督管理职责的部门及其工作人员，必须对在履行职责中知悉的个人信息、隐私和商业秘密严格保密，不得泄露、出售或者非法向他人提供。第 73 条第 1 款规定，网信部门和有关部门违反本法第 30 条规定，将在履行网络安全保护职责中获取的信息用于其他用途的，对直接负责的主管人员和其他直接责任人员依法给予处分。

（四）填空题

1. 国家网信部门；电信主管部门；公安部门。（《网络安全法》第 8 条第 1 款）
2. 国家；行业。（《网络安全法》第 15 条第 1 款）
3. 维护网络安全。（《网络安全法》第 30 条）
4. 规划；建设；使用。（《网络安全法》第 33 条）
5. 国家安全；国家安全。（《网络安全法》第 35 条）

（五）简答题

1. 答：根据《网络安全法》第 39 条规定，国家网信部门应当统筹协调有关部门对关键信息基础设施的安全保护采取下列措施：（1）对关键信息基础设施的安全风险进行抽查检测，提出改进措施，必要时可以委托网络安全服务机构对网络存在的安全风险进行检测评估；（2）定期组织关键信息基础设施的运营者进行网络安全应急演练，提高应对网络安全事件的水平和协同配合能力；（3）促进有关部门、关键信息基础设施的运营者以及有关研究机构、网络安全服务机构等之间的网络安全信息共享；（4）对网络安全事件的应急处置与网络功能的恢复等，提供技术支持和协助。
2. 答：根据《网络安全法》第 55 条规定，发生网络安全事件，应当立即启动网络安全事件应急预案，对网络安全事件进行调查和评估，要求网络运营者采取技术措施和其他必要措施，消除安全隐患，防止危害扩大，并及时向社会发布与公众有关的警示信息。

十五、保守国家秘密法

(一) 判断题

1. 国家秘密及其密级的具体范围的规定，应当向社会公布，并根据情况变化及时调整。(　　)
2. 国家秘密的保密期限，除另有规定外，不超过15年。(　　)
3. 国家秘密的密级、保密期限和知悉范围，一经确定不得变更。(　　)
4. 机关、单位对是否属于国家秘密或者属于何种密级不明确或者有争议的，应当报请上一级机关、单位确定。(　　)
5. 国家秘密载体应当在符合国家保密标准的设施、设备中保存，并指定专人管理。(　　)

(二) 单项选择题

1. 关于定密权限，下列哪一项是不正确的？(　　)
   A. 中央国家机关可以确定绝密级、机密级和秘密级国家秘密
   B. 省级机关及其授权的机关、单位可以确定绝密级、机密级和秘密级国家秘密
   C. 设区的市、自治州一级的机关可以确定机密级和秘密级国家秘密
   D. 县级机关可以确定秘密级国家秘密
2. 关于国家秘密的知悉范围，下列哪一项说法是错误的？(　　)
   A. 应当根据工作需要限定在最小范围
   B. 能够限定到具体人员的，限定到具体人员
   C. 不能限定到具体人员的，限定到机关、单位，由机关、单位限定到具体人员
   D. 国家秘密的知悉范围以外的人员，因工作需要知悉国家秘密的，应当经过保密部门批准
3. 关于国家秘密解密和延长保密期限，下列哪一项说法是错误的？(　　)

A. 国家秘密的保密期限已满的，自行解密

B. 在保密期限内因保密事项范围调整不再作为国家秘密事项的，应当及时解密

C. 对需要延长保密期限的，应当在原保密期限到期后重新确定保密期限

D. 提前解密或者延长保密期限的，可以由原定密机关、单位决定

4. 关于涉密人员的下列说法，哪一项是不正确的？（　　）

A. 应当经过保密教育培训后才能上岗

B. 按照涉密程度分为核心涉密人员、重要涉密人员和一般涉密人员，实行分类管理

C. 签订保密承诺书

D. 出境应当经本机关、单位负责人批准

5. 办理涉嫌泄露国家秘密案件的机关，需要对有关事项是否属于国家秘密以及属于何种密级进行鉴定的，可以由（　　）鉴定。

A. 本级人民政府

B. 国务院

C. 省级保密行政管理部门

D. 上一级领导机关

（三）多项选择题

1. 下级机关、单位认为本机关、本单位产生的有关定密事项属于上级机关、单位的定密权限，应当如何处理？（　　）

A. 先行采取保密措施

B. 立即报请上级机关、单位确定

C. 在取得上级机关的授权后再定密

D. 没有上级机关、单位的，应当立即提请有相应定密权限的业务主管部门或者保密行政管理部门确定

2. 关于国家秘密的密级、保密期限和知悉范围的变更，下列哪些说法是正确的？（　　）

A. 应当根据情况变化及时变更

B. 可以由其上级机关决定

C. 应当由原定密机关、单位决定

D. 应当及时书面通知知悉范围内的机关、单位或者人员

3. 对于绝密级国家秘密的保存、使用和管理，下列哪些做法是正确的？（　　）

A. 指定专人管理

B. 未经原定密机关、单位或者其上级机关批准，不得复制和摘抄

C. 收发、传递和外出携带，应当指定人员负责

D. 应当在符合国家保密标准的设施、设备中保存

4. 机关、单位工作人员的下列哪些行为是不被允许的？（　　）

A. 将涉密计算机、涉密存储设备接入互联网及其他公共信息网络

B. 使用非涉密计算机、非涉密存储设备存储、处理国家秘密信息

C. 将未经安全技术处理的退出使用的涉密计算机改作其他用途

D. 在采取防护措施的情况下，在涉密信息系统与互联网及其他公共信息网络之间进行信息交换

（四）填空题

1. 机关、单位应当实行____，健全保密管理制度，完善保密防护措施，开展保密宣传教育，加强保密检查。

2. 机关、单位确定、变更和解除本机关、本单位的国家秘密，应当由承办人提出具体意见，经____审核批准。

3. 机关、单位对所产生的国家秘密事项，应当按照国家秘密及其密级的具体范围的规定确定密级，同时确定____和____。

4. 国家秘密的保密期限，应当根据事项的性质和特点，按照维护国家安全和利益的需要，限定在必要的期限内；不能确定期限的，应当确定____。

（五）简答题

1. 简述哪些事项属于国家秘密。

2. 简述国家秘密的分级及其保密期限。

参考答案

（一）判断题

1. ×，解析：根据《保守国家秘密法》第 11 条第 3 款规定，国家秘密及其密级的具体范围的规定，应当在有关范围内公布，并根据情况变化及时调整。
2. ×，解析：根据《保守国家秘密法》第 15 条第 2 款规定，国家秘密的保密期限，除另有规定外，绝密级不超过 30 年，机密级不超过 20 年，秘密级不超过 10 年。
3. ×，解析：根据《保守国家秘密法》第 18 条第 1 款规定，国家秘密的密级、保密期限和知悉范围，应当根据情况变化及时变更。国家秘密的密级、保密期限和知悉范围的变更，由原定密机关、单位决定，也可以由其上级机关决定。
4. ×，解析：根据《保守国家秘密法》第 20 条规定，机关、单位对是否属于国家秘密或者属于何种密级不明确或者有争议的，由国家保密行政管理部门或者省、自治区、直辖市保密行政管理部门确定。
5. ×，解析：根据《保守国家秘密法》第 21 条规定，绝密级国家秘密载体应当在符合国家保密标准的设施、设备中保存，并指定专人管理。

（二）单项选择题

1. D，解析：根据《保守国家秘密法》第 13 条第 2 款规定，中央国家机关、省级机关及其授权的机关、单位可以确定绝密级、机密级和秘密级国家秘密；设区的市、自治州一级的机关及其授权的机关、单位可以确定机密级和秘密级国家秘密。具体的定密权限、授权范围由国家保密行政管理部门规定。
2. D，解析：根据《保守国家秘密法》第 16 条规定，国家秘密的知悉范围，应当根据工作需要限定在最小范围。国家秘密的知悉范围能够限定到具体人员的，限定到具体人员；不能限定到具体人员的，限定到机关、单位，由机关、单位限定到具体人员。国家秘密的知悉范围以外的人员，因工作需要知悉国家秘密的，应当经过机关、单位负责人批准。
3. C，解析：根据《保守国家秘密法》第 19 条规定，国家秘密的保密期限已满的，自行解密。机关、单位应当定期审核所确定的国家秘密。对在保密期限内因保密事项范围调整不再作为国家秘密事项，或者公开后不会损害国家安全和利益，不需要继续保密的，应当及时解密；对需要延长保密期限的，应当在原保密期限届满前重新确定保密期限。提前解密或者延长保密期限的，由原定密机关、单位决定，也可以由其上级机关决定。

4. D，解析：根据《保守国家秘密法》第35条第1款规定，在涉密岗位工作的人员（以下简称涉密人员），按照涉密程度分为核心涉密人员、重要涉密人员和一般涉密人员，实行分类管理。第36条规定，涉密人员上岗应当经过保密教育培训，掌握保密知识技能，签订保密承诺书，严格遵守保密规章制度，不得以任何方式泄露国家秘密。第37条规定，涉密人员出境应当经有关部门批准，有关机关认为涉密人员出境将对国家安全造成危害或者对国家利益造成重大损失的，不得批准出境。

5. C，解析：根据《保守国家秘密法》第46条规定，办理涉嫌泄露国家秘密案件的机关，需要对有关事项是否属于国家秘密以及属于何种密级进行鉴定的，由国家保密行政管理部门或者省、自治区、直辖市保密行政管理部门鉴定。

（三）多项选择题

1. ABD，解析：根据《保守国家秘密法》第13条第3款规定，机关、单位执行上级确定的国家秘密事项，需要定密的，根据所执行的国家秘密事项的密级确定。下级机关、单位认为本机关、本单位产生的有关定密事项属于上级机关、单位的定密权限，应当先行采取保密措施，并立即报请上级机关、单位确定；没有上级机关、单位的，应当立即提请有相应定密权限的业务主管部门或者保密行政管理部门确定。

2. ACD，解析：根据《保守国家秘密法》第18条规定，国家秘密的密级、保密期限和知悉范围，应当根据情况变化及时变更。国家秘密的密级、保密期限和知悉范围的变更，由原定密机关、单位决定，也可以由其上级机关决定。国家秘密的密级、保密期限和知悉范围变更的，应当及时书面通知知悉范围内的机关、单位或者人员。

3. ABCD，解析：根据《保守国家秘密法》第21条规定，国家秘密载体的制作、收发、传递、使用、复制、保存、维修和销毁，应当符合国家保密规定。绝密级国家秘密载体应当在符合国家保密标准的设施、设备中保存，并指定专人管理；未经原定密机关、单位或者其上级机关批准，不得复制和摘抄；收发、传递和外出携带，应当指定人员负责，并采取必要的安全措施。

4. ABC，解析：根据《保守国家秘密法》第24条规定，机关、单位应当加强对涉密信息系统的管理，任何组织和个人不得有下列行为：（1）将涉密计算机、涉密存储设备接入互联网及其他公共信息网络；（2）在未采取防护措施的情况下，在涉密信息系统与互联网及其他公共信息网络之间进行信息交换；（3）使用非涉密计算机、非涉密存储设备存储、处理国家秘密信息；（4）擅自卸载、修改涉密信息系统的安全技术程序、管理程序；（5）将未经安全技术处理的退出使用的涉密计算机、涉密存储设备赠送、出售、丢弃或者改作其他用途。

（四）填空题

1. 保密工作责任制。（《保守国家秘密法》第 7 条）
2. 定密责任人。（《保守国家秘密法》第 12 条第 2 款）
3. 保密期限；知悉范围。（《保守国家秘密法》第 14 条）
4. 解密的条件。（《保守国家秘密法》第 15 条第 1 款）

（五）简答题

1. 答：根据《保守国家秘密法》第 9 条规定，下列涉及国家安全和利益的事项，泄露后可能损害国家在政治、经济、国防、外交等领域的安全和利益的，应当确定为国家秘密：（1）国家事务重大决策中的秘密事项；（2）国防建设和武装力量活动中的秘密事项；（3）外交和外事活动中的秘密事项以及对外承担保密义务的秘密事项；（4）国民经济和社会发展中的秘密事项；（5）科学技术中的秘密事项；（6）维护国家安全活动和追查刑事犯罪中的秘密事项；（7）经国家保密行政管理部门确定的其他秘密事项。政党的秘密事项中符合前款规定的，属于国家秘密。
2. 答：根据《保守国家秘密法》第 10 条规定，国家秘密的密级分为绝密、机密、秘密三级。绝密级国家秘密是最重要的国家秘密，泄露会使国家安全和利益遭受特别严重的损害；机密级国家秘密是重要的国家秘密，泄露会使国家安全和利益遭受严重的损害；秘密级国家秘密是一般的国家秘密，泄露会使国家安全和利益遭受损害。第 15 条规定第 2 款，国家秘密的保密期限，除另有规定外，绝密级不超过 30 年，机密级不超过 20 年，秘密级不超过 10 年。

十六、反间谍法

（一）判断题

1. 反间谍工作坚持中央统一领导，坚持公开工作与秘密工作相结合、专门工作与群众路线相结合、积极防御、依法惩治的原则。（　　）
2. 反间谍工作应当依法进行，尊重和保障人权，保障公民和组织的合法权益。（　　）
3. 国家安全机关及其工作人员在工作中，应当严格依法办事，必要时可以超越职权，但不得侵犯组织和个人的合法权益。（　　）
4. 任何个人和组织对国家安全机关及其工作人员超越职权、滥用职权和其他违法行为，都有权向公安局检举、控告。（　　）
5. 境外人员违反本法的，可以限期离境或者驱逐出境。（　　）
6. 当事人对行政处罚决定、行政强制措施决定不服的，可以自接到决定书之日起 15 日内，向作出决定的上一级机关申请复议；对复议决定不服的，可以自接到复议决定书之日起 15 日内向人民法院提起诉讼。（　　）

（二）单项选择题

1. 境外机构、组织、个人实施或者指使、资助他人实施的，或者境内机构、组织、个人与境外机构、组织、个人相勾结实施的危害中华人民共和国（　　）的间谍行为，都必须受到法律追究。

A. 国家安全　　B. 国家秘密
C. 国家利益　　D. 国家主权

2. 国家安全机关的工作人员依法执行任务时，依照规定出示相应证件，有权查验中国公民或者境外人员的身份证明，向有关组织和人员调查、（　　）。

A. 拘传　　B. 询问
C. 传唤　　D. 搜身

3. 机关、团体和其他组织(　　)对本单位的人员进行维护国家安全的教育，动员、组织本单位的人员防范、制止间谍行为。

A. 可以　　B. 应当

C. 不得　　D. 有需要时

4. 任何个人和组织都不得非法持有、使用间谍活动特殊需要的专用间谍器材。专用间谍器材由(　　)依照国家有关规定确认。

A. 国务院国家安全主管部门　　B. 解放军情报部门

C. 国务院公安部门　　D. 全国人大常委会

5. 在境外受胁迫或者受诱骗参加敌对组织、间谍组织，从事危害中华人民共和国国家安全的活动，及时向中华人民共和国驻外机构如实说明情况，或者入境后直接或者通过所在单位及时向国家安全机关、公安机关如实说明情况，并有悔改表现的，可以(　　)。

A. 从轻处罚　　B. 减轻处罚

C. 不予追究　　D. 给予奖励

6. 国家安全机关工作人员滥用职权、玩忽职守、徇私舞弊，构成犯罪的，或者有非法拘禁、刑讯逼供、暴力取证、违反规定泄露国家秘密、商业秘密和个人隐私等行为，构成犯罪的，依法追究(　　)。

A. 民事责任　　B. 侵权责任

C. 内部责任　　D. 刑事责任

(三) 多项选择题

1. 国家对(　　)反间谍工作的组织和个人给予保护，对有重大贡献的给予奖励。

A. 不支持　　B. 协助

C. 支持　　D. 不协助

2. (　　)发现间谍行为，应当及时向国家安全机关报告；向公安机关等其他国家机关、组织报告的，相关国家机关、组织应当立即移送国家安全机关处理。

A. 公民　　B. 组织

C. 政府机关　　D. 人民

3. 明知他人有间谍犯罪行为，在国家安全机关向其调查有关情况、收集有关证据时，拒绝提供的，由其(　　)予以处分，或者由国家安全机关处15日以下行政拘留；构成犯罪的，依法追究刑事责任。

A. 所在单位　　B. 上级主管部门

C. 公安部门　　D. 国家安全部门

4. 对非法持有属于国家秘密的文件、资料和其他物品的，以及非法持有、使用专用间谍器材的，国家安全机关可以依法对其人身、物品、住处和其他有关的地方进行搜查；对其非法持有的属于国家秘密的文件、资料和其他物品，以及非法持有、使用的专用间谍器材予以没收。非法持有属于国家秘密的文件、资料和其他物品，构成犯罪的，依法追究刑事责任；尚不构成犯罪的，由国家安全机关予以(　　)。

A. 警告　　B. 逮捕

C. 行政拘留　　D. 没收

(四) 填空题

1. 国家安全机关在反间谍工作中必须依靠____的支持，动员、组织____防范、制止危害国家安全的间谍行为。
2. 国家安全机关因反间谍工作需要，按照国家有关规定，可以优先使用或者依法征用机关、团体、企业事业组织和个人的交通工具、通信工具、场地和建筑物，必要时，可以设置相关工作场所和设备、设施，任务完成后应当及时归还或者恢复原状，并依照规定支付相应费用；造成损失的，应当____。
3. 在国家安全机关调查了解有关间谍行为的情况、____时，有关组织和个人应当如实提供，不得拒绝。
4. 任何个人和组织都不得____属于国家秘密的文件、资料和其他物品。
5. 以____、____方法阻碍国家安全机关依法执行任务的，依法追究刑事责任。
6. 泄露有关反间谍工作的____的，由国家安全机关处15日以下行政拘留；构成犯罪的，依法追究刑事责任。
7. 国家安全机关没收的财物，一律____。

（五）简答题

1. 简述国家安全机关的工作人员在依法执行紧急任务的情况下和因反间谍工作需要拥有的应急权力。
2. 简述国家安全机关对依照本法查封、扣押、冻结的财物如何处理。

参考答案

（一）判断题

1. √，解析：根据《反间谍法》第 2 条规定。
2. √，解析：根据《反间谍法》第 5 条规定。
3. ×，解析：根据《反间谍法》第 17 条规定，国家安全机关及其工作人员在工作中，应当严格依法办事，不得超越职权、滥用职权，不得侵犯组织和个人的合法权益。
4. ×，解析：根据《反间谍法》第 26 条规定，任何个人和组织对国家安全机关及其工作人员超越职权、滥用职权和其他违法行为，都有权向上级国家安全机关或者有关部门检举、控告。受理检举、控告的国家安全机关或者有关部门应当及时查清事实，负责处理，并将处理结果及时告知检举人、控告人。
5. √，解析：根据《反间谍法》第 34 条规定。
6. ×，解析：根据《反间谍法》第 35 条规定，当事人对行政处罚决定、行政强制措施决定不服的，可以自接到决定书之日起 60 日内，向作出决定的上一级机关申请复议；对复议决定不服的，可以自接到复议决定书之日起 15 日内向人民法院提起诉讼。

（二）单项选择题

1. A，解析：根据《反间谍法》第 6 条规定，境外机构、组织、个人实施或者指使、资助他人实施的，或者境内机构、组织、个人与境外机构、组织、个人相勾结实施的危害中华人民共和国国家安全的间谍行为，都必须受到法律追究。
2. B，解析：根据《反间谍法》第 9 条规定。国家安全机关的工作人员依法执行任务时，依照规定出示相应证件，有权查验中国公民或者境外人员的身份证明，向有关组织和人员调查、询问有关情况。

3. B，解析：根据《反间谍法》第 19 条规定，机关、团体和其他组织应当对本单位的人员进行维护国家安全的教育，动员、组织本单位的人员防范、制止间谍行为。
4. A，解析：根据《反间谍法》第 25 条规定，任何个人和组织都不得非法持有、使用间谍活动特殊需要的专用间谍器材。专用间谍器材由国务院国家安全主管部门依照国家有关规定确认。
5. C，解析：根据《反间谍法》第 28 条规定，在境外受胁迫或者受诱骗参加敌对组织、间谍组织，从事危害中华人民共和国国家安全的活动，及时向中华人民共和国驻外机构如实说明情况，或者入境后直接或者通过所在单位及时向国家安全机关、公安机关如实说明情况，并有悔改表现的，可以不予追究。
6. D，解析：根据《反间谍法》第 37 条规定，国家安全机关工作人员滥用职权、玩忽职守、徇私舞弊，构成犯罪的，或者有非法拘禁、刑讯逼供、暴力取证、违反规定泄露国家秘密、商业秘密和个人隐私等行为，构成犯罪的，依法追究刑事责任。

（三）多项选择题

1. BC，解析：根据《反间谍法》第 7 条规定，国家对支持、协助反间谍工作的组织和个人给予保护，对有重大贡献的给予奖励。
2. AB，解析：根据《反间谍法》第 21 条规定，公民和组织发现间谍行为，应当及时向国家安全机关报告；向公安机关等其他国家机关、组织报告的，相关国家机关、组织应当立即移送国家安全机关处理。
3. AB，解析：根据《反间谍法》第 29 条规定，明知他人有间谍犯罪行为，在国家安全机关向其调查有关情况、收集有关证据时，拒绝提供的，由其所在单位或者上级主管部门予以处分，或者由国家安全机关处十五日以下行政拘留；构成犯罪的，依法追究刑事责任。
4. AC，解析：根据《反间谍法》第 32 条规定，对非法持有属于国家秘密的文件、资料和其他物品的，以及非法持有、使用专用间谍器材的，国家安全机关可以依法对其人身、物品、住处和其他有关的地方进行搜查；对其非法持有的属于国家秘密的文件、资料和其他物品，以及非法持有、使用的专用间谍器材予以没收。非法持有属于国家秘密的文件、资料和其他物品，构成犯罪的，依法追究刑事责任；尚不构成犯罪的，由国家安全机关予以警告或者处 15 日以下行政拘留。

（四）填空题

1. 人民；人民。（《反间谍法》第 4 条）
2. 补偿（《反间谍法》第 11 条）
3. 收集有关证据（《反间谍法》第 22 条）
4. 非法持有（《反间谍法》第 24 条）
5. 暴力、威胁（《反间谍法》第 30 条）
6. 国家秘密（《反间谍法》第 31 条）
7. 上缴国库（《反间谍法》第 36 条）

（五）简答题

1. 答：根据《反间谍法》第 11 条规定，国家安全机关的工作人员在依法执行紧急任务的情况下，经出示相应证件，可以优先乘坐公共交通工具，遇交通阻碍时，优先通行。

   国家安全机关因反间谍工作需要，按照国家有关规定，可以优先使用或者依法征用机关、团体、企业事业组织和个人的交通工具、通信工具、场地和建筑物，必要时，可以设置相关工作场所和设备、设施，任务完成后应当及时归还或者恢复原状，并依照规定支付相应费用；造成损失的，应当补偿。

2. 答：根据《反间谍法》第 36 条规定，应当妥善保管，并按照下列情形分别处理：

   （1）涉嫌犯罪的，依照刑事诉讼法的规定处理；

   （2）尚不构成犯罪，有违法事实的，对依法应当没收的予以没收，依法应当销毁的予以销毁；

   （3）没有违法事实的，或者与案件无关的，应当解除查封、扣押、冻结，并及时返还相关财物；造成损失的，应当依法赔偿。

   国家安全机关没收的财物，一律上缴国库。

十七、民族区域自治法

（一）判断题

1. 民族自治地方的自治机关保障各民族公民有宗教信仰自由。任何国家机关、社会团体和个人不得强制公民信仰宗教或者不信仰宗教，不得歧视信仰宗教的公民和不信仰宗教的公民。（　　）
2. 民族自治地方的自治机关可以把本民族自治地方的利益放在首位，但要积极完成上级国家机关交给的各项任务。（　　）
3. 少数民族聚居的地方，根据当地民族关系、经济发展等条件，并参酌历史情况，只能建立以一个少数民族聚居区为基础的自治地方。（　　）
4. 民族自治地方的建立、区域界线的划分、名称的组成，由国务院会同有关地方的国家机关，和有关民族的代表充分协商拟定，按照法律规定的程序报请批准。（　　）
5. 民族自治地方的自治机关在坚持社会主义原则的前提下，根据法律规定和本地方经济发展的特点，合理调整生产关系和经济结构，努力发展社会主义市场经济。（　　）
6. 民族自治地方的人民法院和人民检察院的领导成员和工作人员中，可以有实行区域自治的民族的人员。（　　）

（二）单项选择题

1. 民族自治地方内其他少数民族聚居的地方，建立相应的（　　）。
   A. 自治地方或者民族乡
   B. 自治县或者民族乡
   C. 自治地方或者自治县
   D. 自治区或者自治县
2. 各民族自治地方的人民政府都是（　　）统一领导下的国家行政机关。
   A. 全国人民代表大会　　　　B. 政协

C. 党委　　　　　　　　　　　　D. 国务院

3. 按照《民族区域自治法》的相关规定，我国与外国接壤的民族自治地方须经(　　)批准，开展边境贸易。

A. 全国人民代表大会

B. 国务院

C. 全国人民代表大会常务委员会

D. 人民政协

4. 民族自治地方人民法院的审判工作，受最高人民法院和上级人民法院(　　)。民族自治地方的人民检察院的工作，受最高人民检察院和上级人民检察院(　　)。

A. 监督；领导　　　　　　　　B. 监督；监督

C. 领导；监督　　　　　　　　D. 监督；监督

5. 民族自治地方的人民代表大会有权依照当地民族的政治、经济和文化的特点，制定自治条例和单行条例。自治区的自治条例和单行条例，报(　　)批准后生效。

A. 全国人民代表大会

B. 全国人民代表大会常务委员会

C. 全国人民代表大会及其常务委员会

D. 国务院

(三) 多项选择题

1. 我国民族自治地方的人民政府应当对(　　)负责并汇报工作。

A. 本级人民代表大会

B. 上级人民代表大会

C. 上一级国家行政机关

D. 本级国家行政机关

2. 按照《民族区域自治法》的相关规定，我国的民族自治地方分为：(　　)

A. 自治区　　　　　　　　　　B. 自治州

C. 自治县　　　　　　　　　　D. 自治乡

3. 关于我国民族自治地方内的民族关系，下列说法正确的是：（　　）
   A. 民族自治地方的自治机关团结各民族的干部和群众，充分调动他们的积极性，共同建设民族自治地方
   B. 民族自治地方的自治机关教育和鼓励各民族的干部互相学习语言文字
   C. 民族自治地方的国家工作人员，能够熟练使用两种以上当地通用的语言文字的，应当予以奖励
   D. 汉族干部要学习当地少数民族的语言文字，少数民族干部在学习、使用本民族语言文字的同时，也要学习全国通用的普通话和规范文字
4. 关于民族自治地方的人民法院和人民检察院的职责，下列说法正确的是：（　　）
   A. 民族自治地方的人民法院和人民检察院应当用全国通用语言审理和检察案件，并合理配备通晓当地通用的少数民族语言文字的人员
   B. 对于不通晓当地通用的语言文字的诉讼参与人，应当为他们提供翻译
   C. 法律文书应当根据实际需要，使用当地通用的一种或者几种文字
   D. 保障各民族公民都有使用本民族语言文字进行诉讼的权利
5. 按照《民族区域自治法》的相关规定，下列说法正确的是：（　　）
   A. 上级国家机关的决议、决定、命令和指示，如有不适合民族自治地方实际情况的，自治机关可以报经该上级国家机关批准，变通执行或者停止执行
   B. 民族自治地方的自治机关在执行职务的时候，依照本民族自治地方自治条例的规定，使用当地通用的一种或者几种语言文字
   C. 民族自治地方的企业、事业单位依照国家规定招收人员时，优先招收农村和牧区中的少数民族
   D. 民族自治地方的自治机关依照国家的军事制度和当地的实际需要，经国务院批准，可以组织本地方维护社会治安的公安部队

（四）填空题

1. 民族自治地方设立自治机关，自治机关是国家的____。民族自治地方的自治机关实行____的原则。
2. 民族自治地方的名称，除特殊情况外，按照____、____、____的顺序组成。

3. 民族自治地方的自治机关是自治区、自治州、自治县的____和____。
4. 自治区主席、自治州州长、自治县县长由____担任。民族自治地方的人民政府实行自治区主席、自治州州长、自治县县长____。

（五）简答题

1. 简述民族自治地方的自治机关的性质和概念。
2. 简述民族自治地方的人民代表大会及其常务委员会的组成概况。

参考答案

（一）判断题

1. √，解析：根据《民族区域自治法》第 11 条规定。
2. ×，解析：根据《民族区域自治法》第 7 条规定："民族自治地方的自治机关要把国家的整体利益放在首位，积极完成上级国家机关交给的各项任务。"
3. ×，解析：根据《民族区域自治法》第 12 条第 1 款规定："少数民族聚居的地方，根据当地民族关系、经济发展等条件，并参酌历史情况，可以建立以一个或者几个少数民族聚居区为基础的自治地方。"
4. ×，解析：根据《民族区域自治法》第 14 条第 1 款规定："民族自治地方的建立、区域界线的划分、名称的组成，由上级国家机关会同有关地方的国家机关，和有关民族的代表充分协商拟定，按照法律规定的程序报请批准。"
5. √，解析：根据《民族区域自治法》第 26 条规定。
6. ×，解析：根据《民族区域自治法》第 46 条第 3 款规定："民族自治地方的人民法院和人民检察院的领导成员和工作人员中，应当有实行区域自治的民族的人员。"

（二）单项选择题

1. A，解析：根据《民族区域自治法》第 12 条第 2 款规定："民族自治地方内其他少数民族聚居的地方，建立相应的自治地方或者民族乡。"
2. D，解析：根据《民族区域自治法》第 15 条第 2 款规定："各民族自治地方的人民政府都是国务院统一领导下的国家行政机关，都服从国务院。"
3. B，解析：根据《民族区域自治法》第 31 条规定："民族自治地方依照国家规定，可以开展对外经济贸易活动，经国务院批准，可以开辟对外贸易口岸。与外国接壤的民族自治地方经国务院批准，开展边境贸易。民族自治地方在对外经济贸易活动中，享受国家的优惠政策。”

4. A，解析：根据《民族区域自治法》第46条第2款规定：“民族自治地方人民法院的审判工作，受最高人民法院和上级人民法院监督。民族自治地方的人民检察院的工作，受最高人民检察院和上级人民检察院领导。”
5. B，解析：根据《民族区域自治法》第19条规定：“民族自治地方的人民代表大会有权依照当地民族的政治、经济和文化的特点，制定自治条例和单行条例。自治区的自治条例和单行条例，报全国人民代表大会常务委员会批准后生效。自治州、自治县的自治条例和单行条例报省、自治区、直辖市的人民代表大会常务委员会批准后生效，并报全国人民代表大会常务委员会和国务院备案。”

（三）多项选择题

1. AC，解析：根据《民族区域自治法》第15条第2款规定：“民族自治地方的人民政府对本级人民代表大会和上一级国家行政机关负责并报告工作，在本级人民代表大会闭会期间，对本级人民代表大会常务委员会负责并报告工作。各民族自治地方的人民政府都是国务院统一领导下的国家行政机关，都服从国务院。”
2. ABC，解析：根据《民族区域自治法》第2条规定：“各少数民族聚居的地方实行区域自治。民族自治地方分为自治区、自治州、自治县。各民族自治地方都是中华人民共和国不可分离的部分。”
3. ABCD，解析：根据《民族区域自治法》第48条规定：“民族自治地方的自治机关保障本地方内各民族都享有平等权利。民族自治地方的自治机关团结各民族的干部和群众，充分调动他们的积极性，共同建设民族自治地方。”《民族区域自治法》第49条规定：“民族自治地方的自治机关教育和鼓励各民族的干部互相学习语言文字。汉族干部要学习当地少数民族的语言文字，少数民族干部在学习、使用本民族语言文字的同时，也要学习全国通用的普通话和规范文字。民族自治地方的国家工作人员，能够熟练使用两种以上当地通用的语言文字的，应当予以奖励。”
4. BCD，解析：根据《民族区域自治法》第47条规定：“民族自治地方的人民法院和人民检察院应当用当地通用的语言审理和检察案件，并合理配备通晓当地通用的少数民族语言文字的人员。对于不通晓当地通用的语言文字的诉讼参与人，应当为他们提供翻译。法律文书应当根据实际需要，使用当地通用的一种或者几种文字。保障各民族公民都有使用本民族语言文字进行诉讼的权利。”

5. ABD，解析：根据《民族区域自治法》第 20 条规定：“上级国家机关的决议、决定、命令和指示，如有不适合民族自治地方实际情况的，自治机关可以报经该上级国家机关批准，变通执行或者停止执行；该上级国家机关应当在收到报告之日起六十日内给予答复。”第 21 条规定：“民族自治地方的自治机关在执行职务的时候，依照本民族自治地方自治条例的规定，使用当地通用的一种或者几种语言文字；同时使用几种通用的语言文字执行职务的，可以以实行区域自治的民族的语言文字为主。”第 23 条规定：“民族自治地方的企业、事业单位依照国家规定招收人员时，优先招收少数民族人员，并且可以从农村和牧区少数民族人口中招收。”第 24 条规定：“民族自治地方的自治机关依照国家的军事制度和当地的实际需要，经国务院批准，可以组织本地方维护社会治安的公安部队。”

（四）填空题

1. 一级地方政权机关；民主集中制。（《民族区域自治法》第 3 条）
2. 地方名称；民族名称；行政地位。（《民族区域自治法》第 13 条）
3. 人民代表大会；人民政府。（《民族区域自治法》第 15 条第 1 款）
4. 实行区域自治的民族的公民；负责制。（《民族区域自治法》第 17 条）

（五）简答题

1. 答：根据《民族区域自治法》第 15 条规定：“民族自治地方的自治机关是自治区、自治州、自治县的人民代表大会和人民政府。民族自治地方的人民政府对本级人民代表大会和上一级国家行政机关负责并报告工作，在本级人民代表大会闭会期间，对本级人民代表大会常务委员会负责并报告工作。各民族自治地方的人民政府都是国务院统一领导下的国家行政机关，都服从国务院。民族自治地方的自治机关的组织和工作，根据宪法和法律，由民族自治地方的自治条例或者单行条例规定。”
2. 答：根据《民族区域自治法》第 16 条规定：“民族自治地方的人民代表大会中，除实行区域自治的民族的代表外，其他居住在本行政区域内的民族也应当有适当名额的代表。民族自治地方的人民代表大会中，实行区域自治的民族和其他少数民族代表的名额和比例，根据法律规定的原则，由省、自治区、直辖市的人民代表大会常务委员会决定，并报全国人民代表大会常务委员会备案。民族自治地方的人民代表大会常务委员会中应当有实行区域自治的民族的公民担任主任或者副主任。”

十八、公务员法

（一）判断题

1. 公务员制度坚持中国共产党领导，坚持以马克思列宁主义、毛泽东思想、邓小平理论、“三个代表”重要思想、科学发展观、习近平新时代中国特色社会主义思想为指导，贯彻社会主义初级阶段的基本路线，贯彻新时代中国共产党的组织路线，坚持党管干部原则。（　　）
2. 国家对公务员实行统一管理，提高管理效能和科学化水平。（　　）
3. 公务员应当保守国家秘密和工作秘密。（　　）
4. 所有职位类别公务员的职级序列均由《公务员法》加以规定。（　　）
5. 公务员的领导职务、职级应当对应相应的级别。（　　）
6. 录用担任二级主任科员以下及其他相当职级层次的公务员，采取公开考试、严格考察、平等竞争、择优录取的办法。（　　）
7. 新录用的公务员试用期为1年。试用期满合格的，予以任职；不合格的，取消录用。（　　）
8. 定期考核的结果可以以口头形式通知公务员本人。（　　）
9. 公务员职务实行委任制和聘任制。（　　）
10. 公务员任职应当在规定的编制限额和职数内进行，并有相应的职位空缺。（　　）
11. 奖励坚持定期奖励与及时奖励相结合，精神奖励与物质奖励相结合、以物质奖励为主的原则。（　　）
12. 公务员有权进行陈述和申辩；处分决定机关不得因公务员申辩而加重处分。（　　）
13. 公务员受开除以外的处分，在受处分期间有悔改表现，并且没有再发生违纪违法行为的，处分期满后公告解除。（　　）
14. 机关不得委托其他培训机构承担公务员培训任务。（　　）
15. 公务员可以在公务员和参照《公务员法》管理的工作人员队伍内部交

流，但不得与国有企业和不参照《公务员法》管理的事业单位中从事公务的人员交流。(　　)

16. 上级机关应当注重从基层机关公开遴选公务员。(　　)
17. 任何机关不得扣减或者拖欠公务员的工资。(　　)
18. 公务员辞去公职，任免机关应当自接到申请之日起 15 日内予以审批。(　　)
19. 公务员达到国家规定的退休年龄或者完全丧失行走能力的，应当退休。(　　)
20. 公务员对省级以下机关作出的申诉处理决定不服的，可以向作出处理决定的机关提出再申诉。(　　)

(二) 单项选择题

1. 公务员的管理，坚持监督约束与(　　)并重的原则。

A. 公平公正　　B. 激励保障

C. 德才兼备　　D. 提高效能

2. 公务员的任用，坚持德才兼备、(　　)，坚持五湖四海、任人唯贤，坚持事业为上、公道正派，突出政治标准，注重工作实绩。

A. 以德为先　　B. 以才为先

C. 效率为先　　D. 政治优先

3. 公务员工资、福利、保险以及录用、奖励、培训、辞退等所需经费，列入(　　)，予以保障。

A. 地方预算　　B. 国家预算

C. 财政预算　　D. 中央预算

4. 公务员应当年满(　　)周岁。

A. 16　　B. 18

C. 20　　D. 22

5. 国家根据人民警察、消防救援人员以及海关、驻外外交机构等公务员的工作特点，设置与其领导职务、职级相对应的(　　)。

A. 职务　　B. 职级

C. 衔级　　D. 级别

6. 地方各级机关公务员的录用，由省级公务员主管部门负责组织，必要时省级公务员主管部门可以授权(　　)级公务员主管部门组织。

A. 设区的市　　B. 较大的市
C. 县　　D. 不设区的市

7. 公务员的考核分为平时考核、专项考核和(　　)等方式。

A. 不定期考核　　B. 季度考核
C. 年度考核　　D. 定期考核

8. (　　)公务员在选举结果生效时即任当选职务

A. 任期制　　B. 聘任制
C. 选任制　　D. 委任制

9. (　　)公务员试用期满考核合格，职务、职级发生变化，以及其他情形需要任免职务、职级的，应当按照管理权限和规定的程序任免。

A. 任期制　　B. 聘任制
C. 选任制　　D. 委任制

10. 公务员晋升领导职务，特别优秀的或者工作特殊需要的，(　　)按照规定破格或者越级晋升。

A. 应当　　B. 应该
C. 可以　　D. 必须

11. 公务员晋升领导职务的，应当按照有关规定实行任职前(　　)和任职试用期制度。

A. 公示制度　　B. 宣誓制度
C. 公告制度　　D. 考察制度

12. 公务员的职务、职级实行(　　)。

A. 优胜劣汰　　B. 能上能下
C. 优进劣退　　D. 择优退劣

13. 奖励分为：(　　)、记三等功、记二等功、记一等功、授予称号。

A. 嘉奖　　B. 奖励
C. 表彰　　D. 表扬

14. 机关应当对公务员的思想政治、履行职责、(　　)、遵纪守法等情况进行监督，开展勤政廉政教育，建立日常管理监督制度。

A. 道德素质　　B. 作风表现
C. 工作实绩　　D. 廉洁奉公

15. 国家有计划地加强对优秀(　　)的培训。
A. 年轻领导　　B. 年轻公务员
C. 青年公务员　　D. 青年领导

16. 因地域或者工作性质特殊，需要变通执行任职回避的，由(　　)公务员主管部门规定。
A. 县级以上　　B. 市级以上
C. 省级以上　　D. 中央

17. 公务员工资制度贯彻(　　)的原则，体现工作职责、工作能力、工作实绩、资历等因素，保持不同领导职务、职级、级别之间的合理工资差距。
A. 按劳分配　　B. 按需分配
C. 按资历分配　　D. 按职务分配

18. 辞退决定应当以(　　)通知被辞退的公务员，并应当告知辞退依据和理由。
A. 书面形式　　B. 口头形式
C. 公告形式　　D. 邮寄形式

19. 受理公务员申诉的机关应当自受理之日起(　　)内作出处理决定。
A. 15 日　　B. 30 日
C. 60 日　　D. 90 日

20. 公务员认为机关及其领导人员侵犯其合法权益的，可以依法向上级机关或者(　　)提出控告。
A. 公安机关　　B. 司法机关
C. 监察机关　　D. 检察机关

(三) 多项选择题

1. 公务员的(　　)，适用《公务员法》。
A. 义务　　B. 权力
C. 权利　　D. 管理

2. 公务员的管理，坚持(　　)的原则，依照法定的权限、条件、标准和程序进行。

A. 公开　　B. 平等

C. 竞争　　D. 择优

3. 公务员享有(　　)，不被免职、降职、辞退或者处分的权利。

A. 非因法定事由　　B. 非因法定情节

C. 非经法定程序　　D. 非经正当程序

4. 各机关依照确定的职能、编制限额、(　　)以及结构比例，设置本机关公务员的具体职位，并确定各职位的工作职责和任职资格条件。

A. 规模　　B. 规格

C. 人数　　D. 职数

5. 招录机关根据考试成绩确定考察人选，并进行报考(　　)。

A. 资格复审　　B. 考察

C. 政审　　D. 体检

6. 公务员的考核应当按照管理权限，全面考核公务员的德、能、勤、绩、廉，重点考核(　　)。

A. 政治素质　　B. 道德品质

C. 工作实绩　　D. 廉洁奉公

7. 定期考核的结果作为调整公务员职位、职务、职级、级别、工资以及公务员(　　)的依据。

A. 奖励　　B. 辞退

C. 培训　　D. 晋升

8. 公务员职级应当逐级晋升，根据个人(　　)，参考民主推荐或者民主测评结果确定人选，经公示后，按照管理权限审批。

A. 德才表现　　B. 工作实绩

C. 任职资历　　D. 政治素质

9. 公务员或者公务员集体有(　　)，撤销奖励。

A. 弄虚作假，骗取奖励的

B. 申报奖励时隐瞒严重错误或者严重违反规定程序的

C. 有严重违纪违法等行为，影响称号声誉的

D. 打架斗殴的

10. 公务员应当遵纪守法，不得(　　)。

A. 组织或者参加非法组织，组织或者参加罢工

B. 拒绝执行上级依法作出的决定和命令

C. 违反职业道德、社会公德和家庭美德

D. 不担当，不作为，玩忽职守，贻误工作

11. 公务员担任(　　)及其有关部门主要领导职务的，应当按照有关规定实行地域回避。

A. 乡级机关　　B. 县级机关

C. 设区的市级机关　　D. 省级机关

12. 公务员按照国家规定享受(　　)等津贴。

A. 地区附加津贴　　B. 中西部基层就业津贴

C. 艰苦边远地区津贴　　D. 岗位津贴

13. 公务员有(　　)情形的，不得辞去公职。

A. 未满国家规定的最低服务年限的

B. 重要公务尚未处理完毕，且须由本人继续处理的

C. 在涉及国家秘密等特殊职位任职或者离开上述职位不满国家规定的脱密期限的

D. 违法行政法规，正在接受行政处罚的

14. 公务员有(　　)情形的，不得辞退。

A. 因公致残，被确认丧失或者部分丧失工作能力的

B. 患病或者负伤，在规定的医疗期内的

C. 女性公务员在孕期、产假、哺乳期内的

D. 旷工或者因公外出、请假期满无正当理由逾期不归连续超过 15 天

15. 公务员提出申诉、控告，应当尊重事实，不得捏造事实，(　　)他人。

A. 诬告　　B. 诋毁

C. 侮辱　　D. 陷害

（四）填空题

1. 公务员是____的重要组成部分，是社会主义事业的中坚力量，是人民的____。

2. 公务员应当具有正常履行职责的____和____。
3. 公务员应当忠于宪法，模范遵守、自觉维护____和____，自觉接受____领导。
4. 公务员的领导职务、职级应当对应相应的____。根据工作需要和领导职务与职级的对应关系，公务员担任的领导职务和职级可以互相____、____；符合规定资格条件的，可以晋升领导职务或者职级。
5. 公务员录用考试采取____等方式进行，考试内容根据公务员应当具备的____和不同____、不同____分别设置。
6. 非领导成员公务员的定期考核，先由____按照职位职责和有关要求进行总结，主管领导在听取____后，提出考核等次建议，由本机关____或者授权的____确定考核等次。
7. 公务员因违纪违法应当承担纪律责任的，依照《公务员法》给予处分或者由____依法给予____；违纪违法行为情节轻微，经批评教育后改正的，可以____。
8. 受处分的期间为：警告，____；记过，____；记大过，____；降级、撤职，____。
9. 公务员在不同职位之间转任应当具备拟任职位所要求的____，在规定的____和职数内进行。
10. 根据工作需要，机关可以采取____选派公务员承担重大工程、重大项目、____或者其他专项工作。
11. 国家根据____水平提高公务员的福利待遇。
12. 担任领导职务的公务员，因工作变动依照法律规定需要辞去现任职务的，应当履行____。
13. 被辞退的公务员，____领取辞退费或者根据国家有关规定享受____。
14. 受理公务员申诉的机关应当自受理之日起____内作出处理决定；案情复杂的，可以适当延长，但是延长时间不得超过____。复核、申诉期间____人事处理的执行。
15. 公务员申诉的受理机关审查认定人事处理有错误的，原处理机关应当及时____。

（五）简答题

1. 简述《公务员法》中规定的公务员应当履行的义务。
2. 简述不得录用为公务员的人员。
3. 简述给予公务员或者公务员集体奖励的情形。
4. 公务员应当遵纪守法，简述公务员不得有的违纪违法行为。
5. 简述公务员执行公务时应当回避的情形。
6. 简述公务员应当予以辞退的情形。

参考答案

（一）判断题

1. √，解析：根据《公务员法》第 4 条规定。
2. ×，解析：根据《公务员法》第 8 条规定，国家对公务员实行分类管理。
3. √，解析：根据《公务员法》第 14 条第 5 项规定。
4. ×，解析：根据《公务员法》第 19 条第 3 款规定，综合管理类以外其他职位类别公务员的职级序列，根据本法由国家另行规定。
5. √，解析：根据《公务员法》第 21 条第 1 款规定。
6. ×，解析：根据《公务员法》第 23 条第 1 款规定，录用担任一级主任科员以下及其他相当职级层次的公务员，采取公开考试、严格考察、平等竞争、择优录取的办法。
7. √，解析：根据《公务员法》第 34 条规定。
8. ×，解析：根据《公务员法》第 38 条第 2 款规定，定期考核的结果应当以书面形式通知公务员本人。
9. ×，解析：根据《公务员法》第 40 条第 1 款规定，公务员职级实行委任制和聘任制。
10. √，解析：根据《公务员法》第 43 条规定。
11. ×，解析：根据《公务员法》第 51 条第 1 款规定，奖励坚持定期奖励与及时奖励相结合，精神奖励与物质奖励相结合、以精神奖励为主的原则。
12. √，解析：根据《公务员法》第 63 条第 3 款规定。
13. ×，解析：根据《公务员法》第 65 条第 1 款规定，公务员受开除以外的处分，在受处分期间有悔改表现，并且没有再发生违纪违法行为的，处分期满后自动解除。

14. ×，解析：根据《公务员法》第 66 条第 2 款规定，机关根据需要也可以委托其他培训机构承担公务员培训任务。

15. ×，解析：根据《公务员法》第 69 条第 2 款规定，公务员可以在公务员和参照本法管理的工作人员队伍内部交流，也可以与国有企业和不参照本法管理的事业单位中从事公务的人员交流。

16. √，解析：根据《公务员法》第 71 条第 3 款规定。

17. √，解析：根据《公务员法》第 84 条规定。

18. ×，解析：根据《公务员法》第 85 条第 2 款规定，任免机关应当自接到申请之日起 30 日内予以审批。

19. ×，解析：根据《公务员法》第 92 条规定，公务员达到国家规定的退休年龄或者完全丧失工作能力的，应当退休。

20. ×，解析：根据《公务员法》第 95 条第 2 款规定，对省级以下机关作出的申诉处理决定不服的，可以向作出处理决定的上一级机关提出再申诉。

（二）单项选择题

1. B，解析：根据《公务员法》第 6 条规定，公务员的管理，坚持监督约束与激励保障并重的原则。

2. A，解析：根据《公务员法》第 7 条规定，公务员的任用，坚持德才兼备、以德为护。

3. C，解析：根据《公务员法》第 11 条规定，公务员工资、福利、保险以及录用、奖励、培训、辞退等所需经费，列入财政预算，予以保障。

4. B，解析：根据《公务员法》第 13 条第 2 项规定，公务员应当具备下列条件：（2）年满 18 周岁。

5. C，解析：根据《公务员法》第 22 条规定，国家根据人民警察、消防救援人员以及海关、驻外外交机构等公务员的工作特点，设置与其领导职务、职级相对应的衔级。

6. A，解析：根据《公务员法》第 24 条规定，地方各级机关公务员的录用，由省级公务员主管部门负责组织，必要时省级公务员主管部门可以授权设区的市级公务员主管部门组织。

7. D，解析：根据《公务员法》第 36 条规定，公务员的考核分为平时考核、专项考核和定期考核等方式。

8. C，解析：根据《公务员法》第 41 条规定，选任制公务员在选举结果生效时即任当选职务。
9. D，解析：根据《公务员法》第 42 条规定，委任制公务员试用期满考核合格，职务、职级发生变化，以及其他情形需要任免职务、职级的，应当按照管理权限和规定的程序任免。
10. C，解析：根据《公务员法》第 45 条第 2 款规定，特别优秀的或者工作特殊需要的，可以按照规定破格或者越级晋升。
11. A，解析：根据《公务员法》第 48 条规定，公务员晋升领导职务的，应当按照有关规定实行任职前公示制度和任职试用期制度。
12. B，解析：根据《公务员法》第 50 条规定，公务员的职务、职级实行能上能下。
13. A，解析：根据《公务员法》第 53 条第 1 款规定，奖励分为：嘉奖、记三等功、记二等功、记一等功、授予称号。
14. B，解析：根据《公务员法》第 57 条第 1 款规定，机关应当对公务员的思想政治、履行职责、作风表现、遵纪守法等情况进行监督，开展勤政廉政教育，建立日常管理监督制度。
15. B，解析：根据《公务员法》第 67 条第 2 款规定，国家有计划地加强对优秀年轻公务员的培训。
16. C，解析：根据《公务员法》第 74 条第 3 款规定，因地域或者工作性质特殊，需要变通执行任职回避的，由省级以上公务员主管部门规定。
17. A，解析：根据《公务员法》第 79 条第 2 款规定，公务员工资制度贯彻按劳分配的原则，体现工作职责、工作能力、工作实绩、资历等因素，保持不同领导职务、职级、级别之间的合理工资差距。
18. A，解析：根据《公务员法》第 90 条第 1 款规定，辞退决定应当以书面形式通知被辞退的公务员，并应当告知辞退依据和理由。
19. C，解析：根据《公务员法》第 96 条第 2 款规定，受理公务员申诉的机关应当自受理之日起 60 日内作出处理决定；案情复杂的，可以适当延长，但是延长时间不得超过 30 日。
20. C，解析：根据《公务员法》第 98 条规定，公务员认为机关及其领导人员侵犯其合法权益的，可以依法向上级机关或者监察机关提出控告。

（三）多项选择题

1. ACD，解析：根据《公务员法》第 3 条第 1 款规定，公务员的义务、权利和管理，适用本法。

2. ABCD，解析，根据《公务员法》第5条规定，公务员的管理，坚持公开、平等、竞争、择优的原则，依照法定的权限、条件、标准和程序进行。
3. AC，解析：根据《公务员法》第15条第2项规定，公务员享有下列权利：（2）非因法定事由、非经法定程序，不被免职、降职、辞退或者处分。
4. BD，解析，根据《公务员法》第20条规定，各机关依照确定的职能、规格、编制限额、职数以及结构比例，设置本机关公务员的具体职位，并确定各职位的工作职责和任职资格条件。
5. ABD，解析：根据《公务员法》第31条规定，招录机关根据考试成绩确定考察人选，并进行报考资格复审、考察和体检。
6. AC，解析：根据《公务员法》第35条规定，公务员的考核应当按照管理权限，全面考核公务员的德、能、勤、绩、廉，重点考核政治素质和工作实绩。
7. ABC，解析：根据《公务员法》第39条规定，定期考核的结果作为调整公务员职位、职务、职级、级别、工资以及公务员奖励、培训、辞退的依据。
8. ABC，解析：根据《公务员法》第49条规定，公务员职级应当逐级晋升，根据个人德才表现、工作实绩和任职资历，参考民主推荐或者民主测评结果确定人选，经公示后，按照管理权限审批。
9. ABC，解析：根据《公务员法》第56条规定，公务员或者公务员集体有下列情形之一的，撤销奖励：（1）弄虚作假，骗取奖励的；（2）申报奖励时隐瞒严重错误或者严重违反规定程序的；（3）有严重违纪违法等行为，影响称号声誉的；（4）有法律、法规规定应当撤销奖励的其他情形的。
10. ABCD，解析：根据《公务员法》第59条第2项、第4项、第5项、第14项规定，公务员应当遵纪守法，不得有下列行为：（2）组织或者参加非法组织，组织或者参加罢工；（4）不担当，不作为，玩忽职守，贻误工作；（5）拒绝执行上级依法作出的决定和命令；（14）违反职业道德、社会公德和家庭美德。
11. ABC，解析：根据《公务员法》第75条规定，公务员担任乡级机关、县级机关、设区的市级机关及其有关部门主要领导职务的，应当按照有关规定实行地域回避。
12. ACD，解析：根据《公务员法》第80条第2款规定，公务员按照国家规定享受地区附加津贴、艰苦边远地区津贴、岗位津贴等津贴。

13. ABC，解析：根据《公务员法》第 86 条规定，公务员有下列情形之一的，不得辞去公职：（1）未满国家规定的最低服务年限的；（2）在涉及国家秘密等特殊职位任职或者离开上述职位不满国家规定的脱密期限的；（3）重要公务尚未处理完毕，且须由本人继续处理的；（4）正在接受审计、纪律审查、监察调查，或者涉嫌犯罪，司法程序尚未终结的；（5）法律、行政法规规定的其他不得辞去公职的情形。
14. ABC，解析：根据《公务员法》第 89 条规定，对有下列情形之一的公务员，不得辞退：（1）因公致残，被确认丧失或者部分丧失工作能力的；（2）患病或者负伤，在规定的医疗期内的；（3）女性公务员在孕期、产假、哺乳期内的；（4）法律、行政法规规定的其他不得辞退的情形。
15. AD，解析：根据《公务员法》第99条规定，公务员提出申诉、控告，应当尊重事实，不得捏造事实，诬告、陷害他人。

（四）填空题

1. 干部队伍；公仆。（《公务员法》第 2 条第 2 款）
2. 身体条件；心理素质。（《公务员法》第 13 条第 5 项）
3. 宪法；法律；中国共产党。（《公务员法》第 14 条第 1 项）
4. 级别；转任；兼任。（《公务员法》第 21 条第 1 款、第 2 款）
5. 笔试和面试；基本能力；职位类别；层级机关。（《公务员法》第 30 条）
6. 个人；群众意见；负责人；考核委员会。（《公务员法》第 37 条第 1 款）
7. 监察机关；政务处分；免予处分。（《公务员法》第 61 条第 1 款）
8. 6 个月；12 个月；18 个月；24 个月。（《公务员法》第 64 条第 2 款）
9. 资格条件；编制限额。（《公务员法》第 71 条第 1 款）
10. 挂职方式；重点任务。（《公务员法》第 72 条第 1 款）
11. 经济社会发展。（《公务员法》第 82 条第 1 款）
12. 辞职手续。（《公务员法》第 87 条第 1 款）
13. 可以；失业保险。（《公务员法》第 90 条第 2 款）
14. 60 日；30 日；不停止。（《公务员法》第 96 条第 1 款、第 2 款）
15. 予以纠正。（《公务员法》第 97 条）

（五）简答题

1. 答：根据《公务员法》第 14 条规定，公务员应当履行下列义务：（1）忠于宪法，模范遵守、自觉维护宪法和法律，自觉接受中国共产党领导；（2）忠于国家，维护国家的安全、荣誉和利益；（3）忠于人民，全心全意为人民服务，接受人民监督；（4）忠于职守，勤勉尽责，服从和执行上级依法作出的决定和命令，按照规定的权限和程序履行职责，努力提高工作质量和效率；（5）保守国家秘密和工作秘密；（6）带头践行社会主义核心价值观，坚守法治，遵守纪律，恪守职业道德，模范遵守社会公德、家庭美德；（7）清正廉洁，公道正派；（8）法律规定的其他义务。

2. 答：根据《公务员法》第 26 条规定，下列人员不得录用为公务员：（1）因犯罪受过刑事处罚的；（2）被开除中国共产党党籍的；（3）被开除公职的；（4）被依法列为失信联合惩戒对象的；（5）有法律规定不得录用为公务员的其他情形的。

3. 答：根据《公务员法》第 52 条规定，公务员或者公务员集体有下列情形之一的，给予奖励：（1）忠于职守，积极工作，勇于担当，工作实绩显著的；（2）遵纪守法，廉洁奉公，作风正派，办事公道，模范作用突出的；（3）在工作中有发明创造或者提出合理化建议，取得显著经济效益或者社会效益的；（4）为增进民族团结，维护社会稳定做出突出贡献的；（5）爱护公共财产，节约国家资财有突出成绩的；（6）防止或者消除事故有功，使国家和人民群众利益免受或者减少损失的；（7）在抢险、救灾等特定环境中做出突出贡献的；（8）同违纪违法行为作斗争有功绩的；（9）在对外交往中为国家争得荣誉和利益的；（10）有其他突出功绩的。

4. 答：根据《公务员法》第 59 条规定，公务员应当遵纪守法，不得有下列行为：（1）散布有损宪法权威、中国共产党和国家声誉的言论，组织或者参加旨在反对宪法、中国共产党领导和国家的集会、游行、示威等活动；（2）组织或者参加非法组织，组织或者参加罢工；（3）挑拨、破坏民族关系，参加民族分裂活动或者组织、利用宗教活动破坏民族团结和社会稳定；（4）不担当，不作为，玩忽职守，贻误工作；（5）拒绝执行上级依法作出的决定和命令；（6）对批评、申诉、控告、检举进行压制或者打击报复；（7）弄虚作假，误导、欺骗领导和公众；（8）贪污贿赂，利用职务之便为自己或者他人谋取私利；（9）违反财经纪律，浪费国家资财；（10）滥用职权，侵害公民、法人或者其他组织的合法权益；（11）泄露国家秘密或者工作秘密；（12）在对外交往中损害国家荣誉和利益；（13）参与或者支持色情、吸毒、赌博、迷信等活动；（14）违反职业道德、社会公德和家庭美德；（15）违反有关规定参与禁止的网络传播行为或者网络活动；（16）违反有关规定从事或者参与营利性活动，在企业或者其他营利性组织中兼任职务；（17）旷工或者因公外出、请假期满无正当理由逾期不归；（18）违纪违法的其他行为。

5. 答：根据《公务员法》第 76 条规定，公务员执行公务时，有下列情形之一的，应当回避：（1）涉及本人利害关系的；（2）涉及与本人有本法第 74 条第 1 款所列亲属关系人员的利害关系的；（3）其他可能影响公正执行公务的。

6. 答：根据《公务员法》第 88 条规定，公务员有下列情形之一的，予以辞退：（1）在年度考核中，连续 2 年被确定为不称职的；（2）不胜任现职工作，又不接受其他安排的；（3）因所在机关调整、撤销、合并或者缩减编制员额需要调整工作，本人拒绝合理安排的；（4）不履行公务员义务，不遵守法律和公务员纪律，经教育仍无转变，不适合继续在机关工作，又不宜给予开除处分的；（5）旷工或者因公外出、请假期满无正当理由逾期不归连续超过 15 天，或者 1 年内累计超过 30 天的。

十九、公职人员政务处分法

（一）判断题

1. 公职人员任免机关、单位应当按照管理权限，加强对公职人员的监督，依法给予违法的公职人员政务处分。（　　）
2. 给予公职人员政务处分，坚持党管干部原则，集体讨论决定。（　　）
3. 公职人员二人以上共同违法，给予相同的政务处分。（　　）
4. 在共同违法行为中起次要或者辅助作用，违法行为情节轻微的，可以免予或者不予政务处分。（　　）
5. 公职人员因犯罪被判处管制、拘役或者有期徒刑以上刑罚的，应当予以开除。（　　）
6. 公职人员因犯罪被单处或者并处剥夺政治权利的，应当予以开除。（　　）
7. 公职人员有违法行为，有关机关依照规定给予组织处理的，监察机关可以同时给予政务处分。（　　）
8. 公职人员被开除的，不得录用为公务员（　　）。
9. 已经退休的公职人员退休前或者退休后有违法行为，不再给予政务处分，但是应当按照规定相应调整其享受的待遇。（　　）
10. 弄虚作假，骗取职务、职级、衔级、级别、岗位和职员等级、职称、待遇、资格、学历、学位、荣誉、奖励或者其他利益的，予以警告、记过或者记大过；情节较重的，予以降级或者撤职；情节严重的，予以开除。（　　）
11. 泄露国家秘密、工作秘密，或者泄露因履行职责掌握的商业秘密、个人隐私，造成不良后果或者影响的，予以警告、记过或者记大过；情节较重的，予以降级或者撤职；情节严重的，予以开除。（　　）
12. 作出政务处分决定后，监察机关应当将调查认定的违法事实及拟给予政务处分的依据告知被调查人，听取被调查人的陈述和申辩，并对其陈述

的事实、理由和证据进行核实，记录在案。(   )

13. 监察机关或者上级监察机关发现参与违法案件调查、处理人员有应当回避情形的，可以直接决定该人员回避。(   )
14. 公职人员涉嫌违法，已经被立案调查，不宜继续履行职责的，监察机关可以决定暂停其履行职务。(   )
15. 监察机关发现本机关或者下级监察机关作出的政务处分决定确有错误的，应当及时予以纠正或者责令下级监察机关及时予以纠正。(   )
16. 复审、复核期间，应当停止原政务处分决定的执行。(   )
17. 有关机关拒不执行政务处分决定的，应当由监察机关责令改正，依法给予处理。(   )

(二) 单项选择题

1. 下列哪一项不属于政务处分的种类？(   )

A. 警告　　B. 记过

C. 开除　　D. 罚款

2. 公职人员有下列哪一情形的，可以免予或者不予政务处分？(   )

A. 主动交代本人应当受到政务处分的违法行为的

B. 检举他人违纪违法行为，经查证属实的

C. 在共同违法行为中起次要或者辅助作用的

D. 违法行为情节轻微，主动上交或者退赔违法所得的

3. 对公职人员的下列情形，不应当从重给予政务处分的是：(   )

A. 在政务处分期内再次因过失违法，应当受到政务处分的

B. 阻止他人检举、提供证据的

C. 包庇同案人员的

D. 胁迫、唆使他人实施违法行为的

4. 关于公职人员违法取得的财物，下列哪一说法是不正确的？(   )

A. 除依法应当由其他机关没收、追缴或者责令退赔的，由监察机关没收、追缴或者责令退赔

B. 应当退还原所有人或者原持有人的，依法予以退还

C. 属于国家财产的，上缴国库

D. 不应当退还以及无法退还的，予以提存

5. 公职人员的下列哪一行为不应当受到政务处分？（　　）

A. 默许特定关系人利用本人职权或者职务上的影响谋取私利的

B. 拒不按照规定纠正特定关系人违规任职、兼职或者从事经营活动，且不服从职务调整的

C. 接受、提供可能影响公正行使公权力的宴请、旅游、健身、娱乐等活动安排，情节较轻的

D. 违反规定公款消费的

6. 关于监察机关政务处分调查程序，下列说法哪一项是错误的？（　　）

A. 可以由一名工作人员进行

B. 有权依法向有关单位和个人了解情况，有关单位和个人应当如实提供

C. 严禁以威胁、引诱、欺骗及其他非法方式收集证据

D. 以非法方式收集的证据不得作为给予政务处分的依据

7. 关于调查人员的回避，下列哪一项是不正确的？（　　）

A. 担任过本案的证人的调查人员，应当回避

B. 上级监察机关发现参与违法案件调查、处理人员有应当回避情形的，可以直接决定该人员回避

C. 监察机关负责人的回避，由上级监察机关决定

D. 其他参与违法案件调查、处理人员的回避，由本级监察机关讨论决定

8. 公职人员依法受到刑事责任追究，对此下列哪一说法是正确的？（　　）

A. 监察机关不再给予政务处分

B. 监察机关仍可以自行调查，作出政务处分

C. 监察机关应当根据司法机关的生效判决、裁定、决定及其认定的事实和情节，给予政务处分

D. 应由该公职人员所在单位对其作出处分

9. 公职人员依法受到行政处罚的，对此下列哪一说法是正确的？（　　）

A. 不影响监察机关对其给予政务处分

B. 监察机关应当给予其政务处分

C. 监察机关对其作出政务处分，无须再经立案调查核实

D. 监察机关作出政务处分的，应当根据行政处罚决定认定的事实和情节作出

10. 司法机关、行政机关依法改变原生效判决、裁定、决定等，对原政务处分决定产生影响的，监察机关应当如何处理？（　　）

A. 无需对原政务处分作出处理

B. 应当撤销原政务处分

C. 应当重新立案调查，重新作出处分决定

D. 应当根据改变后的判决、裁定、决定等重新作出相应处理

11. 监察机关对各级人民代表大会代表给予政务处分的，应当（　　）。

A. 经该人民代表大会批准

B. 经该人民代表大会常务委员会批准

C. 向有关的人民代表大会通报

D. 向有关的人民代表大会常务委员会通报

12. 下级监察机关根据上级监察机关的指定管辖决定进行调查的案件，调查终结后，对不属于本监察机关管辖范围内的监察对象，应当如何处理？（　　）

A. 交有管理权限的监察机关作出政务处分决定

B. 自行作出政务处分决定

C. 提请上级监察机关作出政务处分决定

D. 提请上级监察机关重新指定有管理权限的监察机关作出政务处分决定

13. 公职人员在被监察机关立案调查期间，下列做法哪一项是不正确的？（　　）

A. 未经监察机关同意，不得出境

B. 不得晋升职务

C. 不得办理退休手续

D. 公职人员所在机关可以对其作出处分

14. 对于受到降级以上政务处分的，应当由人事部门按照管理权限在作出政务处分决定后（　　）个月内办理职务、工资及其他有关待遇等的变更手续；特殊情况下，经批准可以适当延长办理期限，但是最长不得超过（　　）个月。

A. 1；6　　B. 2；6

C. 1；3　　D. 1；12

15. 公职人员对监察机关作出的涉及本人的政务处分决定不服，可以采取的救济措施是：（　　）

A. 直接向上一级监察机关申请复核

B. 向上一级监察机关投诉

C. 向作出决定的监察机关申请复审

D. 向人民法院提起行政诉讼

16. 因监察机关的过错导致政务处分被撤销的，对相关公职人员薪酬待遇受到的损失应当（　　）。

A. 予以赔偿　　B. 予以补偿

C. 不予赔偿　　D. 不予补偿

（三）多项选择题

1. 关于政务处分的期间，下列说法正确的是：（　　）

A. 记过，6 个月　　B. 记大过，12 个月

C. 降级，24 个月　　D. 撤职，24 个月

2. 下列情形可以免予或者不予政务处分的是：（　　）

A. 违法行为情节轻微，并主动交代本人应当受到政务处分的违法行为的

B. 主动采取措施，有效避免、挽回损失或者消除不良影响的

C. 因不明真相被裹挟或者被胁迫参与违法活动，经批评教育后确有悔改表现的

D. 在共同违法行为中起次要或者辅助作用，经批评教育后确有悔改表现的

3. 公职人员犯罪，有下列哪些情形之一的，予以开除？（　　）

A. 因故意犯罪被判处有期徒刑 1 年的

B. 因过失犯罪被判处有期徒刑 5 年的

C. 因犯罪被剥夺政治权利的

D. 因犯罪被单处罚金，造成不良影响的

4. 公职人员有两个以上违法行为的，应当如何处理？（　　）

A. 分别确定政务处分

B. 给予两种以上政务处分的，执行其中最重的政务处分

C. 给予撤职以下多个相同政务处分的，执行其中最重的政务处分

D. 给予撤职以下多个相同政务处分的，处分期最长不得超过 2 年

5. 对于公职人员的处分，下列哪些说法是不正确的？（　　）

A. 对公职人员的同一违法行为，监察机关和公职人员任免机关、单位不得重复给予政务处分和处分

B. 公职人员有违法行为，有关机关依照规定给予组织处理的，监察机关不再给予政务处分

C. 担任领导职务的公职人员有违法行为，被免去领导职务的，监察机关不再给予政务处分

D. 担任领导职务的公职人员有违法行为，主动辞去领导职务的，监察机关不再给予政务处分

6. 张某受到撤职的政务处分，关于处分的解除，下列哪些选项是错误的？（　　）

A. 在政务处分期内有悔改表现，并且没有再发生应当给予政务处分的违法行为的，由监察机关作出解除处分的决定

B. 解除处分的，晋升职务、职级、衔级、级别、岗位和职员等级、职称、薪酬待遇不再受原政务处分影响

C. 解除处分的，不恢复原职务、职级、衔级、级别、岗位和职员等级、职称、薪酬待遇

D. 处分期满后即自动解除

7. 对已经退休的公职人员在退休后的违法行为，下列哪些说法是正确的？（　　）

A. 应当给予政务处分

B. 可以对其立案调查

C. 降低其享受的待遇

D. 违法取得的财物，除依法应当由其他机关没收、追缴或者责令退赔的，由监察机关没收、追缴或者责令退赔

8. 对公职人员的下列哪些行为，应当予以政务处分？（　　）

A. 违反个人有关事项报告规定，隐瞒不报的

B. 篡改、伪造本人档案资料的

C. 拒不执行或者变相不执行、拖延执行上级依法作出的决定、命令的

D. 违反规定取得外国国籍或者获取境外永久居留资格、长期居留许可的

9. 关于监察机关政务处分程序，下列哪些是正确的？（　　）

A. 作出政务处分决定前，应当告知被调查人违法事实及拟给予政务处分的依据

B. 听取被调查人的陈述和申辩

C. 被调查人提出的事实、理由和证据成立的，应予采纳

D. 被调查人申辩的，可以对其加重处分

10. 调查终结后，监察机关作出的下列处理哪些是正确的？（　　）

A. 违法事实不能成立的，撤销案件

B. 符合免予、不予政务处分条件的，撤销案件

C. 确有应受政务处分的违法行为的，按照政务处分决定权限，履行规定的审批手续后，作出政务处分决定

D. 被调查人涉嫌其他违法或者犯罪行为的，依法移送主管机关处理

11. 监察机关欲对经县级以上各级人民代表大会常务委员会决定任命的公职人员予以撤职、开除，其下列哪些做法是不正确的？（　　）

A. 可以直接作出政务处分决定

B. 应当经该人民代表大会常务委员会决定后，在作出政务处分决定

C. 应当先依法撤销或者免去其职务，再作出政务处分决定

D. 应当提请上一级监察机关作出政务处分决定

12. 有下列哪些情形之一的，复审、复核机关应当撤销原政务处分决定，重新作出决定或者责令原作出决定的监察机关重新作出决定？（　　）

A. 政务处分所依据的违法事实不清

B. 政务处分所依据的证据不足的

C. 违反法定程序的

D. 超越职权作出政务处分决定的

13. 有下列哪些情形之一的，复审、复核机关应当变更原政务处分决定，或者责令原作出决定的监察机关予以变更？（　　）

A. 适用法律、法规确有错误的

B. 滥用职权作出政务处分决定的

C. 对违法行为的情节认定确有错误的

D. 政务处分不当的

14. 有关机关、单位、组织或者人员有下列哪些情形之一的，由其上级机关，主管部门，任免机关、单位或者监察机关责令改正，依法给予处理？（　　）

A. 拒不配合或者阻碍调查的

B. 对检举人、证人或者调查人员进行打击报复的

C. 诬告陷害公职人员的

D. 拒不采纳监察建议的

（四）填空题

1. 公职人员依法履行职责受法律保护，非因____、非经____，不受政务处分。

2. 政务处分的种类包括：____、记过、____、____、____、____。

3. 政务处分决定自____之日起生效，政务处分期自____之日起计算。

4. 公职人员二人以上____，根据各自在违法行为中所起的作用和应当承担的法律责任，分别给予政务处分____。

5. 在共同违法行为中起____或者____作用的，可以从轻或者减轻给予政务处分。

6. 在政务处分期内再次____违法，应当受到____的，应当从重给予政务处分。

7. 公职人员因犯罪被____罚金，或者犯罪情节轻微，人民检察院依法作出____决定或者人民法院依法____的，予以撤职；造成不良影响的，予以开除。

8. 公务员以及参照《中华人民共和国公务员法》管理的人员在政务处分期内，不得晋升____、____、____和____；其中，被记过、记大过、降级、撤职的，不得晋升____。被撤职的，按照规定降低职务、职级、衔级和级别，同时降低工资和待遇。

9. 公职人员因违法行为获得的职务、职级、衔级、级别、岗位和职员等级、职称、待遇、资格、学历、学位、荣誉、奖励等其他利益，监察机关应当____有关机关、单位、组织按规定予以纠正。

10. 已经退休的公职人员退休前或者退休后有违法行为的，不再给予政务处分，但是可以对其____；依法应当予以降级、撤职、开除的，应当按照规定____其享受的待遇。
11. 违反____原则，个人或者少数人决定重大事项，或者拒不执行、擅自改变____作出的重大决定的，予以警告、记过或者记大过；情节严重的，予以降级或者撤职。
12. 违反规定从事或者参与____活动，或者违反规定____职务、领取报酬的，予以警告、记过或者记大过；情节较重的，予以降级或者撤职；情节严重的，予以开除。
13. 监察机关对涉嫌违法的公职人员进行调查，应当由____名以上工作人员进行。监察机关进行调查时，有权依法向有关单位和个人了解情况，收集、调取____。有关单位和个人应当____。
14. 作出政务处分决定前，监察机关应当将调查认定的____及拟给予政务处分的____告知被调查人，听取被调查人的____。不得因被调查人的申辩而____政务处分。
15. 政务处分决定书应当及时送达____，并____宣布。作出政务处分决定后，监察机关应当根据被处分人的具体身份____告知相关的机关、单位。
16. 监察机关对经中国人民政治协商会议各级委员会全体会议或者其常务委员会选举或者决定任命的公职人员予以撤职、开除的，应当先____，再依法作出政务处分决定。
17. 公职人员涉嫌违法，已经被立案调查，不宜继续履行职责的，公职人员任免机关、单位可以决定____其履行职务。
18. 监察机关在调查中发现公职人员受到不实检举、控告或者诬告陷害，造成不良影响的，应当按照规定及时____，____，消除不良影响。
19. 复审、复核期间，____原政务处分决定的执行。
20. 有关机关或者人员拒不配合或者阻碍调查的，由其____，____，____或者____责令改正，依法给予处理。

（五）简答题

1. 简述政务处分的种类及其处分期间。

2. 简述对公职人员可以从轻或者减轻给予政务处分的情形。
3. 简述对公职人员应当从重给予政务处分的情形。
4. 简述因公职人员犯罪予以开除的情形。
5. 简述在公职人员有两个以上违法行为时，应当如何作出政务处分。
6. 简述对已经退休的公职人员违法行为的处理。
7. 简述政务处分的调查程序。
8. 简述政务处分调查人员的回避事由。
9. 简述公职人员对政务处分的救济途径。
10. 简述政务处分决定被撤销后应当如何处理。

参考答案

（一）判断题

1. ×，解析：根据《公职人员政务处分法》第 3 条第 1 款规定，监察机关应当按照管理权限，加强对公职人员的监督，依法给予违法的公职人员政务处分。
2. √，解析：根据《公职人员政务处分法》第 4 条规定。
3. ×，解析：根据《公职人员政务处分法》第 9 条规定，公职人员二人以上共同违法，根据各自在违法行为中所起的作用和应当承担的法律责任，分别给予政务处分。
4. ×，解析：根据《公职人员政务处分法》第 12 条第 1 款规定，公职人员违法行为情节轻微，且具有本法第 11 条规定的情形之一的，可以对其进行谈话提醒、批评教育、责令检查或者予以诫勉，免予或者不予政务处分。
5. ×，解析：根据《公职人员政务处分法》第 14 条第 1 款第 1 项规定，因故意犯罪被判处管制、拘役或者有期徒刑以上刑罚（含宣告缓刑）的，应当予以开除。第 2 款规定，因过失犯罪被判处管制、拘役或者三年以下有期徒刑的，一般应当予以开除；案件情况特殊，予以撤职更为适当的，可以不予开除，但是应当报请上一级机关批准。
6. √，解析：根据《公职人员政务处分法》第 14 条第 1 款第 3 项规定。
7. √，解析：根据《公职人员政务处分法》第 17 条规定。
8. √，解析：根据《公职人员政务处分法》第 24 条规定。
9. ×，解析：根据《公职人员政务处分法》第 27 条第 1 款规定，已经退休的公职人员退休前或者退休后有违法行为的，不再给予政务处分，但是可以对其立案调查；依法应当予以降级、撤职、开除的，应当按照规定相应调整其享受的待遇，对其违法取得的财物和用于违法行为的本人财物依照本法第26条的规定处理。

10. √，解析：根据《公职人员政务处分法》第32条规定。

11. √，解析：根据《公职人员政务处分法》第39条规定。

12. ×，解析：根据《公职人员政务处分法》第43条规定，作出政务处分决定前，监察机关应当将调查认定的违法事实及拟给予政务处分的依据告知被调查人，听取被调查人的陈述和申辩，并对其陈述的事实、理由和证据进行核实，记录在案。

13. √，解析：根据《公职人员政务处分法》第48条第2款规定。

14. ×，解析：根据《公职人员政务处分法》第52条第1款规定，公职人员涉嫌违法，已经被立案调查，不宜继续履行职责的，公职人员任免机关、单位可以决定暂停其履行职务。

15. √，解析：根据《公职人员政务处分法》第55条第2款规定。

16. ×，解析：根据《公职人员政务处分法》第56条第1款规定，复审、复核期间，不停止原政务处分决定的执行。

17. ×，解析：根据《公职人员政务处分法》第62条第1项规定，有关机关、单位、组织或者人员拒不执行政务处分决定的，由其上级机关，主管部门，任免机关、单位或者监察机关责令改正．依法给予处理。

（二）单项选择题

1. D，解析：根据《公职人员政务处分法》第7条规定："政务处分的种类为：（一）警告；（二）记过；（三）记大过；（四）降级；（五）撤职；（六）开除。"

2. D，解析：根据《公职人员政务处分法》第11条规定："公职人员有下列情形之一的，可以从轻或者减轻给予政务处分：（一）主动交代本人应当受到政务处分的违法行为的；（二）配合调查，如实说明本人违法事实的；（三）检举他人违纪违法行为，经查证属实的；（四）主动采取措施，有效避免、挽回损失或者消除不良影响的；（五）在共同违法行为中起次要或者辅助作用的；（六）主动上交或者退赔违法所得的；（七）法律、法规规定的其他从轻或者减轻情节。"第12条第1款规定："公职人员违法行为情节轻微，且具有本法第十一条规定的情形之一的，可以对其进行谈话提醒、批评教育、责令检查或者予以诫勉，免予或者不予政务处分。”

3. A，解析：根据《公职人员政务处分法》第 13 条第 1 项规定，在政务处分期内再次故意违法，应当受到政务处分的，应当从重给予政务处分。据此，过失违法的不从重给予政务处分。
4. D，解析：根据《公职人员政务处分法》第 25 条第 1 款规定，公职人员违法取得的财物和用于违法行为的本人财物，除依法应当由其他机关没收、追缴或者责令退赔的，由监察机关没收、追缴或者责令退赔；应当退还原所有人或者原持有人的，依法予以退还；属于国家财产或者不应当退还以及无法退还的，上缴国库。
5. C，解析：根据《公职人员政务处分法》第 33 条、第 34 条、第 35 条。其中，根据《公职人员政务处分法》第 34 条第 2 款，接受、提供可能影响公正行使公权力的宴请、旅游、健身、娱乐等活动安排，情节较重的，才予以政务处分。
6. A，解析：根据《公职人员政务处分法》第 42 条规定，监察机关对涉嫌违法的公职人员进行调查，应当由二名以上工作人员进行。监察机关进行调查时，有权依法向有关单位和个人了解情况，收集、调取证据。有关单位和个人应当如实提供情况。严禁以威胁、引诱、欺骗及其他非法方式收集证据。以非法方式收集的证据不得作为给予政务处分的依据。
7. D，解析：根据《公职人员政务处分法》第 47、48 条规定，担任过本案的证人的调查人员应当自行回避，被调查人、检举人及其他有关人员也有权要求其回避。监察机关负责人的回避，由上级监察机关决定；其他参与违法案件调查、处理人员的回避，由监察机关负责人决定。监察机关或者上级监察机关发现参与违法案件调查、处理人员有应当回避情形的，可以直接决定该人员回避。
8. C，解析：根据《公职人员政务处分法》第 49 条第 1 款规定，公职人员依法受到刑事责任追究的，监察机关应当根据司法机关的生效判决、裁定、决定及其认定的事实和情节，依照本法规定给予政务处分。
9. A，解析：根据《公职人员政务处分法》第 49 条第 2 款规定，公职人员依法受到行政处罚，应当给予政务处分的，监察机关可以根据行政处罚决定认定的事实和情节，经立案调查核实后，依照本法给予政务处分。
10. D，解析：根据《公职人员政务处分法》第 49 条第 3 款规定，监察机关根据本条第一款、第二款的规定作出政务处分后，司法机关、行政机关依法改变原生效判决、裁定、决定等，对原政务处分决定产生影响的，监察机关应当根据改变后的判决、裁定、决定等重新作出相应处理。

11. D，解析：根据《公职人员政务处分法》第 50 条第 3 款规定，监察机关对各级人民代表大会代表、中国人民政治协商会议各级委员会委员给予政务处分的，应当向有关的人民代表大会常务委员会，乡、民族乡、镇的人民代表大会主席团或者中国人民政治协商会议委员会常务委员会通报。

12. A，解析：根据《公职人员政务处分法》第 51 条规定，下级监察机关根据上级监察机关的指定管辖决定进行调查的案件，调查终结后，对不属于本监察机关管辖范围内的监察对象，应当交有管理权限的监察机关依法作出政务处分决定。

13. D，解析：根据《公职人员政务处分法》第 52 条第 2 款规定，公职人员在被立案调查期间，未经监察机关同意，不得出境、辞去公职；被调查公职人员所在机关、单位及上级机关、单位不得对其交流、晋升、奖励、处分或者办理退休手续。

14. A，解析：根据《公职人员政务处分法》第 54 条规定，公职人员受到政务处分的，应当将政务处分决定书存入其本人档案。对于受到降级以上政务处分的，应当由人事部门按照管理权限在作出政务处分决定后一个月内办理职务、工资及其他有关待遇等的变更手续；特殊情况下，经批准可以适当延长办理期限，但是最长不得超过六个月。

15. C，解析：根据《公职人员政务处分法》第 55 条第 1 款规定，公职人员对监察机关作出的涉及本人的政务处分决定不服的，可以依法向作出决定的监察机关申请复审；公职人员对复审决定仍不服的，可以向上一级监察机关申请复核。

16. B，解析：根据《公职人员政务处分法》第 60 条第 2 款规定，公职人员因有本法第五十七条、第五十八条规定的情形被撤销政务处分或者减轻政务处分的，应当对其薪酬待遇受到的损失予以补偿。

（三）多项选择题

1. CD，解析：根据《公职人员政务处分法》第 8 条第 1 款规定："政务处分的期间为：（一）警告，六个月；（二）记过，十二个月；（三）记大过，十八个月；（四）降级、撤职，二十四个月。"

2. AC，解析：根据《公职人员政务处分法》第 12 条规定，公职人员违法行为情节轻微，且具有本法第十一条规定的情形之一的，可以对其进行谈话提醒、批评教育、责令检查或者予以诫勉，免予或者不予政务处分。公职人员因不明真相被裹挟或者被胁迫参与违法活动，经批评教育后确有悔改表现的，可以减轻、免予或者不予政务处分。

3. ABCD，解析：根据《公职人员政务处分法》第 14 条规定："公职人员犯罪，有下列情形之一的，予以开除：（一）因故意犯罪被判处管制、拘役或者有期徒刑以上刑罚（含宣告缓刑）的；（二）因过失犯罪被判处有期徒刑，刑期超过三年的；（三）因犯罪被单处或者并处剥夺政治权利的。因过失犯罪被判处管制、拘役或者三年以下有期徒刑的，一般应当予以开除；案件情况特殊，予以撤职更为适当的，可以不予开除，但是应当报请上一级机关批准。公职人员因犯罪被单处罚金，或者犯罪情节轻微，人民检察院依法作出不起诉决定或者人民法院依法免予刑事处罚的，予以撤职；造成不良影响的，予以开除。"

4. AB，解析：根据《公职人员政务处分法》第 15 条规定，公职人员有两个以上违法行为的，应当分别确定政务处分。应当给予两种以上政务处分的，执行其中最重的政务处分；应当给予撤职以下多个相同政务处分的，可以在一个政务处分期以上、多个政务处分期之和以下确定政务处分期，但是最长不得超过四十八个月。

5. BCD，解析：根据《公职人员政务处分法》第 16 条规定，对公职人员的同一违法行为，监察机关和公职人员任免机关、单位不得重复给予政务处分和处分。第 17 条规定，公职人员有违法行为，有关机关依照规定给予组织处理的，监察机关可以同时给予政务处分。第 18 条规定，担任领导职务的公职人员有违法行为，被罢免、撤销、免去或者辞去领导职务的，监察机关可以同时给予政务处分。

6. AD，解析：根据《公职人员政务处分法》第 26 条第 2 款规定，公职人员受到开除以外的政务处分，在政务处分期内有悔改表现，并且没有再发生应当给予政务处分的违法行为的，政务处分期满后自动解除，晋升职务、职级、衔级、级别、岗位和职员等级、职称、薪酬待遇不再受原政务处分影响。但是，解除降级、撤职的，不恢复原职务、职级、衔级、级别、岗位和职员等级、职称、薪酬待遇。

7. BD，解析：根据《公职人员政务处分法》第 27 条第 1 款规定，已经退休的公职人员退休前或者退休后有违法行为的，不再给予政务处分，但是可以对其立案调查；依法应当予以降级、撤职、开除的，应当按照规定相应调整其享受的待遇，对其违法取得的财物和用于违法行为的本人财物依照本法第二十五条的规定处理。

8. BCD，解析：根据《公职人员政务处分法》第29条第2款规定，违反个人有关事项报告规定，隐瞒不报，情节较重的，予以警告、记过或者记大过。据此，A项需要情节严重，故错误。BCD项分别符合《公职人员政务处分法》第29条第3款、第30条、第31条规定。

9. ABC，解析：根据《公职人员政务处分法》第43条规定，作出政务处分决定前，监察机关应当将调查认定的违法事实及拟给予政务处分的依据告知被调查人，听取被调查人的陈述和申辩，并对其陈述的事实、理由和证据进行核实，记录在案。被调查人提出的事实、理由和证据成立的，应予采纳。不得因被调查人的申辩而加重政务处分。

10. ACD，解析：根据《公职人员政务处分法》第44条规定："调查终结后，监察机关应当根据下列不同情况，分别作出处理：（一）确有应受政务处分的违法行为的，根据情节轻重，按照政务处分决定权限，履行规定的审批手续后，作出政务处分决定；（二）违法事实不能成立的，撤销案件；（三）符合免予、不予政务处分条件的，作出免予、不予政务处分决定；（四）被调查人涉嫌其他违法或者犯罪行为的，依法移送主管机关处理。"

11. ABD，解析：根据《公职人员政务处分法》第50条第1款规定，监察机关对经各级人民代表大会、县级以上各级人民代表大会常务委员会选举或者决定任命的公职人员予以撤职、开除的，应当先依法罢免、撤销或者免去其职务，再依法作出政务处分决定。

12. ABD，解析：根据《公职人员政务处分法》第57条规定："有下列情形之一的，复审、复核机关应当撤销原政务处分决定，重新作出决定或者责令原作出决定的监察机关重新作出决定：（一）政务处分所依据的违法事实不清或者证据不足的；（二）违反法定程序，影响案件公正处理的；（三）超越职权或者滥用职权作出政务处分决定的。"

13. ACD，解析：根据《公职人员政务处分法》第58条规定："有下列情形之一的，复审、复核机关应当变更原政务处分决定，或者责令原作出决定的监察机关予以变更：（一）适用法律、法规确有错误的；（二）对违法行为的情节认定确有错误的；（三）政务处分不当的。"B项属于应予撤销的情形。

14. ABC，解析：根据《公职人员政务处分法》第62条规定："有关机关、单位、组织或者人员有下列情形之一的，由其上级机关，主管部门，任免机关、单位或者监察机关责令改正，依法给予处理：（一）拒不执行政务处分决定的；（二）拒不配合或者阻碍调查的；（三）对检举人、证人或者调查人员进行打击报复的；（四）诬告陷害公职人员的；（五）其他违反本法规定的情形。”

（四）填空题

1. 法定事由；法定程序。（《公职人员政务处分法》第 6 条）
2. 警告；记大过；降级；撤职；开除。（《公职人员政务处分法》第 7 条）
3. 作出；政务处分决定生效。（《公职人员政务处分法》第 8 条第 2 款）
4. 共同违法。（《公职人员政务处分法》第 9 条）
5. 次要；辅助。（《公职人员政务处分法》第 11 条）
6. 故意；政务处分（《公职人员政务处分法》第 13 条）
7. 单处；不起诉；免予刑事处罚。（《公职人员政务处分法》第 14 条第 3 款）
8. 职务；职级；衔级；级别；工资档次。（《公职人员政务处分法》第 19 条）
9. 建议。（《公职人员政务处分法》第 25 条第 2 款）
10. 立案调查；相应调整。（《公职人员政务处分法》第 27 条第 1 款）
11. 民主集中制；集体。（《公职人员政务处分法》第 30 条）
12. 营利性；兼任。（《公职人员政务处分法》第 36 条）
13. 2；证据；如实提供情况。（《公职人员政务处分法》第 42 条第 1 款）
14. 违法事实；依据；陈述和申辩；加重。（《公职人员政务处分法》第 43 条）
15. 被处分人和被处分人所在机关、单位；在一定范围内；书面。（《公职人员政务处分法》第 46 条）
16. 依章程免去其职务。（《公职人员政务处分法》第 50 条第 2 款）
17. 暂停。（《公职人员政务处分法》第 52 条第 1 款）
18. 澄清事实；恢复名誉。（《公职人员政务处分法》第 53 条）
19. 不停止。（《公职人员政务处分法》第 56 条第 1 款）
20. 上级机关；主管部门；任免机关、单位；监察机关。（《公职人员政务处分法》第 62 条）

（五）简答题

1. 答：根据《公职人员政务处分法》第 7 条规定，政务处分的种类为：（1）警告；（2）记过；（3）记大过；（4）降级；（5）撤职。第 8 条规定，政务处分的期间为：（1）警告，六个月；（2）记过，十二个月；（3）记大过，十八个月；（4）降级、撤职，二十四个月。政务处分决定自作出之日起生效，政务处分期自政务处分决定生效之日起计算。

2. 答：根据《公职人员政务处分法》第11条规定，公职人员有下列情形之一的，可以从轻或者减轻给予政务处分：（1）主动交代本人应当受到政务处分的违法行为的；（2）配合调查，如实说明本人违法事实的；（3）检举他人违纪违法行为，经查证属实的；（4）主动采取措施，有效避免、挽回损失或者消除不良影响的；（5）在共同违法行为中起次要或者辅助作用的；（6）主动上交或者退赔违法所得的；（7）法律、法规规定的其他从轻或者减轻情节。

3. 答：根据《公职人员政务处分法》第13条规定，公职人员有下列情形之一的，应当从重给予政务处分：（1）在政务处分期内再次故意违法，应当受到政务处分的；（2）阻止他人检举、提供证据的；（3）串供或者伪造、隐匿、毁灭证据的；（4）包庇同案人员的；（5）胁迫、唆使他人实施违法行为的；（6）拒不上交或者退赔违法所得的；（7）法律、法规规定的其他从重情节。

4. 答：根据《公职人员政务处分法》第14条规定，公职人员犯罪，有下列情形之一的，予以开除：（1）因故意犯罪被判处管制、拘役或者有期徒刑以上刑罚（含宣告缓刑）的；（2）因过失犯罪被判处有期徒刑，刑期超过三年的；（3）因犯罪被单处或者并处剥夺政治权利的。因过失犯罪被判处管制、拘役或者三年以下有期徒刑的，一般应当予以开除；案件情况特殊，予以撤职更为适当的，可以不予开除，但是应当报请上一级机关批准。公职人员因犯罪被单处罚金，或者犯罪情节轻微，人民检察院依法作出不起诉决定或者人民法院依法免予刑事处罚的，予以撤职；造成不良影响的，予以开除。

5. 答：根据《公职人员政务处分法》第15条规定，公职人员有两个以上违法行为的，应当分别确定政务处分。应当给予两种以上政务处分的，执行其中最重的政务处分；应当给予撤职以下多个相同政务处分的，可以在一个政务处分期以上、多个政务处分期之和以下确定政务处分期，但是最长不得超过48个月。

6. 答：根据《公职人员政务处分法》第27条第1款规定，已经退休的公职人员退休前或者退休后有违法行为的，不再给予政务处分，但是可以对其立案调查；依法应当予以降级、撤职、开除的，应当按照规定相应调整其享受的待遇，对其违法取得的财物和用于违法行为的本人财物依照本法第25条的规定处理。第25条第1款规定，公职人员违法取得的财物和用于违法行为的本人财物，除依法应当由其他机关没收、追缴或者责令退赔的，由监察机关没收、追缴或者责令退赔；应当退还原所有人或者原持有人的，依法予以退还；属于国家财产或者不应当退还以及无法退还的，上缴国库。

7. 答：根据《公职人员政务处分法》第 42 条规定，监察机关对涉嫌违法的公职人员进行调查，应当由二名以上工作人员进行。监察机关进行调查时，有权依法向有关单位和个人了解情况，收集、调取证据。有关单位和个人应当如实提供情况。严禁以威胁、引诱、欺骗及其他非法方式收集证据。以非法方式收集的证据不得作为给予政务处分的依据。

   第 43 条规定，作出政务处分决定前，监察机关应当将调查认定的违法事实及拟给予政务处分的依据告知被调查人，听取被调查人的陈述和申辩，并对其陈述的事实、理由和证据进行核实，记录在案。被调查人提出的事实、理由和证据成立的，应予采纳。不得因被调查人的申辩而加重政务处分。

8. 答：根据《公职人员政务处分法》第 47 条规定，参与公职人员违法案件调查、处理的人员有下列情形之一的，应当自行回避，被调查人、检举人及其他有关人员也有权要求其回避：（1）是被调查人或者检举人的近亲属的；（2）担任过本案的证人的；（3）本人或者其近亲属与调查的案件有利害关系的；（4）可能影响案件公正调查、处理的其他情形。

9. 答：根据《公职人员政务处分法》第 55 条第 1 款规定，公职人员对监察机关作出的涉及本人的政务处分决定不服的，可以依法向作出决定的监察机关申请复审；公职人员对复审决定仍不服的，可以向上一级监察机关申请复核。

10. 答：根据《公职人员政务处分法》第 60 条规定，公职人员政务处分决定被撤销的，应当恢复该公职人员的级别、薪酬待遇，按照原职务、职级、衔级、岗位和职员等级安排相应的职务、职级、衔级、岗位和职员等级，并在原政务处分决定公布范围内为其恢复名誉。没收、追缴财物错误的，应当依法予以返还、赔偿。公职人员因有本法第五十七条、第五十八条规定的情形被撤销政务处分的，应当对其薪酬待遇受到的损失予以补偿。

二十、行政强制法

（一）判断题

1. 行政强制的设定和实施，应当依照法定的权限、范围、条件和程序。（　）
2. 法律对行政强制措施的对象、条件、种类作了规定的，行政法规、地方性法规可以作出适当扩大规定。（　）
3. 违法行为涉嫌犯罪应当移送司法机关的，行政机关应当将查封、扣押、冻结的财物一并移送，并书面告知当事人。（　）
4. 当事人收到催告书后有权进行陈述和申辩。行政机关应当充分听取当事人的意见，对当事人提出的事实、理由和证据，应当进行记录、复核。当事人提出的事实、理由或者证据成立的，行政机关应当采纳。（　）
5. 当事人在法定期限内不申请行政复议或者提起行政诉讼，又不履行行政决定的，没有行政强制执行权的行政机关可以自期限届满之日起 1 个月内，依照《行政强制法》规定申请人民法院强制执行。（　）

（二）单项选择题

1. 人民法院接到行政机关强制执行的申请，应当在（　）日内受理。行政机关对人民法院不予受理的裁定有异议的，可以在（　）日内向上一级人民法院申请复议，上一级人民法院应当自收到复议申请之日起（　）日内作出是否受理的裁定。

   A. 5；15；15　　B. 15；30；30

   C. 3；5；5　　D. 5；15；30

2. 行政机关及其工作人员利用行政强制权为单位或者个人谋取利益的，由上级行政机关或者有关部门责令改正，对（　）依法给予处分。

   A. 直接负责的主管人员

   B. 其他直接责任人员

C. 直接负责的主管人员和其他直接责任人员

D. 单位全体员工

3. 实施行政强制，应当坚持(　　)相结合。

A. 惩罚与教育　　B. 强制与宽容

C. 宽容与教育　　D. 教育与强制

4. 法律对行政强制措施的(　　)作了规定的，行政法规、地方性法规不得作出扩大规定。

A. 范围、条件，程度　　B. 种类、对象、范围

C. 对象、条件、种类　　D. 程度、对象、范围

5. 违法行为涉嫌犯罪应当移送司法机关的，行政机关应当将查封、扣押、冻结的财物一并移送，并(　　)告知当事人。

A. 书面　　B. 口头

C. 邮件　　D. 转达

(三) 多项选择题

1. 以下哪些选项属于行政强制措施？(　　)

A. 限制公民人身自由

B. 查封场所、设施或者财物

C. 扣押财物

D. 冻结存款、汇款

2. 以下哪些选项属于可以查封、扣押的范围？(　　)

A. 涉案的场所

B. 涉案的设施

C. 涉案的财物

D. 涉案的生活必需品

3. 行政机关作出强制执行决定前，应当事先催告当事人履行义务。催告应当以书面形式作出，并载明以下哪些事项？(　　)

A. 履行义务的期限

B. 履行义务的方式；

C. 涉及金钱给付的，应当有明确的金额和给付方式

D. 当事人依法享有的陈述权和申辩权。

4. 人民法院发现有下列哪些情形之一的，在作出裁定前可以听取被执行人和行政机关的意见？（　　）

A. 明显缺乏事实根据的

B. 明显缺乏法律、法规依据的

C. 其他明显违法并损害被执行人合法权益的

D. 涉及多人利益的

5.《行政强制法》所称的行政强制，包括(　　)。

A. 行政强制措施　　B. 行政强制执行

C. 行政强制程序　　D. 行政强制履行

（四）填空题

1. 行政强制的____和____，应当适当。采用____可以达到行政管理目的的，不得设定和实施行政强制。

2. 为了规范行政强制的设定和实施，保障和监督行政机关依法履行职责，维护____和____，保护公民、法人和其他组织的____，根据宪法，制定本法。

3. 查封、扣押应当由____，____规定的行政机关实施，其他任何行政机关或者组织不得实施。

4. 公民、法人或者其他组织对行政机关实施行政强制，享有____，____；有权依法申请____或者提起____；因行政机关违法实施行政强制受到损害的，有权依法要求赔偿。

（五）简答题

1. 简述行政强制执行的方式。

2. 简述行政机关实施行政强制措施应当遵守哪些规定。

3. 简述行政机关应当及时作出解除查封、扣押决定的具体情形。

参考答案

（一）判断题

1. √，解析：根据《行政强制法》第4条规定。
2. ×，解析：根据《行政强制法》第11条规定，法律对行政强制措施的对象、条件、种类作了规定的，行政法规、地方性法规不得作出扩大规定。法律中未设定行政强制措施的，行政法规、地方性法规不得设定行政强制措施。但是，法律规定特定事项由行政法规规定具体管理措施的，行政法规可以设定除本法第9条第1项、第4项和应当由法律规定的行政强制措施以外的其他行政强制措施。
3. √，解析：根据《行政强制法》第21条规定。
4. √，解析：根据《行政强制法》第36条规定。
5. ×，解析：根据《行政强制法》第53条规定，当事人在法定期限内不申请行政复议或者提起行政诉讼，又不履行行政决定的，没有行政强制执行权的行政机关可以自期限届满之日起3个月内，依照本章规定申请人民法院强制执行。

（二）单项选择题

1. A，解析：根据《行政强制法》第56条规定，人民法院接到行政机关强制执行的申请，应当在五日内受理。行政机关对人民法院不予受理的裁定有异议的，可以在15日内向上一级人民法院申请复议，上一级人民法院应当自收到复议申请之日起15日内作出是否受理的裁定。
2. C，解析：根据《行政强制法》第64条规定，行政机关及其工作人员利用行政强制权为单位或者个人谋取利益的，由上级行政机关或者有关部门责令改正，对直接负责的主管人员和其他直接责任人员依法给予处分。
3. D，解析：根据《行政强制法》第6条规定，实施行政强制，应当坚持教育与强制相结合。
4. C，解析：根据《行政强制法》第11条规定，法律对行政强制措施的对象、条件、种类作了规定的，行政法规、地方性法规不得作出扩大规定。
5. A，解析：根据《行政强制法》第21条规定，违法行为涉嫌犯罪应当移送司法机关的，行政机关应当将查封、扣押、冻结的财物一并移送，并书面告知当事人。

（三）多项选择题

1. ABCD，解析：根据《行政强制法》第 9 条规定，行政强制措施的种类：（1）限制公民人身自由；（2）查封场所、设施或者财物；（3）扣押财物；（4）冻结存款、汇款；（5）其他行政强制措施。
2. ABC，解析：根据《行政强制法》第 23 条规定，查封、扣押限于涉案的场所、设施或者财物，不得查封、扣押与违法行为无关的场所、设施或者财物；不得查封、扣押公民个人及其所扶养家属的生活必需品。
3. ABCD，解析：根据《行政强制法》第 35 条规定，行政机关作出强制执行决定前，应当事先催告当事人履行义务。催告应当以书面形式作出，并载明下列事项：（1）履行义务的期限；（2）履行义务的方式；（3）涉及金钱给付的，应当有明确的金额和给付方式；（4）当事人依法享有的陈述权和申辩权。
4. ABC，解析：根据《行政强制法》第 58 条规定，人民法院发现有下列情形之一的，在作出裁定前可以听取被执行人和行政机关的意见：（1）明显缺乏事实根据的；（2）明显缺乏法律、法规依据的；（3）其他明显违法并损害被执行人合法权益的。人民法院应当自受理之日起 30 日内作出是否执行的裁定。裁定不予执行的，应当说明理由，并在 5 日内将不予执行的裁定送达行政机关。行政机关对人民法院不予执行的裁定有异议的，可以自收到裁定之日起 15 日内向上一级人民法院申请复议，上一级人民法院应当自收到复议申请之日起 30 日内作出是否执行的裁定。
5. AB，解析：根据《行政强制法》第 2 条规定，本法所称行政强制，包括行政强制措施和行政强制执行。行政强制措施，是指行政机关在行政管理过程中，为制止违法行为、防止证据损毁、避免危害发生、控制危险扩大等情形，依法对公民的人身自由实施暂时性限制，或者对公民、法人或者其他组织的财物实施暂时性控制的行为。行政强制执行，是指行政机关或者行政机关申请人民法院，对不履行行政决定的公民、法人或者其他组织，依法强制履行义务的行为。

（四）填空题

1. 设定；实施；非强制手段。（《行政强制法》第 5 条）
2. 公共秩序；社会秩序；合法权益。（《行政强制法》第 1 条）
3. 法律；法规。（《行政强制法》第 22 条）
4. 陈述权；申辩权；行政复议；行政诉讼。（《行政强制法》第 8 条）

（五）简答题

1. 答：根据《行政强制法》第12条的规定："行政强制执行的方式：（一）加处罚款或者滞纳金；（二）划拨存款、汇款；（三）拍卖或者依法处理查封、扣押的场所、设施或者财物；（四）排除妨碍、恢复原状；（五）代履行；（六）其他强制执行方式。"
2. 答：根据《行政强制法》第18条的规定："行政机关实施行政强制措施应当遵守下列规定：（一）实施前须向行政机关负责人报告并经批准；（二）由两名以上行政执法人员实施；（三）出示执法身份证件；（四）通知当事人到场；（五）当场告知当事人采取行政强制措施的理由、依据以及当事人依法享有的权利、救济途径；（六）听取当事人的陈述和申辩；（七）制作现场笔录；（八）现场笔录由当事人和行政执法人员签名或者盖章，当事人拒绝的，在笔录中予以注明；（九）当事人不到场的，邀请见证人到场，由见证人和行政执法人员在现场笔录上签名或者盖章；（十）法律、法规规定的其他程序。"
3. 答：根据《行政强制法》第28条的规定："有下列情形之一的，行政机关应当及时作出解除查封、扣押决定：（一）当事人没有违法行为；（二）查封、扣押的场所、设施或者财物与违法行为无关；（三）行政机关对违法行为已经作出处理决定，不再需要查封、扣押；（四）查封、扣押期限已经届满；（五）其他不再需要采取查封、扣押措施的情形。解除查封、扣押应当立即退还财物；已将鲜活物品或者其他不易保管的财物拍卖或者变卖的，退还拍卖或者变卖所得款项。变卖价格明显低于市场价格，给当事人造成损失的，应当给予补偿。"

二十一、行政许可法

（一）判断题

1. 为了规范行政许可的设定和实施，保护公民、法人和其他组织的权益，维护公共利益和社会秩序，保障和监督行政机关有效实施行政管理，根据宪法，制定本法。(　　)
2. 公民、法人或者其他组织的权益因行政机关实施行政许可受到损害的，有权依法要求赔偿。(　　)
3. 行政许可需要行政机关内设的多个机构办理的，该行政机关应当统一受理行政许可申请，统一送达行政许可决定。(　　)
4. 申请人、利害关系人有权进行陈述和申辩。(　　)
5. 申请人提交的申请材料齐全、符合法定形式，行政机关能够当场作出决定的，可以当场作出口头或者书面的行政许可决定。(　　)

（二）单项选择题

1. 设定和实施行政许可，应当依照(　　)的权限、范围、条件和程序。

A. 法定　　B. 规定

C. 制定　　D. 确定

2. 符合法定条件、标准的，申请人有依法取得行政许可的平等权利，行政机关不得歧视(　　)。

A. 申请人

B. 申请的公民、法人或者其他组织

C. 任何人

D. 任何公民、法人或者其他组织

3. 行政许可的实施机关可以对已设定的行政许可的实施情况及存在的必要性(　　)进行评价，并将意见报告该行政许可的设定机关。

A. 及时　　B. 适时

C. 定时　　D. 定期

4. 省、自治区、直辖市人民政府对行政法规设定的有关经济事务的行政许可，根据本行政区域经济和社会发展情况，认为通过本法第十三条所列方式能够解决的，报(　　)批准后，可以在本行政区域内停止实施该行政许可。

A. 全国人民代表大会

B. 全国人民代表大会常务委员会

C. 国务院

D. 本级人民代表大会常务委员会

5. 行政机关应当建立和完善有关制度，推行(　　)，在行政机关的网站上公布行政许可事项，方便申请人采取数据电文等方式提出行政许可申请。

A. 电子政务　　B. 阳光政务

C. 互联网+政务　　D. 智慧云政务

(三) 多项选择题

1. 下列关于听证程序的表述正确的是：(　　)

A. 行政机关应当于举行听证的七日前将举行听证的时间、地点通知申请人、利害关系人，必要时予以公告

B. 行政机关应当指定审查该行政许可申请的工作人员以外的人员为听证主持人，申请人、利害关系人认为主持人与该行政许可事项有直接利害关系的，有权申请回避

C. 举行听证时，审查该行政许可申请的工作人员应当提供审查意见的证据、理由，申请人、利害关系人可以提出证据，并进行申辩和质证

D. 听证应当制作笔录，听证笔录应当交听证参加人确认无误后签字或者盖章

2. 申请人的申请符合法定(　　)的，行政机关应当依法作出准予行政许可的书面决定。

A. 实现　　B. 条件

C. 标准　　D. 程序

3. 行政机关作出准予行政许可的决定，需要颁发行政许可证件的，应当向

申请人颁发加盖本行政机关印章的哪些行政许可证件？（　　）

A. 许可证、执照或者其他许可证书

B. 资格证、资质证或者其他合格证书

C. 行政机关的批准文件或者证明文件

D. 法律、法规规定的其他行政许可证件

4. 行政机关实施行政许可，依照法律、行政法规收取费用的，应当按照公布的法定项目和标准收费；所收取的费用必须全部上缴国库，任何机关或者个人不得以任何形式(　　)。

A. 截留　　B. 挪用

C. 私分　　D. 变相私分

5. 国务院实施行政许可的程序，适用有关(　　)的规定。

A. 法律　　B. 法规

C. 行政法规　　D. 地方性法规

（四）填空题

1. 行政机关____行政许可申请，应当出具加盖本行政机关____和注明日期的____。

2. 行政机关对行政许可申请进行____时，发现行政许可事项直接关系他人重大利益的，应当告知该____。

3. 行政机关对____进行审查后，除____作出行政许可决定的外，应当在法定期限内按照____作出行政许可决定。

4. 行政许可____申请人与他人之间重大利益关系的，行政机关在作出行政许可____，应当告知申请人、利害关系人享有____的权利。

（五）简答题

1. 简述行政机关应当依法办理有关行政许可的注销手续的情形。

2. 简述行政许可的听证的程序。

3. 简述行政机关对申请人提出的行政许可申请应当作出的处理。

参考答案

（一）判断题

1. ×，解析：根据《行政许可法》第 1 条规定，为了规范行政许可的设定和实施，保护公民、法人和其他组织的合法权益，维护公共利益和社会秩序，保障和监督行政机关有效实施行政管理，根据宪法，制定本法。
2. ×，解析：根据《行政许可法》第 7 条规定，公民、法人或者其他组织对行政机关实施行政许可，享有陈述权、申辩权；有权依法申请行政复议或者提起行政诉讼；其合法权益因行政机关违法实施行政许可受到损害的，有权依法要求赔偿。
3. ×，解析：根据《行政许可法》第 26 条第 1 款规定，行政许可需要行政机关内设的多个机构办理的，该行政机关应当确定一个机构统一受理行政许可申请，统一送达行政许可决定。
4. √，解析：根据《行政许可法》第 36 条规定。
5. ×，解析：根据《行政许可法》第 34 条第 2 款规定，申请人提交的申请材料齐全、符合法定形式，行政机关能够当场作出决定的，应当当场作出书面的行政许可决定。

（二）单项选择题

1. A，解析：根据《行政许可法》第 4 条规定，设定和实施行政许可，应当依照法定的权限、范围、条件和程序。
2. C，解析：根据《行政许可法》第 5 条第 3 款规定，符合法定条件、标准的，申请人有依法取得行政许可的平等权利，行政机关不得歧视任何人
3. B，解析：根据《行政许可法》第 20 条第 2 款规定，行政许可的实施机关可以对已设定的行政许可的实施情况及存在的必要性适时进行评价，并将意见报告该行政许可的设定机关。
4. C，解析：根据《行政许可法》第 21 条规定，省、自治区、直辖市人民政府对行政法规设定的有关经济事务的行政许可，根据本行政区域经济和社会发展情况，认为通过本法第 13 条所列方式能够解决的，报国务院批准后，可以在本行政区域内停止实施该行政许可。
5. A，解析：根据《行政许可法》第 33 条规定，行政机关应当建立和完善有关制度，推行电子政务，在行政机关的网站上公布行政许可事项，方便申请人

采取数据电文等方式提出行政许可申请；应当与其他行政机关共享有关行政许可信息，提高办事效率。

（三）多项选择题

1. ABCD，解析：根据《行政许可法》第48条第1款规定，听证按照下列程序进行：（1）行政机关应当于举行听证的七日前将举行听证的时间、地点通知申请人、利害关系人，必要时予以公告；（2）听证应当公开举行；（3）行政机关应当指定审查该行政许可申请的工作人员以外的人员为听证主持人，申请人、利害关系人认为主持人与该行政许可事项有直接利害关系的，有权申请回避；（4）举行听证时，审查该行政许可申请的工作人员应当提供审查意见的证据、理由，申请人、利害关系人可以提出证据，并进行申辩和质证；（5）听证应当制作笔录，听证笔录应当交听证参加人确认无误后签字或者盖章。
2. BC，解析：根据《行政许可法》第38条第1款规定，申请人的申请符合法定条件、标准的，行政机关应当依法作出准予行政许可的书面决定。
3. ABCD，解析：根据《行政许可法》第39条第1款规定，行政机关作出准予行政许可的决定，需要颁发行政许可证件的，应当向申请人颁发加盖本行政机关印章的下列行政许可证件：（1）许可证、执照或者其他许可证书；（2）资格证、资质证或者其他合格证书；（3）行政机关的批准文件或者证明文件；（4）法律、法规规定的其他行政许可证件。
4. ABCD，解析：根据《行政许可法》第59条规定，行政机关实施行政许可，依照法律、行政法规收取费用的，应当按照公布的法定项目和标准收费；所收取的费用必须全部上缴国库，任何机关或者个人不得以任何形式截留、挪用、私分或者变相私分。财政部门不得以任何形式向行政机关返还或者变相返还实施行政许可所收取的费用。
5. AC，解析：根据《行政许可法》第52条规定，国务院实施行政许可的程序，适用有关法律、行政法规的规定。

（四）填空题

1. 受理或者不予受理；专用印章；书面凭证。（《行政许可法》第32条第2款）
2. 审查；利害关系人。（《行政许可法》第36条）
3. 行政许可申请；当场；规定程序。（《行政许可法》第37条）
4. 直接涉及；决定前；要求听证。（《行政许可法》第47条）

（五）简答题

1. 答：根据《行政许可法》第70条的规定："有下列情形之一的，行政机关应当依法办理有关行政许可的注销手续：（一）行政许可有效期届满未延续的；（二）赋予公民特定资格的行政许可，该公民死亡或者丧失行为能力的；（三）法人或者其他组织依法终止的；（四）行政许可依法被撤销、撤回，或者行政许可证件依法被吊销的；（五）因不可抗力导致行政许可事项无法实施的；（六）法律、法规规定的应当注销行政许可的其他情形。”

2. 答：根据《行政许可法》第48条的规定：“听证按照下列程序进行：（一）行政机关应当于举行听证的7日前将举行听证的时间、地点通知申请人、利害关系人，必要时予以公告；（二）听证应当公开举行；（三）行政机关应当指定审查该行政许可申请的工作人员以外的人员为听证主持人，申请人、利害关系人认为主持人与该行政许可事项有直接利害关系的，有权申请回避；（四）举行听证时，审查该行政许可申请的工作人员应当提供审查意见的证据、理由，申请人、利害关系人可以提出证据，并进行申辩和质证；（五）听证应当制作笔录，听证笔录应当交听证参加人确认无误后签字或者盖章。行政机关应当根据听证笔录，作出行政许可决定。”

3. 答：根据《行政许可法》第32条的规定：“行政机关对申请人提出的行政许可申请，应当根据下列情况分别作出处理：（一）申请事项依法不需要取得行政许可的，应当即时告知申请人不受理；（二）申请事项依法不属于本行政机关职权范围的，应当即时作出不予受理的决定，并告知申请人向有关行政机关申请；（三）申请材料存在可以当场更正的错误的，应当允许申请人当场更正；（四）申请材料不齐全或者不符合法定形式的，应当当场或者在五日内一次告知申请人需要补正的全部内容，逾期不告知的，自收到申请材料之日起即为受理；（五）申请事项属于本行政机关职权范围，申请材料齐全、符合法定形式，或者申请人按照本行政机关的要求提交全部补正申请材料的，应当受理行政许可申请。”

二十二、行政处罚法

（一）判断题

1. 公民、法人或者其他组织因行政机关给予行政处罚受到损害的，有权依法提出赔偿要求。（ ）
2. 公民、法人或者其他组织因违法行为受到行政处罚，其违法行为对他人造成损害的，应当依法承担民事责任。（ ）
3. 行政法规可以设定限制人身自由的行政处罚。（ ）
4. 违法行为轻微并及时改正，没有造成危害后果的，不予行政处罚。（ ）
5. 违法行为构成犯罪，人民法院判处管制或者有期徒刑时，行政机关已经给予当事人行政拘留的，可以依法折抵相应刑期。（ ）
6. 公民、法人或者其他组织违反行政管理秩序的行为，依法应当给予行政处罚的，行政机关必须查明事实；违法事实不清、证据不足的，不得给予行政处罚。（ ）

（二）单项选择题

1. 已满 14 周岁不满 18 周岁的未成年人有违法行为的，（ ）。
   A. 不予行政处罚
   B. 可以从轻行政处罚
   C. 可以减轻行政处罚
   D. 应当从轻或者减轻行政处罚
2. 两个以上行政机关都有管辖权的，由（ ）行政机关管辖。
   A. 最先受理的　　B. 最先立案的
   C. 共同的上一级　　D. 当事人选择的
3. 行政处罚由（ ）地方人民政府具有行政处罚权的行政机关管辖。法律、行政法规另有规定的，从其规定。

A. 乡级以上　　B. 县级以上

C. 市级以上　　D. 省级

4. 限制人身自由的行政处罚权只能由(　　)和法律规定的其他机关行使。

A. 公安机关　　B. 监察机关

C. 检察机关　　D. 审判机关

5. 对当事人的同一个违法行为，不得给予(　　)次以上罚款的行政处罚。同一个违法行为违反多个法律规范应当给予罚款处罚的，按照罚款数额高的规定处罚。

A. 1　　B. 3

C. 2　　D. 4

6. 执法人员当场收缴的罚款，应当自收缴罚款之日起(　　)日内，交至行政机关；在水上当场收缴的罚款，应当自抵岸之日起(　　)日内交至行政机关；行政机关应当在(　　)日内将罚款缴付指定的银行。

A. 2；2；2　　B. 1；2；3

C. 2；3；3　　D. 3；3；3

(三) 多项选择题

1. 当事人有下列哪些情形之一的，应当从轻或者减轻行政处罚？(　　)

A. 主动消除或者减轻违法行为危害后果的

B. 受他人胁迫或者诱骗实施违法行为的

C. 主动供述行政机关尚未掌握的违法行为的

D. 配合行政机关查处违法行为有立功表现的

2. 有下列哪些情形之一的，在行政机关负责人作出行政处罚的决定之前，应当由从事行政处罚决定法制审核的人员进行法制审核；未经法制审核或者审核未通过的，不得作出决定？(　　)

A. 涉及重大公共利益的

B. 直接关系当事人或者第三人重大权益，经过听证程序的

C. 案件情况疑难复杂、涉及多个法律关系的

D. 法律、法规规定应当进行法制审核的其他情形

3. 行政处罚决定书应当载明下列哪些事项？(　　)

A. 当事人的姓名或者名称、地址

B. 违反法律、法规、规章的事实和证据

C. 行政处罚的种类和依据

D. 行政处罚的履行方式和期限

4. 当事人逾期不履行行政处罚决定的，作出行政处罚决定的行政机关可以采取下列哪些措施？（ ）

A. 到期不缴纳罚款的，每日按罚款数额的 2% 加处罚款，加处罚款的数额不得超出罚款的数额

B. 根据法律规定，将查封、扣押的财物拍卖、依法处理或者将冻结的存款、汇款划拨抵缴罚款

C. 根据法律规定，采取其他行政强制执行方式

D. 依照《行政强制法》的规定申请人民法院强制执行

（四）填空题

1. 实施行政处罚，纠正违法行为，应当坚持____与____相结合，教育公民、法人或者其他组织自觉守法。

2. 公民、法人或者其他组织对行政机关所给予的行政处罚，享有____、____；对行政处罚不服的，有权依法申请____或者提起____。

3. 不满____周岁的人有违法行为的，不予行政处罚，责令____加以管教。

4. 精神病人、____在不能辨认或者不能控制自己行为时有违法行为的，不予行政处罚，但应当责令其监护人____。间歇性精神病人在____时有违法行为的，应当给予行政处罚。

5. 违法行为在____内未被发现的，不再给予行政处罚；涉及公民生命健康安全、金融安全且有危害后果的，上述期限延长至____。

（五）简答题

1. 简述行政处罚的听证的程序。

2. 简述行政处罚的设定权。

3. 简述行政处罚的种类。

参考答案

（一）判断题

1. ×，解析：根据《行政处罚法》第 7 条第 2 款规定，公民、法人或者其他组织因行政机关违法给予行政处罚受到损害的，有权依法提出赔偿要求。
2. √，解析：根据《行政处罚法》第 8 条第 1 款规定。
3. ×，解析：根据《行政处罚法》第 11 条第 1 款规定，行政法规可以设定除限制人身自由以外的行政处罚。
4. √，解析：根据《行政处罚法》第 33 条第 1 款规定。
5. ×，解析：根据《行政处罚法》第 35 条第 1 款规定，违法行为构成犯罪，人民法院判处拘役或者有期徒刑时，行政机关已经给予当事人行政拘留的，应当依法折抵相应刑期。
6. √，解析：根据《行政处罚法》第 40 条规定。

（二）单项选择题

1. D，解析：根据《行政处罚法》第 30 条规定，不满 14 周岁的未成年人有违法行为的，不予行政处罚，责令监护人加以管教；已满 14 周岁不满 18 周岁的未成年人有违法行为的，应当从轻或者减轻行政处罚。
2. B，解析：根据《行政处罚法》第 25 条第 1 款规定，两个以上行政机关都有管辖权的，由最先立案的行政机关管辖。
3. B，解析：根据《行政处罚法》第 23 条规定，行政处罚由县级以上地方人民政府具有行政处罚权的行政机关管辖。法律、行政法规另有规定的，从其规定。
4. A，解析：根据《行政处罚法》第 18 条第 3 款规定，限制人身自由的行政处罚权只能由公安机关和法律规定的其他机关行使。
5. C，解析：根据《行政处罚法》第 29 条规定，对当事人的同一个违法行为，不得给予 2 次以上罚款的行政处罚。同一个违法行为违反多个法律规范应当给予罚款处罚的，按照罚款数额高的规定处罚。
6. A，解析：根据《行政处罚法》第 71 条规定，执法人员当场收缴的罚款，应当自收缴罚款之日起 2 日内，交至行政机关；在水上当场收缴的罚款，应当自抵岸之日起 2 日内交至行政机关；行政机关应当在 2 日内将罚款缴付指定的银行。

（三）多项选择题

1. ABCD，解析：根据《行政处罚法》第 32 条规定，当事人有下列情形之一，应当从轻或者减轻行政处罚：（1）主动消除或者减轻违法行为危害后果的；（2）受他人胁迫或者诱骗实施违法行为的；（3）主动供述行政机关尚未掌握的违法行为的；（4）配合行政机关查处违法行为有立功表现的；（5）法律、法规、规章规定其他应当从轻或者减轻行政处罚的。
2. ABCD，解析：根据《行政处罚法》第 58 条第 1 款规定，有下列情形之一，在行政机关负责人作出行政处罚的决定之前，应当由从事行政处罚决定法制审核的人员进行法制审核；未经法制审核或者审核未通过的，不得作出决定：（1）涉及重大公共利益的；（2）直接关系当事人或者第三人重大权益，经过听证程序的；（3）案件情况疑难复杂、涉及多个法律关系的；（4）法律、法规规定应当进行法制审核的其他情形。
3. ABCD，解析：根据《行政处罚法》第 59 条第 1 款规定，行政处罚决定书应当载明下列事项：（1）当事人的姓名或者名称、地址；（2）违反法律、法规、规章的事实和证据；（3）行政处罚的种类和依据；（4）行政处罚的履行方式和期限；（5）申请行政复议、提起行政诉讼的途径和期限；（6）作出行政处罚决定的行政机关名称和作出决定的日期。
4. BCD，解析：根据《行政处罚法》第 72 条第 1 款规定："当事人逾期不履行行政处罚决定的，作出行政处罚决定的行政机关可以采取下列措施：（1）到期不缴纳罚款的，每日按罚款数额的百分之三加处罚款，加处罚款的数额不得超出罚款的数额；（2）根据法律规定，将查封、扣押的财物拍卖、依法处理或者将冻结的存款、汇款划拨抵缴罚款；（3）根据法律规定，采取其他行政强制执行方式；（4）依照《中华人民共和国行政强制法》的规定申请人民法院强制执行。"

（四）填空题

1. 处罚；教育。（《行政处罚法》第 6 条）
2. 陈述权；申辩权；行政复议；行政诉讼。（《行政处罚法》第 7 条第 1 款）
3. 14；监护人。（《行政处罚法》第 30 条）
4. 智力残疾人；严加看管和治疗；精神正常。（《行政处罚法》第 31 条）
5. 2 年；5 年。（《行政处罚法》第 36 条）

（五）简答题

1. 答：根据《行政处罚法》第 64 条规定，听证应当依照以下程序组织：

（1）当事人要求听证的，应当在行政机关告知后五日内提出；（2）行政机关应当在举行听证的七日前，通知当事人及有关人员听证的时间、地点；（3）除涉及国家秘密、商业秘密或者个人隐私依法予以保密外，听证公开举行；（4）听证由行政机关指定的非本案调查人员主持；当事人认为主持人与本案有直接利害关系的，有权申请回避；（5）当事人可以亲自参加听证，也可以委托1至2人代理；（6）当事人及其代理人无正当理由拒不出席听证或者未经许可中途退出听证的，视为放弃听证权利，行政机关终止听证；（7）举行听证时，调查人员提出当事人违法的事实、证据和行政处罚建议，当事人进行申辩和质证；（8）听证应当制作笔录。笔录应当交当事人或者其代理人核对无误后签字或者盖章。当事人或者其代理人拒绝签字或者盖章的，由听证主持人在笔录中注明。

2. 答：根据《行政处罚法》第10－16条的规定，行政处罚的设定权如下：

（1）法律可以设定各种行政处罚。限制人身自由的行政处罚，只能由法律设定。

（2）行政法规可以设定除限制人身自由以外的行政处罚。

（3）地方性法规可以设定除限制人身自由、吊销企业营业执照以外的行政处罚。

（4）国务院部门规章可以在法律、行政法规规定的给予行政处罚的行为、种类和幅度的范围内作出具体规定。

（5）地方政府规章可以在法律、法规规定的给予行政处罚的行为、种类和幅度的范围内作出具体规定。

（6）除法律、法规、规章以外的其他规范性文件不得设定行政处罚。

3. 答：根据《行政处罚法》第9条规定，（1）警告、通报批评；（2）罚款、没收违法所得、没收非法财物；（3）暂扣许可证件、降低资质等级、吊销许可证件；（4）限制开展生产经营活动、责令停产停业、责令关闭、限制从业；（5）行政拘留；（6）法律、行政法规规定的其他行政处罚。

二十三、行政复议法

（一）判断题

1. 为了防止和纠正违法的或者不当的具体行政行为，保护公民、法人和其他组织的权益，保障和监督行政机关依法行使职权，根据宪法，制定本法。（　　）
2. 公民、法人或者其他组织认为具体行政行为侵犯其合法权益，向行政机关提出行政复议申请，行政机关受理行政复议申请、作出行政复议决定，适用本法。（　　）
3. 对被撤销的行政机关在撤销前所作出的具体行政行为不服的，向继续行使其职权的行政机关的上一级行政机关申请行政复议。（　　）
4. 公民、法人或者其他组织向人民法院提起行政诉讼，人民法院依法受理的，可以申请行政复议。（　　）
5. 公民、法人或者其他组织依法提出行政复议申请，行政复议机关不予受理的，上级行政机关应当责令其受理；必要时，上级行政机关也可以直接受理。（　　）

（二）单项选择题

1. 在行政复议（　　），被申请人不得自行向申请人和其他有关组织或者个人收集证据。

   A. 期间　　B. 决定作出前

   C. 30 日内　　D. 过程中

2. 行政复议决定作出前，申请人要求撤回行政复议申请的，经说明理由，可以撤回；撤回行政复议申请的，行政复议（　　）。

   A. 停止　　B. 中止

   C. 不停止　　D. 终止

3. 申请人在申请行政复议时，一并提出对本法第七条所列有关规定的审查申请的，行政复议机关对该规定有权处理的，应当在30日内依法处理；无权处理的，应当在(　　)按照法定程序转送有权处理的行政机关依法处理，有权处理的行政机关应当在

(　　)依法处理。处理期间，中止对具体行政行为的审查。

A. 5日内；30日内　　B. 5日内；60日内

C. 7日内；30日内　　D. 7日内；60日内

4. 行政复议机关工作人员在行政复议活动中，徇私舞弊或者有其他渎职、失职行为的，依法给予(　　)的行政处分；情节严重的，依法给予降级、撤职、开除的行政处分；构成犯罪的，依法追究刑事责任。

A. 警告、记过、记大过　　B. 警告、记过、降级

C. 警告、记过、撤职　　D. 警告、记过、开除

(三) 多项选择题

1. (　　)在中华人民共和国境内申请行政复议，适用本法。

A. 外资企业　　B. 外国人

C. 无国籍人　　D. 外国组织

2. 被申请人违反本法规定，(　　)的，对直接负责的主管人员和其他直接责任人员依法给予警告、记过、记大过的行政处分。

A. 不提出书面答复

B. 不提交作出具体行政行为的证据、依据和其他有关材料

C. 阻挠、变相阻挠公民、法人或者其他组织依法申请行政复议

D. 进行报复陷害

3. 被申请人(　　)行政复议决定的，对直接负责的主管人员和其他直接责任人员依法给予警告、记过、记大过的行政处分；经责令履行仍拒不履行的，依法给予降级、撤职、开除的行政处分。

A. 不履行　　B. 无正当理由不履行

C. 拖延履行　　D. 无正当理由拖延履行

4. 行政复议机关负责法制工作的机构发现有(　　)或者不履行行政复议决定等情形的，应当向有关行政机关提出建议，有关行政机关应当依照本法和有关法律、行政法规的规定作出处理。

A. 无正当理由不予受理行政复议申请

B. 不按照规定期限作出行政复议决定

C. 徇私舞弊

D. 对申请人打击报复

(四) 填空题

1. 行政复议机关违反本法规定，____不予受理依法提出的行政复议申请或者____转送行政复议申请的，或者在____内不作出行政复议决定的，对直接负责的主管人员和其他直接责任人员依法给予____的行政处分；经责令受理仍不受理或者不按照规定转送行政复议申请，造成严重后果的，依法给予____的行政处分。
2. 被申请人____或者____拖延履行行政复议决定的，行政复议机关或者有关上级行政机关应当责令其____。

(五) 简答题

1. 简述行政复议期间，具体行政行为可以停止执行的情形。
2. 简述行政复议机关的职责。

参考答案

(一) 判断题

1. ×，解析：根据《行政复议法》第 1 条规定，为了防止和纠正违法的或者不当的具体行政行为，保护公民、法人和其他组织的合法权益，保障和监督行政机关依法行使职权，根据宪法，制定本法。
2. √，解析：根据《行政复议法》第 2 条规定。
3. √，解析：根据《行政复议法》第 15 条第 1 款规定。
4. ×，解析：根据《行政复议法》第 16 条第 2 款规定，公民、法人或者其他组织向人民法院提起行政诉讼，人民法院已经依法受理的，不得申请行政复议。
5. ×，解析：根据《行政复议法》第 20 条规定，公民、法人或者其他组织依法提出行政复议申请，行政复议机关无正当理由不予受理的，上级行政机关应当责令其受理；必要时，上级行政机关也可以直接受理。

(二) 单项选择题

1. D，解析：根据《行政复议法》第24条规定，在行政复议过程中，被申请人不得自行向申请人和其他有关组织或者个人收集证据。
2. D，解析：根据《行政复议法》第25条规定，行政复议决定作出前，申请人要求撤回行政复议申请的，经说明理由，可以撤回；撤回行政复议申请的，行政复议终止。
3. D，解析：根据《行政复议法》第26条规定，申请人在申请行政复议时，一并提出对本法第7条所列有关规定的审查申请的，行政复议机关对该规定有权处理的，应当在30日内依法处理；无权处理的，应当在7日内按照法定程序转送有权处理的行政机关依法处理，有权处理的行政机关应当在60日内依法处理。处理期间，中止对具体行政行为的审查。
4. A，解析：根据《行政复议法》第35条规定，行政复议机关工作人员在行政复议活动中，徇私舞弊或者有其他渎职、失职行为的，依法给予警告、记过、记大过的行政处分；情节严重的，依法给予降级、撤职、开除的行政处分；构成犯罪的，依法追究刑事责任。

(三) 多项选择题

1. BCD，解析：根据《行政复议法》第41条规定，外国人、无国籍人、外国组织在中华人民共和国境内申请行政复议，适用本法。
2. ABC，解析：根据《行政复议法》第36条规定，被申请人违反本法规定，不提出书面答复或者不提交作出具体行政行为的证据、依据和其他有关材料，或者阻挠、变相阻挠公民、法人或者其他组织依法申请行政复议的，对直接负责的主管人员和其他直接责任人员依法给予警告、记过、记大过的行政处分；进行报复陷害的，依法给予降级、撤职、开除的行政处分；构成犯罪的，依法追究刑事责任。
3. AD，解析：根据《行政复议法》第37条规定，被申请人不履行或者无正当理由拖延履行行政复议决定的，对直接负责的主管人员和其他直接责任人员依法给予警告、记过、记大过的行政处分；经责令履行仍拒不履行的，依法给予降级、撤职、开除的行政处分。
4. ABCD，解析：根据《行政复议法》第38条规定，行政复议机关负责法制工作的机构发现有无正当理由不予受理行政复议申请、不按照规定期限作出行政复议决定、徇私舞弊、对申请人打击报复或者不履行行政复议决定等情形的，应当向有关行政机关提出建议，有关行政机关应当依照本法和有关法律、行政法规的规定作出处理。

（四）填空题

1. 无正当理由；不按照规定；法定期限；警告、记过、记大过；降级、撤职、开除。（《行政复议法》第 34 条）
2. 不履行；无正当理由；限期履行。（《行政复议法》第 32 条第 2 款）

（五）简答题

1. 答：根据《行政复议法》第 21 条规定，行政复议期间具体行政行为不停止执行；但是，有下列情形之一的，可以停止执行：（1）被申请人认为需要停止执行的；（2）行政复议机关认为需要停止执行的；（3）申请人申请停止执行，行政复议机关认为其要求合理，决定停止执行的；（4）法律规定停止执行的。
2. 答：根据《行政复议法》第 3 条第 1 款规定，依照本法履行行政复议职责的行政机关是行政复议机关。行政复议机关负责法制工作的机构具体办理行政复议事项，履行下列职责：（1）受理行政复议申请；（2）向有关组织和人员调查取证，查阅文件和资料；（3）审查申请行政复议的具体行政行为是否合法与适当，拟订行政复议决定；（4）处理或者转送对本法第七条所列有关规定的审查申请；（5）对行政机关违反本法规定的行为依照规定的权限和程序提出处理建议；（6）办理因不服行政复议决定提起行政诉讼的应诉事项；（7）法律、法规规定的其他职责。

二十四、行政诉讼法

（一）判断题

1. 行政机关及其工作人员可以对人民法院受理行政案件提出合理建议。（　　）
2. 在多民族共同居住的地区，人民法院应当用汉语进行审理和发布法律文书。（　　）
3. 认为行政机关滥用行政权力排除或者限制竞争的，可以向人民法院提起行政诉讼。（　　）
4. 经复议的案件，必须由复议机关所在地人民法院管辖。（　　）
5. 行政行为的相对人以及其他与行政行为有利害关系的公民、法人或者其他组织，有权提起诉讼。（　　）
6. 人民法院可以依当事人的申请保全证据，不能主动采取保全措施。（　　）
7. 人民法院对行政案件宣告判决或者裁定前，原告申请撤诉的，人民法院应当允许。（　　）

（二）单项选择题

1. 人民法院审理行政案件，对行政行为是否（　　）进行审查。

A. 合法　　B. 合理

C. 适当　　D. 合法和合理

2. 当事人在行政诉讼中的（　　）平等。

A. 法律地位　　B. 经济地位

C. 社会地位　　D. 专业地位

3. 下列哪一项不属于行政诉讼受案范围？（　　）

A. 行政处罚　　B. 行政强制

C. 行政确认　　D. 行政处分

4. 关于行政诉讼案件的管辖，下列哪一选项是正确的？（　　）

A. 对于级别管辖，第一审行政案件均由基层人民法院管辖

B. 对于地域管辖，第一审行政案件均由最初作出行政行为的行政机关所在地人民法院管辖

C. 原告向两个以上有管辖权的人民法院提起诉讼的，由最先立案的人民法院管辖

D. 人民法院对管辖权发生争议，报它们的共同上级人民法院指定管辖

5. 关于复议案件的行政诉讼被告，下列哪一项说法是错误的？（　　）

A. 复议机关决定维持原行政行为的，作出原行政行为的行政机关和复议机关是共同被告

B. 复议机关改变原行政行为的，作出原行政行为的行政机关和复议机关是共同被告

C. 复议机关在法定期限内未作出复议决定，公民、法人或者其他组织起诉原行政行为的，作出原行政行为的行政机关是被告

D. 复议机关在法定期限内未作出复议决定，公民、法人或者其他组织起诉复议机关不作为的，复议机关是被告

6. 关于涉外行政诉讼，下列哪一项是错误的？（　　）

A. 外国人在中国进行行政诉讼，可以选择适用本国法律或中国法律

B. 中国公民、组织享有的诉讼权利，外国人、无国籍人、外国组织同样享有

C. 外国法院对中公民、组织的行政诉讼权利加以限制的，中国法院对该国公民、组织的行政诉讼权利可以同样加以限制

D. 无国籍人在中国进行行政诉讼，只能委托中国律师机构的律师

（三）多项选择题

1. 人民法院审理行政案件，依法实行（　　）制度。

A. 合议　　B. 回避

C. 公开宣判　　D. 三审终审

2. 关于行政诉讼参加人，下列哪些说法是正确的？（　　）

A. 行政行为的相对人以及其他与行政行为有利害关系的公民、法人或者

其他组织，可以作为原告

B. 公民、法人或者其他组织直接向人民法院提起诉讼的，作出行政行为的行政机关是被告

C. 诉讼代表人变更、放弃诉讼请求或者承认对方当事人的诉讼请求，应当经被代表的当事人同意

D. 没有诉讼行为能力的公民，应当由其法定代理人代为诉讼

3. 关于作为诉讼代理人的律师的权利和义务，下列哪些说法是正确的？（　　）

A. 有权查阅案件有关材料

B. 有权复制案件有关材料

C. 有权调查、收集与案件有关的证据

D. 对涉及国家秘密、商业秘密和个人隐私的材料，应当依照法律规定保密

4. 下列哪些选项属于行政诉讼证据？（　　）

A. 电子数据　　B. 当事人的陈述

C. 勘验笔录　　D. 现场笔录

5. 张某欲向法院提起行政诉讼，应当符合下列哪些条件？（　　）

A. 有明确的被告

B. 须有具体的诉讼请求和事实根据

C. 所起诉的案件须属于人民法院受案范围

D. 须向有管辖权的人民法院起诉

（四）填空题

1. 公民、法人或者其他组织对____、暂扣或者吊销许可证和执照、____、没收违法所得、没收非法财物、____、____等行政处罚不服的，可以向人民法院提起行政诉讼。

2. 在行政赔偿、补偿的案件中，原告应当对____造成的损害提供证据。因____的原因导致原告无法举证的，由____承担举证责任。

3. 不符合起诉条件的，作出不予立案的裁定。裁定书应当载明____。原告对裁定不服的，可以提起____。

4. 涉及____的案件，当事人申请不公开审理的，可以不公开审理。

5. 公民、法人或者其他组织对行政行为在法定期限内不____又不履行的，行政机关可以____，或者依法____。

（五）简答题

1. 简述我国行政诉讼法的基本原则。
2. 简述行政诉讼的受案范围。
3. 简答当事人申请法院再审的事由。

参考答案

（一）判断题

1. ×，解析：根据《行政诉讼法》第3条第2款规定，行政机关及其工作人员不得干预、阻碍人民法院受理行政案件。
2. ×，解析：根据《行政诉讼法》第9条第2款的规定，在少数民族聚居或者多民族共同居住的地区，人民法院应当用当地民族通用的语言、文字进行审理和发布法律文书。
3. √，解析：根据《行政诉讼法》第12条第1款第8项规定。
4. ×，解析：根据《行政诉讼法》第18条第1款规定，行政案件由最初作出行政行为的行政机关所在地人民法院管辖。经复议的案件，也可以由复议机关所在地人民法院管辖。
5. √，解析：根据《行政诉讼法》第25条第1款规定。
6. ×，解析：根据《行政诉讼法》第42条规定，在证据可能灭失或者以后难以取得的情况下，诉讼参加人可以向人民法院申请保全证据，人民法院也可以主动采取保全措施。
7. ×，解析：根据《行政诉讼法》第62条观定，人民法院对行政案件宣告判决或者裁定前，原告申请撤诉的，或者被告改变其所作的行政行为，原告同意并申请撤诉的，是否准许，由人民法院裁定。

（二）单项选择题

1. A，解析：根据《行政诉讼法》第6条规定，人民法院审理行政案件，对行政行为是否合法进行审查。
2. B，解析：根据《行政诉讼法》第8条规定，当事人在行政诉讼中的法律地位平等。

3. D，解析：根据《行政诉讼法》第 13 条第 1 款的规定，行政机关对行政机关工作人员的奖惩、任免等决定不属于行政诉讼受案范围，故 D 项正确。根据《行政诉讼法》第 12 条第 1 款的规定，ABC 项均属于行政诉讼受案范围。
4. C，解析：根据《行政诉讼法》第 14 条至第 17 条的规定，一般情况下，第一审行政案件由基层人民法院管辖，但是并非全部的第一审行政案件均由基层人民法院管辖，中级人民法院、高级人民法院和最高人民法院都可以管辖第一审行政案件。故 A 项错误。《行政诉讼法》第 18 条第 1 款规定，行政案件由最初作出行政行为的行政机关所在地人民法院管辖。经复议的案件，也可以由复议机关所在地人民法院管辖。第 19 条规定，对限制人身自由的行政强制措施不服提起的诉讼，由被告所在地或者原告所在地人民法院管辖。第 20 条规定，因不动产提起的行政诉讼，由不动产所在地人民法院管辖。可见，第一审行政案件并非均由最初作出行政行为的行政机关所在地人民法院管辖。故 B 项错误。根据《行政诉讼法》第 21 条的规定，C 项正确。《行政诉讼法》第 23 条第 2 款规定，人民法院对管辖权发生争议，由争议双方协商解决。协商不成的，报它们的共同上级人民法院指定管辖。故 D 项错误。
5. B，解析：根据《行政诉讼法》第 26 条第 2 款规定，经复议的案件，复议机关决定维持原行政行为的，作出原行政行为的行政机关和复议机关是共同被告；复议机关改变原行政行为的，复议机关是被告。故 A 项正确，B 项错误。《行政诉讼法》第 26 条第 3 款规定，复议机关在法定期限内未作出复议决定，公民、法人或者其他组织起诉原行政行为的，作出原行政行为的行政机关是被告；起诉复议机关不作为的，复议机关是被告。故 CD 项正确。
6. A，解析：根据《行政诉讼法》第 98 条规定，外国人、无国籍人、外国组织在中华人民共和国进行行政诉讼，适用本法。法律另有规定的除外。故 A 项错误。《行政诉讼法》第 99 条规定，外国人、无国籍人、外国组织在中华人民共和国进行行政诉讼，同中华人民共和国公民、组织有同等的诉讼权利和义务。外国法院对中华人民共和国公民、组织的行政诉讼权利加以限制的，人民法院对该国公民、组织的行政诉讼权利，实行对等原则。故 BC 项正确。《行政诉讼法》第 100 条规定，外国人、无国籍人、外国组织在中华人民共和国进行行政诉讼，委托律师代理诉讼的，应当委托中华人民共和国律师机构的律师。故 D 项正确。

（三）多项选择题

1. AB，解析：根据《行政诉讼法》第 7 条规定，人民法院审理行政案件，依法实行合议、回避、公开审判和两审终审制度。
2. ABCD，解析：根据《行政诉讼法》第 25 条第 1 款规定，行政行为的相对人以及其他与行政行为有利害关系的公民、法人或者其他组织，有权提起诉讼。故 A 项正确。《行政诉讼法》第 26 条第 1 款规定，公民、法人或者其他组织直接向人民法院提起诉讼的，作出行政行为的行政机关是被告。故 B 项正确。《行政诉讼法》第 28 条规定，代表人的诉讼行为对其所代表的当事人发生效力，但代表人变更、放弃诉讼请求或者承认对方当事人的诉讼请求，应当经被代表的当事人同意。故 C 项正确。《行政诉讼法》第 30 条规定，没有诉讼行为能力的公民，由其法定代理人代为诉讼。故 D 项正确。
3. ABCD，解析：根据《行政诉讼法》第 32 条第 1 款规定，代理诉讼的律师，有权按照规定查阅、复制本案有关材料，有权向有关组织和公民调查，收集与本案有关的证据。对涉及国家秘密、商业秘密和个人隐私的材料，应当依照法律规定保密。据此，ABCD 项均正确。
4. ABCD，解析：根据《行政诉讼法》第 33 条第 1 款规定，行政诉讼的证据包括：（1）书证；（2）物证；（3）视听资料；（4）电子数据；（5）证人证言；（6）当事人的陈述；（7）鉴定意见；（8）勘验笔录、现场笔录。故 ABCD 项均正确。
5. ABCD，解析：根据《行政诉讼法》第 49 条规定，提起诉讼应当符合下列条件：（1）原告是符合本法第 25 条规定的公民、法人或者其他组织；（2）有明确的被告；（3）有具体的诉讼请求和事实根据；（4）属于人民法院受案范围和受诉人民法院管辖。

（四）填空题

1. 行政拘留；责令停产停业；罚款；警告。（《行政诉讼法》第 12 条第 1 款）
2. 行政行为；被告；被告。（《行政诉讼法》第 38 条第 2 款）
3. 不予立案的理由；上诉。（《行政诉讼法》第 51 条第 2 款）
4. 商业秘密。（《行政诉讼法》第 54 条第 2 款）
5. 提起诉讼；申请人民法院强制执行；强制执行。（《行政诉讼法》第 97 条）

（五）简答题

1. 答：根据《行政诉讼法》第 4 条至第 11 条的规定，我国行政诉讼法的基本原则有应独立行使审判权原则，以事实为根据、以法律为准绳原则，合法性审查原则，合议、回避、公开审判和两审终审原则，当事人法律地位平等原则，使用本民族语言文字原则，辩论原则，法律监督原则。

2. 答：根据《行政诉讼法》第 12 条规定，人民法院受理公民、法人或者其他组织提起的下列诉讼：

（1）对行政拘留、暂扣或者吊销许可证和执照、责令停产停业、没收违法所得、没收非法财物、罚款、警告等行政处罚不服的；

（2）对限制人身自由或者对财产的查封、扣押、冻结等行政强制措施和行政强制执行不服的；

（3）申请行政许可，行政机关拒绝或者在法定期限内不予答复，或者对行政机关作出的有关行政许可的其他决定不服的；

（4）对行政机关作出的关于确认土地、矿藏、水流、森林、山岭、草原、荒地、滩涂、海域等自然资源的所有权或者使用权的决定不服的；

（5）对征收、征用决定及其补偿决定不服的；

（6）申请行政机关履行保护人身权、财产权等合法权益的法定职责，行政机关拒绝履行或者不予答复的；

（7）认为行政机关侵犯其经营自主权或者农村土地承包经营权、农村土地经营权的；

（8）认为行政机关滥用行政权力排除或者限制竞争的；

（9）认为行政机关违法集资、摊派费用或者违法要求履行其他义务的；

（10）认为行政机关没有依法支付抚恤金、最低生活保障待遇或者社会保险待遇的；

（11）认为行政机关不依法履行、未按照约定履行或者违法变更、解除政府特许经营协议、土地房屋征收补偿协议等协议的；

（12）认为行政机关侵犯其他人身权、财产权等合法权益的。

除前款规定外，人民法院受理法律、法规规定可以提起诉讼的其他行政案件。

3. 答：根据《行政诉讼法》第 91 条的规定，当事人的申请符合下列情形之一的，人民法院应当再审：

（1）不予立案或者驳回起诉确有错误的；

（2）有新的证据，足以推翻原判决、裁定的；

（3）原判决、裁定认定事实的主要证据不足、未经质证或者系伪造的；

（4）原判决、裁定适用法律、法规确有错误的；

（5）违反法律规定的诉讼程序，可能影响公正审判的；

（6）原判决、裁定遗漏诉讼请求的；

（7）据以作出原判决、裁定的法律文书被撤销或者变更的；

（8）审判人员在审理该案件时有贪污受贿、徇私舞弊、枉法裁判行为的。

二十五、民法典

（一）判断题

1. 民事主体从事民事活动，应当有利于节约资源、保护生态环境。（　　）
2. 自然人从出生时起到死亡时止，具有民事权利能力，依法享有民事权利，承担民事义务。（　　）
3. 被宣告死亡的人在被宣告死亡期间，其子女被他人依法收养的，在死亡宣告被撤销后，可以以未经本人同意为由主张收养行为无效。（　　）
4. 法人的民事权利能力和民事行为能力，从法人成立时产生，到法人清算时消灭。（　　）
5. 营利法人应当设监事会或者监事等监督机构。（　　）
6. 事业单位法人属于特别法人。（　　）
7. 民事主体的财产权利受法律平等保护。（　　）
8. 民事权益受到侵害的，被侵权人有权请求侵权人承担侵权责任。（　　）
9. 民事法律行为可以采用书面形式、口头形式或者其他形式。（　　）
10. 基于虚假的意思实施的民事法律行为，行为人有权请求人民法院或者仲裁机构予以撤销。（　　）
11. 违反法律、行政法规的强制性规定的民事法律行为一律无效。（　　）
12. 数人为同一代理事项的代理人的，应当分别行使代理权。（　　）
13. 危险由自然原因引起的，紧急避险人不承担民事责任，可以给予适当补偿。（　　）
14. 因当事人一方的违约行为，损害对方人身权益、财产权益的，受损害方有权选择请求其承担违约责任和侵权责任。（　　）

（二）单项选择题

1. 民事主体从事民事活动，应当遵循（　　）原则，合理确定各方的权利和义务。

A. 自愿　　B. 公平
B. 诚信　　D. 公序良俗

2. 不满(　　)周岁的自然人为未成年人。
A. 17　　B. 18
B. 19　　D. 20

3. 不能(　　)自己行为的成年人为无民事行为能力人，由其法定代理人代理实施民事法律行为。
A. 辨认　　B. 判断
B. 确定　　D. 控制

4. 依照法律或者法人章程的规定，代表法人从事民事活动的负责人，为法人的(　　)。
A. 委托代理人　　B. 法定代理人
B. 委托代表人　　D. 法定代表人

5. 营利法人的权力机构作出的决议内容违反法人章程的，(　　)可以请求人民法院撤销该决议。
A. 营利法人的出资人　　B. 营利法人的董事
B. 营利法人的实际控制人　　D. 营利法人的监事

6. 下列不是特别法人的是：(　　)
A. 农村集体经济组织法人
B. 社会服务机构法人
C. 基层群众性自治组织法人
D. 机关法人

7. 非法人组织解散的情形不包括：(　　)
A. 非法人组织的代表人决定解散的
B. 章程规定的存续期间届满
C. 章程规定的其他解散事由出现
D. 出资人或者设立人决定解散

8. 法人、非法人组织享有的权利不包括：(　　)
A. 名称权　　B. 名誉权
B. 姓名权　　D. 荣誉权

9. 因他人没有(　　)根据，取得不当利益，受损失的人有权请求其返还不当利益。

A. 事实　　B. 习惯

B. 现实　　D. 法律

10. 下列关于民事法律行为的说法错误的是：(　　)

A. 民事法律行为是民事主体通过意思表示设立、变更、终止民事法律关系的行为

B. 民事法律行为可以基于双方或者多方的意思表示一致成立

C. 民事法律行为不可以基于单方的意思表示成立

D. 法人依照章程规定的议事方式和表决程序作出决议的，该决议行为成立

11. 有相对人的意思表示的解释，应当按照所使用的词句，结合相关条款、行为的性质和目的、习惯以及(　　)原则，确定意思表示的含义。

A. 公平　　B. 诚信

B. 平等　　D. 自愿

12. 下列关于无效的民事法律行为的法律约束力的说法正确的是：(　　)

A. 自行为人知道该行为时起没有法律约束力

B. 自行为人申请该行为无效时起没有法律约束力

C. 自人民法院确定该行为无效时起没有法律约束力

D. 自始没有法律约束力

13. 代理人和相对人恶意串通，损害被代理人合法权益的，代理人和相对人应当承担(　　)责任。

A. 违约　　B. 侵权

B. 赔偿　　D. 连带

14. 代理人不得以被代理人的名义与自己同时代理的其他人实施民事法律行为，但是(　　)同意或者追认的除外。

A. 被代理人　　B. 代理人

B. 被代理的双方　　D. 同时代理的其他人

15. 下列不属于承担民事责任的方式的是：(　　)

A. 停止侵害　　B. 排除妨碍

B. 消除危险　　D. 支付补偿金

16. 民事主体因同一行为应当承担民事责任、行政责任和刑事责任的，承担行政责任或者刑事责任不影响承担民事责任；民事主体的财产不足以支付的，（　　）。
A. 优先用于承担民事责任
B. 优先用于承担行政责任
C. 优先用于承担刑事责任
D. 按比例分别用于承担民事责任、行政责任和刑事责任

（三）多项选择题

1. 民事主体从事民事活动，应当遵循自愿原则，按照自己的意思（　　）民事法律关系。
A. 设立　　B. 中止
B. 变更　　D. 终止

2. 涉及（　　）等胎儿利益保护的，胎儿视为具有民事权利能力。
A. 遗产继承　　B. 接受赠与
B. 人格权利　　D. 名誉权利

3. 未成年人的父母已经死亡的，有监护能力并愿意担任监护人的组织，经未成年人住所地的（　　）同意，可以担任监护人。
A. 居民委员会　　B. 未成年人保护组织
B. 村民委员会　　D. 民政部门

4. 财产代管人（　　），失踪人的利害关系人可以向人民法院申请变更财产代管人。
A. 因意外造成失踪人财产损失　　B. 不履行代管职责
B. 侵害失踪人财产权益　　D. 丧失代管能力

5. 下列关于法人合并或者分立后，其权利的享有的说法正确的是：（　　）
A. 法人合并的，其权利仍由合并前的法人享有
B. 法人合并的，其权利由合并后的法人享有
C. 法人分立的，其权利由分立后的法人享有连带债权
D. 法人分立的，其权利由分立前的法人享有债权

6. 下列关于营利法人的说法正确的是：（　　）

A. 依法设立的营利法人，由登记机关发给营利法人营业执照

B. 营业执照签发日期为营利法人的成立日期

C. 设立营利法人应当依法制定法人章程

D. 营利法人经依法登记成立

7. 下列关于社会团体法人的说法正确的是：(　　)

A. 设立社会团体法人应当依法制定法人章程

B. 社会团体法人应当设会员大会等权力机构

C. 社会团体法人应当设理事会等权力机构

D. 依法不需要办理法人登记的，从成立之日起，具有社会团体法人资格

8. 非法人组织包括：(　　)

A. 个人独资企业　　B. 专业服务机构

B. 合伙企业　　D. 不具有法人资格的专业服务机构

9. 物权包括：(　　)

A. 著作权　　B. 所有权

C. 用益物权　　D. 担保物权

10. 法律对(　　)等的民事权利保护有特别规定的，依照其规定。

A. 未成年人　　B. 残疾人

C. 老年人　　D. 妇女

11. 行为人(　　)，不得擅自变更或者解除民事法律行为。

A. 非依人民法院判决　　B. 非依仲裁机构裁决

B. 非依法律规定　　D. 未经对方同意

12. 民事法律行为有效的条件有：(　　)

A. 行为人具有相应的民事行为能力

B. 意思表示真实

C. 不违反法律、行政法规的强制性规定

D. 不违背公序良俗

13. 下列关于附条件和附期限的民事法律行为的说法正确的是：(　　)

A. 附生效条件的民事法律行为，自条件成就时生效

B. 附解除条件的民事法律行为，自条件成就时失效

C. 附生效期限的民事法律行为，自期限届至时生效

D. 附终止期限的民事法律行为，自期限届满时失效

14. 下列关于行为人没有代理权，仍然实施代理行为的说法正确的是：(　　)

A. 未经被代理人追认的，对被代理人不发生效力

B. 相对人可以催告被代理人自收到通知之日起30日内予以追认

C. 行为人实施的行为未被追认的，善意相对人有权请求行为人履行债务

D. 行为人实施的行为被追认前，善意相对人有撤销的权利

15. 行为人(　　)，仍然实施代理行为，相对人有理由相信行为人有代理权的，代理行为有效。

A. 代理权中止　　B. 没有代理权

B. 超越代理权　　D. 代理权终止后

16. 不承担民事责任的情形有：(　　)

A. 因正当防卫造成损害的

B. 因不可抗力不能履行民事义务的

C. 因紧急避险造成损害的

D. 因不可抗力造成损害的

17. 侵害英雄烈士等的(　　)，损害社会公共利益的，应当承担民事责任。

A. 姓名　　B. 肖像

B. 名誉　　D. 荣誉

(四) 填空题

1. 民事主体从事民事活动，不得违反____，不得违背____。
2. 成年人为____，可以独立实施民事法律行为。____周岁以上的____，以自己的____为主要生活来源的，____完全民事行为能力人。
3. 个体工商户的债务，个人经营的，以____承担；家庭经营的，以____承担；无法区分的，以____承担。
4. 法人以其____为住所。依法需要办理法人登记的，应当将____登记为住所。
5. 具备____条件，为公益目的以____设立的基金会、社会服务机构等，经依法____成立，取得捐助法人资格。

6. 机关法人被撤销的，法人终止，其民事权利和义务由____的机关法人享有和承担；没有继任的机关法人的，由____的机关法人享有和承担。
7. 知识产权是权利人依法就下列客体享有的专有的权利：（1）作品；（2）____、实用新型、外观设计；（3）____；（4）地理标志；（5）商业秘密；（6）____；（7）植物新品种；（8）法律规定的其他客体。
8. 民事主体____滥用民事权利损害国家利益、____或者他人合法权益。
9. 具备下列条件的民事法律行为有效：（1）行为人具有相应的____；（2）意思表示真实；（3）不违反法律、行政法规的强制性规定，不违背____。
10. 一方利用对方处于____、____等情形，致使民事法律行为成立时____的，受损害方有权请求人民法院或者仲裁机构予以撤销。
11. 行为人与相对人____，损害他人合法权益的民事法律行为无效。
12. 代理人不得以被代理人的名义与____实施民事法律行为，但是被代理人____的除外。
13. 危险由____原因引起的，紧急避险人不承担民事责任，可以给予适当____。
14. 因自愿实施____造成受助人损害的，救助人不承担民事责任。

（五）简答题

1. 简述委托代理终止的情形。
2. 简述法人解散的情形。
3. 简述撤销监护人资格的条件。

参考答案

（一）判断题

1. √，解析：根据《民法典》第9条规定。
2. √，解析：根据《民法典》第13条规定。
3. ×，解析：根据《民法典》第52条规定，被宣告死亡的人在被宣告死亡期间，其子女被他人依法收养的，在死亡宣告被撤销后，不得以未经本人同意为由主张收养行为无效。

4. ×，解析：根据《民法典》第 59 条规定，法人的民事权利能力和民事行为能力，从法人成立时产生，到法人终止时消灭。
5. ×，解析：根据《民法典》第 82 条规定，营利法人设监事会或者监事等监督机构的，监督机构依法行使检查法人财务，监督执行机构成员、高级管理人员执行法人职务的行为，以及法人章程规定的其他职权。
6. ×，解析：根据《民法典》第 96 条规定，本节规定的机关法人、农村集体经济组织法人、城镇农村的合作经济组织法人、基层群众性自治组织法人，为特别法人。
7. √，解析：根据《民法典》第 113 条规定。
8. √，解析：根据《民法典》第 120 条规定。
9. √，解析：根据《民法典》第 135 条规定。
10. ×，解析：根据《民法典》第 146 条第 1 款规定，行为人与相对人以虚假的意思表示实施的民事法律行为无效。根据《民法典》第 147 条规定，基于重大误解实施的民事法律行为，行为人有权请求人民法院或者仲裁机构予以撤销。
11. ×，解析：根据《民法典》第 153 条规定，违反法律、行政法规的强制性规定的民事法律行为无效。但是，该强制性规定不导致该民事法律行为无效的除外。违背公序良俗的民事法律行为无效。
12. ×，解析：根据《民法典》第 166 条规定，数人为同一代理事项的代理人的，应当共同行使代理权，但当事人另有约定的除外。
13. √，解析：根据《民法典》第 182 条第 2 款规定。
14. ×，解析：根据《民法典》第 186 条规定，因当事人一方的违约行为，损害对方人身权益、财产权益的，受损害方有权选择请求其承担违约责任或者侵权责任。

（二）单项选择题

1. B，解析：根据《民法典》第 6 条规定，民事主体从事民事活动，应当遵循公平原则，合理确定各方的权利和义务。
2. B，解析：根据《民法典》第 17 条规定，18 周岁以上的自然人为成年人。不满 18 周岁的自然人为未成年人。
3. A，解析：根据《民法典》第 21 条规定，不能辨认自己行为的成年人为无民事行为能力人，由其法定代理人代理实施民事法律行为。8 周岁以上的未成年人不能辨认自己行为的，适用前款规定。

4. D，解析：根据《民法典》第61条第1款规定，依照法律或者法人章程的规定，代表法人从事民事活动的负责人，为法人的法定代表人。
5. A，解析：根据《民法典》第85条规定，营利法人的权力机构、执行机构作出决议的会议召集程序、表决方式违反法律、行政法规、法人章程，或者决议内容违反法人章程的，营利法人的出资人可以请求人民法院撤销该决议。但是，营利法人依据该决议与善意相对人形成的民事法律关系不受影响。
6. B，解析：根据《民法典》第96条规定，本节规定的机关法人、农村集体经济组织法人、城镇农村的合作经济组织法人、基层群众性自治组织法人，为特别法人。
7. A，解析：根据《民法典》第106条规定，有下列情形之一的，非法人组织解散：（1）章程规定的存续期间届满或者章程规定的其他解散事由出现；（2）出资人或者设立人决定解散；（3）法律规定的其他情形。
8. C，解析：根据《民法典》第110条规定，自然人享有生命权、身体权、健康权、姓名权、肖像权、名誉权、荣誉权、隐私权、婚姻自主权等权利。法人、非法人组织享有名称权、名誉权和荣誉权。
9. D，解析：根据《民法典》第122条规定，因他人没有法律根据，取得不当利益，受损失的人有权请求其返还不当利益。
10. C，解析：根据《民法典》第133条规定，民事法律行为是民事主体通过意思表示设立、变更、终止民事法律关系的行为。根据《民法典》第134条规定，民事法律行为可以基于双方或者多方的意思表示一致成立，也可以基于单方的意思表示成立。法人、非法人组织依照法律或者章程规定的议事方式和表决程序作出决议的，该决议行为成立。
11. B，解析：根据《民法典》第142条第1款规定，有相对人的意思表示的解释，应当按照所使用的词句，结合相关条款、行为的性质和目的、习惯以及诚信原则，确定意思表示的含义。
12. D，解析：根据《民法典》第155条规定，无效的或者被撤销的民事法律行为自始没有法律约束力。
13. D，解析：根据《民法典》第164条第2款规定，代理人和相对人恶意串通，损害被代理人合法权益的，代理人和相对人应当承担连带责任。
14. C，解析：根据《民法典》第168条第2款规定，代理人不得以被代理人的名义与自己同时代理的其他人实施民事法律行为，但是被代理的双方同意或者追认的除外。

15. D，解析：根据《民法典》第179条第1款规定，承担民事责任的方式主要有：（1）停止侵害；（2）排除妨碍；（3）消除危险；（4）返还财产；（5）恢复原状；（6）修理、重作、更换；（7）继续履行；（8）赔偿损失；（9）支付违约金；（10）消除影响、恢复名誉；（11）赔礼道歉。

16. A，解析：根据《民法典》第187条规定，民事主体因同一行为应当承担民事责任、行政责任和刑事责任的，承担行政责任或者刑事责任不影响承担民事责任；民事主体的财产不足以支付的，优先用于承担民事责任。

（三）多项选择题

1. ACD，解析：根据《民法典》第5条规定，民事主体从事民事活动，应当遵循自愿原则，按照自己的意思设立、变更、终止民事法律关系。

2. AB，解析：根据《民法典》第16条规定，涉及遗产继承、接受赠与等胎儿利益保护的，胎儿视为具有民事权利能力；但是，胎儿娩出时为死体的，其民事权利能力自始不存在。

3. ACD，解析：根据《民法典》第27条规定，父母是未成年子女的监护人。未成年人的父母已经死亡或者没有监护能力的，由下列有监护能力的人按顺序担任监护人：（1）祖父母、外祖父母；（2）兄、姐；（3）其他愿意担任监护人的个人或者组织，但是须经未成年人住所地的居民委员会、村民委员会或者民政部门同意。

4. BCD，解析：根据《民法典》第44条第1款规定，财产代管人不履行代管职责、侵害失踪人财产权益或者丧失代管能力的，失踪人的利害关系人可以向人民法院申请变更财产代管人。

5. BC，解析：根据《民法典》第67条规定，法人合并的，其权利和义务由合并后的法人享有和承担。法人分立的，其权利和义务由分立后的法人享有连带债权，承担连带债务，但是债权人和债务人另有约定的除外。

6. ABCD，解析：根据《民法典》第77条规定，营利法人经依法登记成立。根据《民法典》第78条规定，依法设立的营利法人，由登记机关发给营利法人营业执照。营业执照签发日期为营利法人的成立日期。根据《民法典》第79条规定，设立营利法人应当依法制定法人章程。

7. ABD，解析：根据《民法典》第90条规定，具备法人条件，基于会员共同意愿，为公益目的或者会员共同利益等非营利目的设立的社会团体，经依法登记成立，取得社会团体法人资格；依法不需要办理法人登记的，从成立之日起，具有社会团体法人资格。根据《民法典》第91条规定，设立社会团体法人应当依法制定法人章程。社会团体法人应当设会员大会或者会员代表大会等权力机构。社会团体法人应当设理事会等执行机构。理事长或者会长等负责人按照法人章程的规定担任法定代表人。

8. ACD，解析：根据《民法典》第 102 条规定，非法人组织是不具有法人资格，但是能够依法以自己的名义从事民事活动的组织。非法人组织包括个人独资企业、合伙企业、不具有法人资格的专业服务机构等。

9. BCD，解析：根据《民法典》第 114 条第 2 款规定，物权是权利人依法对特定的物享有直接支配和排他的权利，包括所有权、用益物权和担保物权。

10. ABCD，解析：根据《民法典》第 128 条规定，法律对未成年人、老年人、残疾人、妇女、消费者等的民事权利保护有特别规定的，依照其规定。

11. CD，解析：根据《民法典》第 136 条规定，民事法律行为自成立时生效，但是法律另有规定或者当事人另有约定的除外。行为人非依法律规定或者未经对方同意，不得擅自变更或者解除民事法律行为。

12. ABCD，解析：根据《民法典》第 143 条规定，具备下列条件的民事法律行为有效：（1）行为人具有相应的民事行为能力；（2）意思表示真实；（3）不违反法律、行政法规的强制性规定，不违背公序良俗。

13. ABCD，解析：根据《民法典》第 158 条规定，民事法律行为可以附条件，但是根据其性质不得附条件的除外。附生效条件的民事法律行为，自条件成就时生效。附解除条件的民事法律行为，自条件成就时失效。根据《民法典》第 160 条规定，民事法律行为可以附期限，但是根据其性质不得附期限的除外。附生效期限的民事法律行为，自期限届至时生效。附终止期限的民事法律行为，自期限届满时失效。

14. ABCD，解析：根据《民法典》第 171 条规定，行为人没有代理权、超越代理权或者代理权终止后，仍然实施代理行为，未经被代理人追认的，对被代理人不发生效力。相对人可以催告被代理人自收到通知之日起 30 日内予以追认。被代理人未作表示的，视为拒绝追认。行为人实施的行为被追认前，善意相对人有撤销的权利。撤销应当以通知的方式作出。行为人实施的行为未被追认的，善意相对人有权请求行为人履行债务或者就其受到的损害请求行为人赔偿。但是，赔偿的范围不得超过被代理人追认时相对人所能获得的利益。相对人知道或者应当知道行为人无权代理的，相对人和行为人按照各自的过错承担责任。

15. BCD，解析：根据《民法典》第 172 条规定，行为人没有代理权、超越代理权或者代理权终止后，仍然实施代理行为，相对人有理由相信行为人有代理权的，代理行为有效。

16. AB，解析：根据《民法典》第180条规定，因不可抗力不能履行民事义务的，不承担民事责任。法律另有规定的，依照其规定。不可抗力是不能预见、不能避免且不能克服的客观情况。根据《民法典》第181条规定，因正当防卫造成损害的，不承担民事责任。正当防卫超过必要的限度，造成不应有的损害的，正当防卫人应当承担适当的民事责任。根据《民法典》第182条第1款规定，因紧急避险造成损害的，由引起险情发生的人承担民事责任。

17. ABCD，解析：根据《民法典》第185条规定，侵害英雄烈士等的姓名、肖像、名誉、荣誉，损害社会公共利益的，应当承担民事责任。

（四）填空题

1. 法律；公序良俗。（《民法典》第8条）
2. 完全民事行为能力人；16；未成年人；劳动收入；视为。（《民法典》第18条）
3. 个人财产；家庭财产；家庭财产。（《民法典》第56条第1款）
4. 主要办事机构所在地；主要办事机构所在地。（《民法典》第63条）
5. 法人；捐助财产；登记。（《民法典》第92条第1款）
6. 继任；作出撤销决定。（《民法典》第98条）
7. 发明；商标；集成电路布图设计。（《民法典》第123条第2款）
8. 不得；社会公共利益。（《民法典》第132条）
9. 民事行为能力；公序良俗。（《民法典》第143条）
10. 危困状态；缺乏判断能力；显失公平。（《民法典》第151条）
11. 恶意串通。（《民法典》第154条）
12. 自己；同意或者追认。（《民法典》第168条第1款）
13. 自然；补偿。（第182条第2款）
14. 紧急救助行为。（《民法典》第184条）

（五）简答题

1. 答：根据《民法典》第173条规定，有下列情形之一的，委托代理终止：（1）代理期间届满或者代理事务完成；（2）被代理人取消委托或者代理人辞去委托；（3）代理人丧失民事行为能力；（4）代理人或者被代理人死亡；（5）作为代理人或者被代理人的法人、非法人组织终止。

2. 答：根据《民法典》第 69 条规定，有下列情形之一的，法人解散：（1）法人章程规定的存续期间届满或者法人章程规定的其他解散事由出现；（2）法人的权力机构决议解散；（3）因法人合并或者分立需要解散；（4）法人依法被吊销营业执照、登记证书，被责令关闭或者被撤销；（5）法律规定的其他情形。

3. 答：根据《民法典》第 36 条第 1 款规定，监护人有下列情形之一的，人民法院根据有关个人或者组织的申请，撤销其监护人资格，安排必要的临时监护措施，并按照最有利于被监护人的原则依法指定监护人：（1）实施严重损害被监护人身心健康的行为；（2）怠于履行监护职责，或者无法履行监护职责且拒绝将监护职责部分或者全部委托给他人，导致被监护人处于危困状态；（3）实施严重侵害被监护人合法权益的其他行为。

二十六、刑 法

（一）判断题

1. 对多次贪污未经处理的，按照累计贪污数额处罚。（ ）
2. 索贿的从重处罚。（ ）
3. 国家机关在经济往来中，在帐外暗中收受各种名义的回扣、手续费的，以利用影响力受贿论。（ ）
4. 因被勒索给予国家工作人员以财物，没有获得不正当利益的，以行贿论处，从轻处罚。（ ）
5. 国家工作人员在境外的存款，应当依照国家规定申报。（ ）
6. 负有解救职责的国家机关工作人员利用职务阻碍解救的，处2年以上7年以下有期徒刑。（ ）
7. 国家商检部门、商检机构的工作人员徇私舞弊，伪造检验结果的，处5年以下有期徒刑或者拘役。（ ）
8. 非国家机关工作人员违反保守国家秘密法的规定，故意泄露国家秘密，依照故意泄露国家秘密罪从轻处罚。（ ）

（二）单项选择题

1. 为谋取不正当利益，给予（ ）以财物的，是行贿罪。

   A. 国家工作人员

   B. 国家工作人员的近亲属

   C. 与国家工作人员关系密切的人

   D. 国家机关

2. 以上对犯行贿罪的处罚，不正确的是：（ ）。

   A. 处5年以下有期徒刑或者拘役，并处罚金

   B. 因行贿谋取不正当利益，情节严重的，或者使国家利益遭受重大损失的，处5年以上10年以下有期徒刑，并处罚金

C. 情节特别严重的，或者使国家利益遭受特别重大损失的，处10年以上有期徒刑或者无期徒刑，并处罚金或者没收财产

D. 情节特别严重的，或者使国家利益遭受特别重大损失的，处10年以上有期徒刑、无期徒刑或者死刑，并处没收财产

3. 介绍贿赂人在(　　)主动交待介绍贿赂行为的，可以减轻处罚或者免除处罚。

A. 被调查时　　B. 被起诉前

C. 被追诉前　　D. 被审判前

4. 单位为谋取不正当利益而行贿，或者违反国家规定，给予(　　)以回扣、手续费，情节严重的，构成单位行贿罪。

A. 国家工作人员　　B. 国家工作人员的近亲属

C. 与国家工作人员关系密切的人　　D. 国家机关

5. 国家机关工作人员滥用职权或者玩忽职守，致使公共财产、国家和人民利益遭受重大损失的，处(　　)；情节特别严重的，处(　　)。本法另有规定的，依照规定。

A. 3年以下有期徒刑或者拘役；3年以上7年以下有期徒刑

B. 3年以下有期徒刑、拘役或者管制；3年以上10年以下有期徒刑

C. 3年以下有期徒刑或者拘役，并处罚金；3年以上7年以下有期徒刑或者拘役，并处罚金

D. 3年以下有期徒刑、拘役或者管制，可以并处或者单处罚金；3年以上10年以下有期徒刑，并处罚金

6. (　　)私放在押的犯罪嫌疑人、被告人或者罪犯的，处5年以下有期徒刑或者拘役；情节严重的，处5年以上10年以下有期徒刑；情节特别严重的，处10年以上有期徒刑。

A. 国家机关工作人员

B. 司法工作人员

C. 有查禁犯罪活动职责的国家机关工作人员

D. 行政执法人员

7. (　　)徇私舞弊，对依法应当移交司法机关追究刑事责任的不移交，情节严重的，处3年以下有期徒刑或者拘役；造成严重后果的，处3年以上

7 年以下有期徒刑。

A. 国家机关工作人员

B. 司法工作人员

C. 有查禁犯罪活动职责的国家机关工作人员

D. 行政执法人员

8. (　　)徇私舞弊，不征或者少征应征税款，致使国家税收遭受重大损失的，处五年以下有期徒刑或者拘役。

A. 国家机关工作人员

B. 税务机关的工作人员

C. 有查禁犯罪活动职责的国家机关工作人员

D. 行政执法人员

9. (　　)违反国家规定，在提供出口货物报关单、出口收汇核销单等出口退税凭证的工作中，徇私舞弊，致使国家利益遭受重大损失的，依照徇私舞弊发售发票、抵扣税款、出口退税罪处罚。

A. 税务机关工作人员

B. 海关工作人员

C. 负有征税职责的国家机关工作人员

D. 其他国家机关工作人员

10. (　　)徇私舞弊，放纵走私，情节严重的，处五年以下有期徒刑或者拘役；情节特别严重的，处五年以上有期徒刑。

A. 国家机关工作人员

B. 海关工作人员

C. 有查禁犯罪活动职责的国家机关工作人员

D. 负有查禁走私职责的国家机关工作人员

(三) 多项选择题

1. 国家工作人员利用职务上的便利，(　　)非法占有公共财物的，是贪污罪。

A. 侵吞　　B. 窃取

C. 骗取　　D. 抢夺

2. 为谋取不正当利益，向(　　)行贿的，处 3 年以下有期徒刑或者拘役，并处罚金。

A. 国家工作人员的近亲属

B. 与该国家工作人员关系密切的人

C. 离职国家工作人员的近亲属

D. 与该离职国家工作人员关系密切的人

3. 为谋取不正当利益，给予(　　)以财物的，或者在经济往来中，违反国家规定，给予各种名义的回扣、手续费的，处 3 年以下有期徒刑或者拘役，并处罚金。

A. 国家机关　　B. 国有公司

C. 事业单位　　D. 人民团体

4. 国家有关主管部门的国家机关工作人员，徇私舞弊，滥用职权，对不符合法律规定条件的公司(　　)，予以批准或者登记，致使公共财产、国家和人民利益遭受重大损失的，处 5 年以下有期徒刑或者拘役。

A. 设立申请　　B. 股票发行

C. 债券发行　　D. 上市申请

5. 从事传染病防治的政府卫生行政部门的工作人员严重不负责任，导致(　　)，情节严重的，处 3 年以下有期徒刑或者拘役。

A. 传染病传播　　B. 传染病发生

C. 传染病流行　　D. 重大人员伤亡

6. 国家机关工作人员在签订、履行合同过程中，因严重不负责任被诈骗，(　　)。

A. 使国家利益遭受重大损失的，处 3 年以下有期徒刑或者拘役

B. 使国家利益遭受重大损失的，处 5 年以下有期徒刑或者拘役

C. 致使国家利益遭受特别重大损失的，处 3 年以上 7 年以下有期徒刑

D. 致使国家利益遭受特别重大损失的，处 5 年以上 10 年以下有期徒刑

7. 税务机关的工作人员违反法律、行政法规的规定，在办理(　　)工作中，徇私舞弊，致使国家利益遭受重大损失的，处 5 年以下有期徒刑或者拘役；致使国家利益遭受特别重大损失的，处 5 年以上有期徒刑。

A. 征收税款　　B. 发售发票

C. 抵扣税款　　D. 出口退税

8. 国家机关工作人员徇私舞弊，违反土地管理法规，滥用职权，（　　），情节严重的，处3年以下有期徒刑或者拘役；致使国家或者集体利益遭受特别重大损失的，处3年以上7年以下有期徒刑。

A. 非法批准征收土地　　B. 非法批准征用土地

C. 非法批准占用土地　　D. 非法出让国有土地使用权

9. 动植物检疫机关的检疫人员严重不负责任，对应当检疫的检疫物（　　），致使国家利益遭受重大损失的，处3年以下有期徒刑或者拘役。

A. 不检疫　　B. 延误检疫出证

C. 错误出证　　D. 伪造检疫结果

10. 对被拐卖、绑架的妇女、儿童负有解救职责的国家机关工作人员，接到（　　）的解救要求或者接到其他人的举报，而对被拐卖、绑架的妇女、儿童不进行解救，造成严重后果的，处5年以下有期徒刑或者拘役。

A. 被拐卖妇女　　B. 被拐卖儿童

C. 被拐卖妇女家属　　D. 被拐卖青年男性

（四）填空题

1. 受国家机关、国有公司、企业、事业单位、人民团体委托____国有财产的人员，利用职务上的便利，____或者以其他手段非法占有国有财物的，以贪污论。

2. 国家工作人员利用职务上的便利，挪用公款归个人使用，____的，或者挪用公款数额较大、____的，或者挪用公款数额较大、超过3个月未还的，是挪用公款罪。

3. 在经济往来中，违反国家规定，给予国家工作人员以财物，____，或者____，给予国家工作人员以各种名义的回扣、手续费的，以行贿论处。

4. 国家工作人员在____或者____中接受礼物，依照国家规定应当交公而不交公，数额较大的，按照贪污罪处理。

5. 依法承担仲裁职责的人员，在仲裁活动中故意违背事实和法律作____，情节严重的，处3年以下有期徒刑或者拘役；情节特别严重的，处3年以上7年以下有期徒刑。

6. 司法工作人员徇私舞弊，对不符合减刑、假释、____条件的罪犯，予以减刑、假释或者____的，处3年以下有期徒刑或者拘役；情节严重的，处3年以上7年以下有期徒刑。

7. 林业主管部门的工作人员违反森林法的规定，超过____发放林木采伐许可证或者违反规定滥发林木采伐许可证，情节严重，致使森林遭受严重破坏的，处3年以下有期徒刑或者拘役。

8. 国家机关工作人员严重不负责任，造成____损毁或者流失，后果严重的，处3年以下有期徒刑或者拘役。

(五) 简答题

1. 简述贪污罪的处罚规定。
2. 什么是受贿罪?
3. 简述利用影响力受贿罪。
4. 简述徇私枉法罪。

参考答案

(一) 判断题

1. √，解析：根据《刑法》第383条规定。

2. √，解析：根据《刑法》第386条规定。

3. ×，解析：根据《刑法》第387条规定，国家机关、国有公司、企业、事业单位、人民团体，索取、非法收受他人财物，为他人谋取利益，情节严重的，对单位判处罚金，并对其直接负责的主管人员和其他直接责任人员，处五年以下有期徒刑或者拘役。前款所列单位，在经济往来中，在帐外暗中收受各种名义的回扣、手续费的，以受贿论，依照前款的规定处罚。

4. ×，解析：根据《刑法》第389条规定，为谋取不正当利益，给予国家工作人员以财物的，是行贿罪。在经济往来中，违反国家规定，给予国家工作人员以财物，数额较大的，或者违反国家规定，给予国家工作人员以各种名义的回扣、手续费的，以行贿论处。因被勒索给予国家工作人员以财物，没有获得不正当利益的，不是行贿。

5. √，解析：根据《刑法》第395条规定。

6. √，解析：根据《刑法》第412条规定。

7. √，解析：根据《刑法》第416条规定。
8. ×，解析：根据《刑法》第398条规定，国家机关工作人员违反保守国家秘密法的规定，故意或者过失泄露国家秘密，情节严重的，处3年以下有期徒刑或者拘役；情节特别严重的，处3年以上7年以下有期徒刑。非国家机关工作人员犯前款罪的，依照前款的规定酌情处罚。

（二）单项选择题

1. A，解析：根据《刑法》第389条规定，为谋取不正当利益，给予国家工作人员以财物的，是行贿罪。
2. D，解析：根据《刑法》第390条规定，对犯行贿罪的，处5年以下有期徒刑或者拘役，并处罚金；因行贿谋取不正当利益，情节严重的，或者使国家利益遭受重大损失的，处5年以上10年以下有期徒刑，并处罚金；情节特别严重的，或者使国家利益遭受特别重大损失的，处10年以上有期徒刑或者无期徒刑，并处罚金或者没收财产。

   行贿人在被追诉前主动交待行贿行为的，可以从轻或者减轻处罚。其中，犯罪较轻的，对侦破重大案件起关键作用的，或者有重大立功表现的，可以减轻或者免除处罚。
3. C，解析：根据《刑法》第392条规定，向国家工作人员介绍贿赂，情节严重的，处3年以下有期徒刑或者拘役，并处罚金。介绍贿赂人在被追诉前主动交待介绍贿赂行为的，可以减轻处罚或者免除处罚。
4. A，解析：根据《刑法》第393条规定，单位为谋取不正当利益而行贿，或者违反国家规定，给予国家工作人员以回扣、手续费，情节严重的，对单位判处罚金，并对其直接负责的主管人员和其他直接责任人员，处5年以下有期徒刑或者拘役，并处罚金。因行贿取得的违法所得归个人所有的，依照本法第389条、第390条的规定定罪处罚。
5. A，解析：根据《刑法》第397条规定，国家机关工作人员滥用职权或者玩忽职守，致使公共财产、国家和人民利益遭受重大损失的，处3年以下有期徒刑或者拘役；情节特别严重的，处3年以上7年以下有期徒刑。本法另有规定的，依照规定。国家机关工作人员徇私舞弊，犯前款罪的，处5年以下有期徒刑或者拘役；情节特别严重的，处5年以上10年以下有期徒刑。本法另有规定的，依照规定。
6. B，解析：根据《刑法》第400条规定，司法工作人员私放在押的犯罪嫌疑人、被告人或者罪犯的，处5年以下有期徒刑或者拘役；情节严重的，处5

年以上10年以下有期徒刑；情节特别严重的，处10年以上有期徒刑。司法工作人员由于严重不负责任，致使在押的犯罪嫌疑人、被告人或者罪犯脱逃，造成严重后果的，处3年以下有期徒刑或者拘役；造成特别严重后果的，处3年以上10年以下有期徒刑。

7. D，解析：根据《刑法》第402条规定，行政执法人员徇私舞弊，对依法应当移交司法机关追究刑事责任的不移交，情节严重的，处3年以下有期徒刑或者拘役；造成严重后果的，处3年以上7年以下有期徒刑。
8. B，解析：根据《刑法》第404条规定，税务机关的工作人员徇私舞弊，不征或者少征应征税款，致使国家税收遭受重大损失的，处5年以下有期徒刑或者拘役；造成特别重大损失的，处5年以上有期徒刑。
9. D，解析：根据《刑法》第405条规定，税务机关的工作人员违反法律、行政法规的规定，在办理发售发票、抵扣税款、出口退税工作中，徇私舞弊，致使国家利益遭受重大损失的，处5年以下有期徒刑或者拘役；致使国家利益遭受特别重大损失的，处5年以上有期徒刑。其他国家机关工作人员违反国家规定，在提供出口货物报关单、出口收汇核销单等出口退税凭证的工作中，徇私舞弊，致使国家利益遭受重大损失的，依照前款的规定处罚。
10. B，解析：根据《刑法》第411条规定，海关工作人员徇私舞弊，放纵走私，情节严重的，处5年以下有期徒刑或者拘役；情节特别严重的，处5年以上有期徒刑。

（三）多项选择题

1. ABC，解析：根据《刑法》第382条规定，国家工作人员利用职务上的便利，侵吞、窃取、骗取或者以其他手段非法占有公共财物的，是贪污罪。受国家机关、国有公司、企业、事业单位、人民团体委托管理、经营国有财产的人员，利用职务上的便利，侵吞、窃取、骗取或者以其他手段非法占有国有财物的，以贪污论。
2. ABCD，解析：根据《刑法》第390条之一规定，为谋取不正当利益，向国家工作人员的近亲属或者其他与该国家工作人员关系密切的人，或者向离职的国家工作人员或者其近亲属以及其他与其关系密切的人行贿的，处3年以下有期徒刑或者拘役，并处罚金；情节严重的，或者使国家利益遭受重大损失的，处3年以上7年以下有期徒刑，并处罚金；情节特别严重的，或者使国家利益遭受特别重大损失的，处7年以上10年以下有期徒刑，并处罚金。单位犯前款罪的，对单位判处罚金，并对其直接负责的主管人员和其他直接责任人员，处3年以下有期徒刑或者拘役，并处罚金。

3. ABCD，解析：根据《刑法》第391条规定，为谋取不正当利益，给予国家机关、国有公司、企业、事业单位、人民团体以财物的，或者在经济往来中，违反国家规定，给予各种名义的回扣、手续费的，处3年以下有期徒刑或者拘役，并处罚金。单位犯前款罪的，对单位判处罚金，并对其直接负责的主管人员和其他直接责任人员，依照前款的规定处罚。
4. ABCD，解析：根据《刑法》第403条规定，国家有关主管部门的国家机关工作人员，徇私舞弊，滥用职权，对不符合法律规定条件的公司设立、登记申请或者股票、债券发行、上市申请，予以批准或者登记，致使公共财产、国家和人民利益遭受重大损失的，处5年以下有期徒刑或者拘役。上级部门强令登记机关及其工作人员实施前款行为的，对其直接负责的主管人员，依照前款的规定处罚。
5. AC，解析：根据《刑法》第409条规定，从事传染病防治的政府卫生行政部门的工作人员严重不负责任，导致传染病传播或者流行，情节严重的，处3年以下有期徒刑或者拘役。
6. AC，解析：根据《刑法》第406条规定，国家机关工作人员在签订、履行合同过程中，因严重不负责任被诈骗，致使国家利益遭受重大损失的，处3年以下有期徒刑或者拘役；致使国家利益遭受特别重大损失的，处3年以上7年以下有期徒刑。
7. BCD，解析：根据《刑法》第405条规定税务机关的工作人员违反法律、行政法规的规定，在办理发售发票、抵扣税款、出口退税工作中，徇私舞弊，致使国家利益遭受重大损失的，处5年以下有期徒刑或者拘役；致使国家利益遭受特别重大损失的，处5年以上有期徒刑。其他国家机关工作人员违反国家规定，在提供出口货物报关单、出口收汇核销单等出口退税凭证的工作中，徇私舞弊，致使国家利益遭受重大损失的，依照前款的规定处罚。
8. ABCD，解析：根据《刑法》第410条规定，国家机关工作人员徇私舞弊，违反土地管理法规，滥用职权，非法批准征收、征用、占用土地，或者非法低价出让国有土地使用权，情节严重的，处3年以下有期徒刑或者拘役；致使国家或者集体利益遭受特别重大损失的，处3年以上7年以下有期徒刑。
9. ABC，解析：根据《刑法》第413条规定，动植物检疫机关的检疫人员徇私舞弊，伪造检疫结果的，处5年以下有期徒刑或者拘役；造成严重后果的，处5年以上10年以下有期徒刑。动植物检疫失职罪前款所列人员严重不负责任，对应当检疫的检疫物不检疫，或者延误检疫出证、错误出证，致使国家利益遭受重大损失的，处3年以下有期徒刑或者拘役。

10. ABC，解析：根据《刑法》第416条规定，对被拐卖、绑架的妇女、儿童负有解救职责的国家机关工作人员，接到被拐卖、绑架的妇女、儿童及其家属的解救要求或者接到其他人的举报，而对被拐卖、绑架的妇女、儿童不进行解救，造成严重后果的，处5年以下有期徒刑或者拘役。阻碍解救被拐卖、绑架妇女、儿童罪负有解救职责的国家机关工作人员利用职务阻碍解救的，处2年以上7年以下有期徒刑；情节较轻的，处2年以下有期徒刑或者拘役。

（四）填空题

1. 管理、经营；侵吞、窃取、骗取。（《刑法》第382条）
2. 进行非法活动；进行营利活动。（《刑法》第384条）
3. 数额较大；违法国家规定。（《刑法》第389条）
4. 国内公务活动；对外交往。（《刑法》第394条）
5. 枉法裁决。（《刑法》第399条之一）
6. 暂予监外执行；暂予监外执行。（《刑法》第401条）
7. 批准的年采伐限额。（《刑法》第407条）
8. 珍贵文物。（《刑法》第419条）

（五）简答题

1. 答：根据《刑法》第383条规定，对犯贪污罪的，根据情节轻重，分别依照下列规定处罚：

（1）贪污数额较大或者有其他较重情节的，处3年以下有期徒刑或者拘役，并处罚金。

（2）贪污数额巨大或者有其他严重情节的，处3年以上10年以下有期徒刑，并处罚金或者没收财产。

（3）贪污数额特别巨大或者有其他特别严重情节的，处10年以上有期徒刑或者无期徒刑，并处罚金或者没收财产；数额特别巨大，并使国家和人民利益遭受特别重大损失的，处无期徒刑或者死刑，并处没收财产。

对多次贪污未经处理的，按照累计贪污数额处罚。

犯第一款罪，在提起公诉前如实供述自己罪行、真诚悔罪、积极退赃，避免、减少损害结果的发生，有第一项规定情形的，可以从轻、减轻或者免除处罚；有第二项、第三项规定情形的，可以从轻处罚。

犯第一款罪，有第三项规定情形被判处死刑缓期执行的，人民法院根据犯罪情节等情况可以同时决定在其死刑缓期执行二年期满依法减为无期徒刑后，终身监禁，不得减刑、假释。

2. 答：根据《刑法》第385条规定，国家工作人员利用职务上的便利，索取他人财物的，或者非法收受他人财物，为他人谋取利益的，是受贿罪。国家工作人员在经济往来中，违反国家规定，收受各种名义的回扣、手续费，归个人所有的，以受贿论处。

3. 答：根据《刑法》第388条之一规定，国家工作人员的近亲属或者其他与该国家工作人员关系密切的人，通过该国家工作人员职务上的行为，或者利用该国家工作人员职权或者地位形成的便利条件，通过其他国家工作人员职务上的行为，为请托人谋取不正当利益，索取请托人财物或者收受请托人财物，数额较大或者有其他较重情节的，处3年以下有期徒刑或者拘役，并处罚金；数额巨大或者有其他严重情节的，处3年以上7年以下有期徒刑，并处罚金；数额特别巨大或者有其他特别严重情节的，处7年以上有期徒刑，并处罚金或者没收财产。

离职的国家工作人员或者其近亲属以及其他与其关系密切的人，利用该离职的国家工作人员原职权或者地位形成的便利条件实施前款行为的，依照前款的规定定罪处罚。

4. 答：根据《刑法》第399条规定，司法工作人员徇私枉法、徇情枉法，对明知是无罪的人而使他受追诉、对明知是有罪的人而故意包庇不使他受追诉，或者在刑事审判活动中故意违背事实和法律作枉法裁判的，处5年以下有期徒刑或者拘役；情节严重的，处5年以上10年以下有期徒刑；情节特别严重的，处10年以上有期徒刑。

民事、行政枉法裁判罪在民事、行政审判活动中故意违背事实和法律作枉法裁判，情节严重的，处5年以下有期徒刑或者拘役；情节特别严重的，处5年以上10年以下有期徒刑。

执行判决、裁定失职罪执行判决、裁定滥用职权罪在执行判决、裁定活动中，严重不负责任或者滥用职权，不依法采取诉讼保全措施、不履行法定执行职责，或者违法采取诉讼保全措施、强制执行措施，致使当事人或者其他人的利益遭受重大损失的，处5年以下有期徒刑或者拘役；致使当事人或者其他人的利益遭受特别重大损失的，处5年以上10年以下有期徒刑。

司法工作人员收受贿赂，有前三款行为的，同时又构成本法第385条规定之罪的，依照处罚较重的规定定罪处罚。

二十七、城乡规划法

（一）判断题

1. 任何单位和个人都有权向城乡规划主管部门或者其他有关部门举报或者控告违反城乡规划的行为。（　　）
2. 规划条件未纳入国有土地使用权出让合同的，该国有土地使用权出让合同仍有效。（　　）
3. 建设单位或者个人可随时办理用地审批手续。（　　）
4. 城乡规划报送审批前，组织编制机关应当依法将城乡规划草案予以公告，并采取论证会、听证会或者其他方式征求专家和公众的意见。公告的时间不得少于20日。（　　）

（二）单项选择题

1. 未取得建设工程规划许可证或者未按照建设工程规划许可证的规定进行建设的，由县级以上地方人民政府城乡规划主管部门责令停止建设；尚可采取改正措施消除对规划实施的影响的，限期改正，处建设工程造价（　　）的罚款；无法采取改正措施消除影响的，限期拆除，不能拆除的，没收实物或者违法收入，可以并处建设工程造价（　　）的罚款。

   A. 10%以下；10%以下

   B. 30%以上；10%以下

   C. 50%以下；50%以下

   D. 5%以上10%以下；10%以下

2. 乡、村庄的建设和发展，应当因地制宜、节约用地，发挥（　　）的作用，引导村民合理进行建设，改善农村生产、生活条件。

   A. 村民自治组织　　B. 居民委员会

   C. 人民政府　　D. 中国共产党

3. 城市新区的开发和建设，应当合理确定建设规模和时序，充分利用现有市政(　　)，严格保护自然资源和生态环境，体现地方特色。

A. 基础设施

B. 公共设施

C. 基础设施和公共服务设施

D. 文化设施

(三) 多项选择题

1. 历史文化名城、名镇、名村的保护以及受保护建筑物的维护和使用，应当遵守有关(　　)的规定。

A. 法律　　B. 行政法规

C. 国务院的规定　　D. 地方性法规

2. 城市地下空间的开发和利用，应当与经济和技术发展水平相适应，遵循统筹安排、综合开发、合理利用的原则，充分考虑(　　)等需要，并符合城市规划，履行规划审批手续。

A. 防灾减灾　　B. 环境保护

C. 人民防空　　D. 通信

3. 在乡、村庄规划区内使用原有宅基地进行农村村民住宅建设的规划管理办法，由(　　)制定。

A. 省　　B. 自治区

C. 直辖市　　D. 设区的市

4. 县级以上人民政府城乡规划主管部门对城乡规划的实施情况进行监督检查，有权采取哪些措施？(　　)

A. 要求所有人遵守法律、法规的规定

B. 要求有关单位和人员提供与监督事项有关的文件、资料，并进行复制；

C. 要求有关单位和人员就监督事项涉及的问题作出解释和说明，并根据需要进入现场进行勘测；

D. 责令有关单位和人员停止违反有关城乡规划的法律、法规的行为。

(四) 填空题

1. 在城市、镇规划区内进行建筑物、构筑物、道路、管线和其他工程建设的，建设单位或者个人应当向城市、县人民政府城乡规划主管部门或者省、自治区、直辖市人民政府确定的镇人民政府申请办理____。

2. 在乡、村庄规划区内进行乡镇企业、乡村公共设施和公益事业建设的，建设单位或者个人应当向乡、镇人民政府提出申请，由乡、镇人民政府报城市、县人民政府城乡规划主管部门核发____。
3. 城乡规划编制单位取得资质证书后，不再符合相应的资质条件的，由原发证机关____；逾期不改正的，____或者____。
4. 建设单位未在建设工程竣工验收后____向城乡规划主管部门报送有关竣工验收资料的，由所在地城市、县人民政府城乡规划主管部门责令限期补报；逾期不补报的，处____的罚款。
5. 乡规划、村庄规划应当从____出发，尊重____，体现地方和农村特色。

（五）简答题

1. 简述从事城乡规划编制工作应当具备的条件。
2. 简述申请办理建设工程规划许可证应当提交的材料。

参考答案

（一）判断题

1. √，解析：根据《城乡规划法》第9条。
2. ×，解析：根据《城乡规划法》第39条规定，规划条件未纳入国有土地使用权出让合同的，该国有土地使用权出让合同无效。
3. ×，解析：根据《城乡规划法》第41条规定，建设单位或者个人在取得乡村建设规划许可证后，方可办理用地审批手续。
4. ×，解析：根据《城乡规划法》第26条规定，城乡规划报送审批前，组织编制机关应当依法将城乡规划草案予以公告，并采取论证会、听证会或者其他方式征求专家和公众的意见。公告的时间不得少于30日。

（二）单项选择题

1. D，解析：根据《城乡规划法》第64条规定，未取得建设工程规划许可证或者未按照建设工程规划许可证的规定进行建设的，由县级以上地方人民政府城乡规划主管部门责令停止建设；尚可采取改正措施消除对规划实施的影响的，限期改正，处建设工程造价5%以上10%以下的罚款；无法采取改正措施消除影响的，限期拆除，不能拆除的，没收实物或者违法收入，可以并处建设工程造价10%以下的罚款。

2. A，解析：根据《城乡规划法》第29条规定，乡、村庄的建设和发展，应当因地制宜、节约用地，发挥村民自治组织的作用，引导村民合理进行建设，改善农村生产、生活条件。
3. C，解析：根据《城乡规划法》第30条规定，城市新区的开发和建设，应当合理确定建设规模和时序，充分利用现有市政基础设施和公共服务设施，严格保护自然资源和生态环境，体现地方特色。

（三）多项选择题

1. ABC，解析：根据《城乡规划法》第31条规定，历史文化名城、名镇、名村的保护以及受保护建筑物的维护和使用，应当遵守有关法律、行政法规和国务院的规定。
2. ACD，解析：根据《城乡规划法》第33条规定，城市地下空间的开发和利用，应当与经济和技术发展水平相适应，遵循统筹安排、综合开发、合理利用的原则，充分考虑防灾减灾、人民防空和通信等需要，并符合城市规划，履行规划审批手续。
3. ABC，解析：根据《城乡规划法》第41条规定，在乡、村庄规划区内使用原有宅基地进行农村村民住宅建设的规划管理办法，由省、自治区、直辖市制定。
4. BCD，解析：根据《城乡规划法》第53条规定，县级以上人民政府城乡规划主管部门对城乡规划的实施情况进行监督检查，有权采取以下措施：（1）要求有关单位和人员提供与监督事项有关的文件、资料，并进行复制；（2）要求有关单位和人员就监督事项涉及的问题作出解释和说明，并根据需要进入现场进行勘测；（3）责令有关单位和人员停止违反有关城乡规划的法律、法规的行为。城乡规划主管部门的工作人员履行前款规定的监督检查职责，应当出示执法证件。被监督检查的单位和人员应当予以配合，不得妨碍和阻挠依法进行的监督检查活动。

（四）填空题

1. 建设工程规划许可证。（《城乡规划法》第40条）
2. 乡村建设规划许可证。（《城乡规划法》第41条）
3. 责令限期改正；降低资质等级；吊销资质证书。（《城乡规划法》第63条）

4. 6个月内；1万元以上5万元以下。(《城乡规划法》第67条)

5. 农村实际；村民意愿。(《城乡规划法》第18条)

(五) 简答题

1. 答：从事城乡规划编制工作应当具备下列条件，并经国务院城乡规划主管部门或者省、自治区、直辖市人民政府城乡规划主管部门依法审查合格，取得相应等级的资质证书后，方可在资质等级许可的范围内从事城乡规划编制工作：(1) 有法人资格；(2) 有规定数量的经相关行业协会注册的规划师；(3) 有规定数量的相关专业技术人员；(4) 有相应的技术装备；(5) 有健全的技术、质量、财务管理制度。

   编制城乡规划必须遵守国家有关标准。

2. 答：申请办理建设工程规划许可证，应当提交使用土地的有关证明文件、建设工程设计方案等材料。需要建设单位编制修建性详细规划的建设项目，还应当提交修建性详细规划。

二十八、环境保护法

（一）判断题

1. 各级人民政府应当加强环境保护宣传和普及工作，鼓励基层群众性自治组织、社会组织、环境保护志愿者开展环境保护法律法规和环境保护知识的宣传，营造保护环境的良好风气。（　　）
2. 县级以上地方人民政府环境保护主管部门会同有关部门，根据国家环境保护规划的要求，编制本行政区域的环境保护规划，报上一级环境保护主管部门批准并公布实施。（　　）
3. 未依法进行环境影响评价的开发利用规划，不得组织实施；未依法进行环境影响评价的建设项目，不得开工建设。（　　）
4. 省、自治区、直辖市人民政府对国家环境质量标准中未作规定的项目，可以制定地方环境质量标准；对国家环境质量标准中已作规定的项目，可以制定严于国家环境质量标准的地方环境质量标准。地方环境质量标准应当报国务院环境保护主管部门备案。（　　）
5. 国家实行重点污染物排放总量控制制度。重点污染物排放总量控制指标由国务院下达，省、市、县人民政府分解落实。（　　）

（二）单项选择题

1. 关于污染物排放标准，下列哪一项说法是错误的？（　　）
   A. 国务院环境保护主管部门制定国家污染物排放标准。
   B. 县级以上人民政府对国家污染物排放标准中未作规定的项目，可以制定地方污染物排放标准
   C. 对国家污染物排放标准中已作规定的项目，可以制定严于国家污染物排放标准的地方污染物排放标准
   D. 地方污染物排放标准应当报国务院环境保护主管部门备案
2. 关于排污费，下列说法不正确的是：（　　）

A. 排放污染物的企业事业单位和其他生产经营者应当缴纳

B. 排污费应当全部专项用于环境污染防治

C. 按照排污许可证的要求排放污染物可以免征排污费

D. 依照法律规定征收环境保护税的，不再重复征收

3. 应当由(　　)建立环境污染公共监测预警机制，组织制定预警方案。

A. 国务院

B. 省自治区直辖市政府

C. 市政府环保部门

D. 县级以上人民政府

4. 关于生态保护补偿制度，下列哪一说法是不正确的？(　　)

A. 国家加大对生态保护地区的财政转移支付力度

B. 有关地方人民政府应当落实生态保护补偿资金，确保其用于生态保护补偿

C. 必须按照市场规则进行生态保护补偿

D. 受益地区和生态保护地区人民政府均应在国家指导下进行生态保护补偿

(三) 多项选择题

1. 国家建立跨行政区域的重点区域、流域环境污染和生态破坏联合防治协调机制，实行(　　)措施。

A. 统一规划　　B. 统一标准

C. 统一监测　　D. 统一的防治措施

2. 国家在(　　)划定生态保护红线，实行严格保护。

A. 重点生态功能区

B. 重要的水源涵养区

C. 生态环境敏感区和脆弱区

D. 珍稀、濒危的野生动植物自然分布区域

3. 关于县级以上人民政府环境保护主管部门的职责，下列选项正确的是：(　　)

A. 依法公开环境质量、环境监测、突发环境事件

B. 环境行政许可、行政处罚、排污费的征收和使用情况等信息

C. 本行政区域环境保护工作实施统一监督管理

D. 查封、扣押造成污染物排放的设施、设备

4. 关于环境质量标准的制定，下列说法正确的是：(　　)

A. 国家环境质量标准由国务院环境保护主管部门制定

B. 省、自治区、直辖市可以对国家环境质量标准中未作规定的项目制定地方环境质量标准

C. 地方环境质量标准可以低于国家环境质量标准

D. 地方环境质量标准应当报上一级政府备案

5. 建设项目中防治污染的设施应当与主体工程(　　)。

A. 同时设计　　B. 同时审批

C. 同时施工　　D. 同时投产使用

(四) 填空题

1. 每年____月____日为环境日。

2. 国务院环境保护主管部门根据____和____，制定国家污染物排放标准。

3. 对超过国家重点污染物排放总量控制指标或者未完成国家确定的环境质量目标的地区，____人民政府环境保护主管部门应当____审批其新增重点污染物排放总量的建设项目环境影响评价文件。

4. 重点排污单位应当如实向社会公开其主要污染物的名称、____、排放浓度和总量、超标排放情况，以及____的建设和运行情况，接受社会监督。

5. 违反《环境保护法》规定，重点排污单位____或者____环境信息的，由县级以上地方人民政府环境保护主管部门责令公开，处以罚款，并予以公告。

(五) 简答题

简述国家重点污染物排放总量控制制度。

参考答案

(一) 判断题

1. √，解析：根据《环境保护法》第 9 条第 1 规定。

2. ×，解析：根据《环境保护法》第 13 条第 3 款规定，县级以上地方人民政府环境保护主管部门会同有关部门，根据国家环境保护规划的要求，编制本行政区域的环境保护规划，报同级人民政府批准并公布实施。
3. √，解析：根据《环境保护法》第 19 条规定。
4. √，解析：根据《环境保护法》第 15 条第 2 款规定。
5. ×，解析：根据《环境保护法》第 44 条第 1 款规定，国家实行重点污染物排放总量控制制度。重点污染物排放总量控制指标由国务院下达，省、自治区、直辖市人民政府分解落实。

（二）单项选择题

1. B，解析：根据《环境保护法》第 16 条规定，国务院环境保护主管部门根据国家环境质量标准和国家经济、技术条件，制定国家污染物排放标准。省、自治区、直辖市人民政府对国家污染物排放标准中未作规定的项目，可以制定地方污染物排放标准；对国家污染物排放标准中已作规定的项目，可以制定严于国家污染物排放标准的地方污染物排放标准。地方污染物排放标准应当报国务院环境保护主管部门备案。
2. C，解析：根据《环境保护法》第 43 条规定，排放污染物的企业事业单位和其他生产经营者，应当按照国家有关规定缴纳排污费。排污费应当全部专项用于环境污染防治，任何单位和个人不得截留、挤占或者挪作他用。依照法律规定征收环境保护税的，不再征收排污费。A、B、D 项正确，故 C 项当选。
3. D，解析：根据《环境保护法》第 47 条第 2 款规定，县级以上人民政府应当建立环境污染公共监测预警机制，组织制定预警方案；环境受到污染，可能影响公众健康和环境安全时，依法及时公布预警信息，启动应急措施。C 项正确。
4. C，解析：根据《环境保护法》第 31 条规定，国家建立、健全生态保护补偿制度。国家加大对生态保护地区的财政转移支付力度。有关地方人民政府应当落实生态保护补偿资金，确保其用于生态保护补偿。国家指导受益地区和生态保护地区人民政府通过协商或者按照市场规则进行生态保护补偿。

（三）多项选择题

1. ABCD，解析：根据《环境保护法》第 20 条第 1 款规定，国家建立跨行政区域的重点区域、流域环境污染和生态破坏联合防治协调机制，实行统一规划、统一标准、统一监测、统一的防治措施。
2. AC，解析：根据《环境保护法》第 29 条第 1 款规定，国家在重点生态功能区、生态环境敏感区和脆弱区等区域划定生态保护红线，实行严格保护。

3. ABCD，解析：根据《环境保护法》第54条第2款规定，县级以上人民政府环境保护主管部门和其他负有环境保护监督管理职责的部门，应当依法公开环境质量、环境监测、突发环境事件以及环境行政许可、行政处罚、排污费的征收和使用情况等信息。A、B项正确。根据《环境保护法》第10条第1款规定，县级以上地方人民政府环境保护主管部门，对本行政区域环境保护工作实施统一监督管理。C项正确。根据《环境保护法》第25条规定，企业事业单位和其他生产经营者违反法律法规规定排放污染物，造成或者可能造成严重污染的，县级以上人民政府环境保护主管部门和其他负有环境保护监督管理职责的部门，可以查封、扣押造成污染物排放的设施、设备。D项正确。
4. AB，解析：根据《环境保护法》第15条规定，国务院环境保护主管部门制定国家环境质量标准。省、自治区、直辖市人民政府对国家环境质量标准中未作规定的项目，可以制定地方环境质量标准；对国家环境质量标准中已作规定的项目，可以制定严于国家环境质量标准的地方环境质量标准。地方环境质量标准应当报国务院环境保护主管部门备案。
5. ACD，解析：根据《环境保护法》第41条规定，建设项目中防治污染的设施，应当与主体工程同时设计、同时施工、同时投产使用。防治污染的设施应当符合经批准的环境影响评价文件的要求，不得擅自拆除或者闲置。

（四）填空题

1. 6；5。（《环境保护法》第12条）
2. 国家环境质量标准；国家经济、技术条件。（《环境保护法》第16条）
3. 省级以上；暂停。（《环境保护法》第44条）
4. 排放方式；防治污染设施。（《环境保护法》第55条）
5. 不公开；不如实公开。（《环境保护法》第62条）

（五）简答题

答：根据《环境保护法》第44条的规定，国家实行重点污染物排放总量控制制度。重点污染物排放总量控制指标由国务院下达，省、自治区、直辖市人民政府分解落实。企业事业单位在执行国家和地方污染物排放标准的同时，应当遵守分解落实到本单位的重点污染物排放总量控制指标。

对超过国家重点污染物排放总量控制指标或者未完成国家确定的环境质量目标的地区，省级以上人民政府环境保护主管部门应当暂停审批其新增重点污染物排放总量的建设项目环境影响评价文件。